사람을 얼마나 믿어도 되는가

판사복을 벗은 뒤에야 깨달은 것들
사람을 얼마나 믿어도 되는가

정재민 지음

프롤로그

　20여 년의 판사와 공무원 생활을 마치고 변호사가 된 직후부터 이 글을 썼다. 그리고 지금, 열흘 남짓 인도네시아 발리섬에 머물며 퇴고 작업을 하고 있다. 이 프롤로그도 밀림과 농지가 가득한 발리 내륙 지방 '우붓'의 리조트에 있는 야외 테이블에서 쓰고 있다. 그간 발리에 해변만 있는 줄 알았는데 이렇게 깊은 숲속에 머물게 될 줄은 몰랐다. 여행하기에도, 글을 쓰기에도 참 좋은 곳이다.
　대학생 때부터 지금까지 이런저런 글을 써 오는 동안, 글쓰기는 때로 그림을 그리는 일 같기도 했고 음식을 만드는 일처럼 느껴지기도 했지만 대부분은 글 속에 그리는 시간과 장소로 여행을 떠나는 일로 여겨졌다. 그런데 이번에는 글을 쓰면서 여행을 하니 이중으로 여행하는 기분이다.

발리 여행을 준비하면서 읽은 책 중 하나가 김영하 작가의 『여행의 이유』인데 그중 일본 코미디언의 포르쉐 이야기가 나온다. 포르쉐를 갖고 싶은 마음에 열심히 일해서 샀는데 정작 본인이 운전을 하고 있을 때는 자신의 포르쉐가 달리는 모습을 볼 수 없더라는 것이다. 그래서 친구에게 포르쉐를 운전해 달라고 하고 본인은 택시를 타고 그 뒤를 쫓으며 자신의 포르쉐가 달리는 모습을 감상했단다. 택시 기사가 포르쉐가 있는데 왜 택시를 타냐며 황당해하니 그 코미디언이 이렇게 말했단다. "바보야(누가 바보인지 모르겠지만), 포르쉐를 타면 포르쉐를 볼 수가 없잖아!"

지금처럼 내 삶에 대한 에세이를 쓸 때는 앞의 코미디언처럼 택시를 타고 나의 삶이라는 차가 달리는 것을 바라보면서 카메라로 촬영하는 느낌이 든다. 삶을 살아가는 나와 그걸 관찰하며 기록하는 작가로서의 내가 분열되는 것이다. 이번 책에서 내가 추적하는 것은 변호사로서의 삶이다. 변호사는 기본적으로 타인을 위해 일하는 사람이다. 운전으로 치면 대리운전 기사와 유사하다. 그러다 보니 그 카메라 프레임 안에 항상 나와 의뢰인이 (또는 제삼자까지도) 함께 잡히게 된다(기존 에세이 『혼밥 판사』의 프레임 안에는 나만 잡히고 타인들은 프레임 밖에 머물렀던 것과 다르다). 그 결과 필연적으로 나와 이들 간의 '관계'가 포착된다.

원래 이 책을 처음 쓸 때는 판사의 '일'과 변호사의 '일'이 어떻게 다른가에 집중하고 있었다. 그러나 프레임 안에 항상 타인이 등장하고 그들과의 '관계'가 자꾸 밟히다 보니 글의 초점이 '일'에서 '관계'로 이동하게 된 것이다.

내 삶의 목표는 사는 듯 사는 삶이다. "이보쇼, 그래서 대체 당신이 말하는 사는 듯 산다는 것이 뭐요?"라고 누가 물으면, 법정에서 판사의 질문에 답하듯이 간명한 답변을 하지는 못한다. 재즈 연주자들에게 "재즈가 무엇입니까?"라고 물으면 괜한 딴전을 피우다가 트럼펫을 맛보기로 연주해 보이는 것처럼 그저 사는 듯 산다고 느껴지는 일상을 예시로 들 수 있을 뿐이다.

가령 누군가와 대화하며 서로 주고받는 말들이 폭우에 불어난 계곡물처럼 늘어나 콸콸 소통이 될 때, 만나면 늘 30년 전으로 돌아가 장난을 걸고 싶은 고등학교 동창들과 여행을 떠날 때, 직경 6.6센티미터의 연두색 테니스공을 향해 라켓을 휘두르며 숨이 턱밑까지 차오를 때, '언그독(언제 그만둘지 모르는 독서 모임, 9년째 그만두지 않고 있다)'에서 같은 책을 읽지 않았다면 동네 축구처럼 느슨했을 대화의 텐션이 책을 읽은 덕에 프로 축구처럼 올라갈 때, 허름한 동네 식당에서 별 생각 없이 먹은 자잘한 파가 촘촘히 박힌 따뜻한 계란말이와 묵은지를 듬뿍 넣은 김치찌개가 어릴 적 어머니가 집에서 해 주신 것처럼 맛있을 때, 길 가다 처음 만난 강아지가 내 앞에 드러누워서 무방비 상태로 배를 내놓을 때, 내가 변호한 분이 내게 "변호사님이 제 변호사라서 너무 든든해요."라고 말했을 때, 공직을 마치자마자 유튜버가 되어 첫 채널(《서초동 아고라》)을 운영해 보았을 때, 지금처럼 이렇게 마음을 표현하는 글을 한 문장씩 써 내려갈 때 나는 사는 듯 산다고 느낀다.

삶은 두 가지 국면으로 이루어진다. 혼자 사는 국면과 타인과 관계 맺으며 사는 국면. 혼자 살 때 사는 듯 살기 위해서는 자기 결정권을 주체적으로 행사해야 한다. 타인과 관계 맺으며 사는 듯 살기 위해서는 사랑을 나누어야 한다. 이 모든 것의 바탕에는 '믿음'이 있다. 자신을 믿어야만 자기 결정권을 행사할 수 있고, 타인과 믿음으로 연결되어야만 사랑을 주고받을 수 있다.

돌아보면 나도 자기 결정권을 행사하며 살기 시작한 것은 그리 오래되지 않았다. 법대를 간 것도, 판사가 된 것도 주체적인 선택이 아니라 부모님이 가라고 해서, 남들이 좋다고 해서 간 길이었다. 좋다는 길을 따라간 덕분에 나이와 깜냥에 비해 좋은 대접을 받고 손해도 보지 않았지만 그런 삶이 그리 만족스럽지도, 자랑스럽지도 않았다. 그렇기에 남은 삶을 주체적으로 살기 위해 애써 왔다. 그래서 부러 선배도, 친구도, 우군도 없는 낯선 직업 경로로 들어서서 혼자 힘으로 갈 수 있는 데까지 가 보려 했다. 그 결과 포르쉐를 타는 삶을 산다고는 할 수 없지만 '내돈내산' 자전거의 페달을 내 두 다리의 힘으로 밟으며 살아간다고는 할 수 있게 되었다. 그걸로 족하다.

그러나 그 사이 타인과 함께 살아가는 능력은 제대로 키우지 못한 것 같다. 혼자 있으면 편할 뿐 행복은 타인과의 관계에서 비롯되는 것인데도 그저 편안함에 안주할 때가 많았다. 20여 년을 공직에 있으면서 사람을 가려야 한다는 이유로 다양한 사람을 만나려고 애쓰지도 않았다. 그래서인지 아직도 사람들과 관계 맺고 그것을 오랜 세월 숙성시키는 일이 마감 바느질이 어딘가 매끄럽지 못한 옷처럼 어색하고 서투를 때가 종종 있다.

생각해 보면 그중 가장 큰 서투름은 사람을 어떤 경우에 얼마나 믿을 것인가에 대한 판단의 서투름이었다. 불행도 타인과의 관계에서 비롯되는 것이니 타인을 믿지 않으면 불행을 원천적으로 차단할 수 있다. 그렇지만 상대를 늘 의심하고 경계하면 사랑을 주고받고 행복을 느낄 기회도 봉쇄된다. 여기서 우리가 가장 행복하게 사는 듯 살기 위해서 '사람을 얼마나 믿어도 되는가'의 문제가 제기되는 것이다.

지인들에게 사람을 얼마나 믿냐고 물으면 답이 천차만별이다. 어떤 이는 아예 안 믿는다고 답하고, 어떤 이는 7할, 어떤 이는 5할을 믿는다고 한다. 나는 공무원으로 일할 때까지는 8, 9할을 믿었던 것 같은데(법정 밖 관계에서 말이다), 변호사가 되어 사기 사건들을 많이 맡고 나 자신도 수차 속다 보니 이제는 3할도 안 믿는 것 같다. 그러면서 이런 믿음의 정도가 사는 듯 사는 삶을 사는 데 최선인 것인지, 불신의 가드를 더 올려야 할지 아니면 타인을 더 믿어 주어야 할지를 고민하게 되었다.

지난번 낸 에세이 『혼밥 판사』가 혼자 사는 삶의 국면에 대해 말했다면, 이번 에세이에서는 타인과 관계 맺으며 사는 삶의 국면에 대해 생각해 보려 한다. 특히 사람들 사이의 믿음과 불신의 양상에 대해, 믿음과 불신이 전방위적으로 작동하는 변호사의 일을 소재(이 책의 사례들은 실화를 바탕으로 각색하거나 당사자의 동의를 받아서 쓴 것이다)로 삼아 이야기해 보고자 한다.

판사로서 재판을 할 때는 재판받는 사람들과 관계 맺는다는 느낌이 없었다. 그저 마지막에 선택적으로 한쪽을 신뢰하거나 불신하면 되는 것이었다. 그러나 변호사가 되니 믿음이 의뢰인과의 관계를 설정하는 출발점이 되었다.

서로에 대한 믿음이라는 접착제가 없다면 의뢰인은 누구에게도 말하지 못하는 비밀과 고민을 털어놓지 못하고, 나는 가족 못지않게 온 힘을 다해 그의 편을 들어 줄 수가 없다. 대리운전 하는 변호사는 그렇게 믿음의 접착제로 연결된 의뢰인을 뒷좌석에 태우고 경찰, 검찰, 법원을 돌아다니며 우리를 믿어 달라고 호소한다. 한 곳씩 들를 때마다 그들은 우리를 믿는다거나 못 믿는다는 채점지를 내민다.

이 책에서 작가로서의 나는 택시를 타고 카메라를 들이대며 이 모든 믿음과 불신의 관계를 관찰했다. 변호사와 의뢰인 간에 형성되는 신뢰 또는 불신의 기류, 또 신뢰로 한편이 된 변호사와 의뢰인이 경찰, 검사, 판사를 만났을 때 촉발되는 신뢰와 불신의 화학작용을 관찰했다. 이 글의 카메라는 변호사 사무실, 경찰서, 구치소, 법정을 비추지만 보다 깊은 층위에서는 법조계를 떠나 삶 속에서 사람들이 서로 언제 신뢰가 생기는지, 왜 믿거나 믿지 않는지, 타인과 세상에게 어떻게 신뢰받을 수 있는지, 그 결과 궁극적으로 우리가 사는 듯 살기 위해서는 '사람을 얼마나 믿어도 되는가'를 말해 보려는 것이다.

혼자서가 아니라 독자들과 함께, 오래된 친구들과 여행을 떠나듯 편안하게, 라켓으로 테니스공을 칠 때처럼 집중해서, 자잘한 파가 촘촘히 박힌 따뜻한 계란말이와 묵은지를 듬뿍 넣은 김치찌개처럼 맛있게, 서로의 말이 불신 없이 상대의 마음에 가서 닿으리라는 100퍼센트의 확신으로, 그렇게 폭우에 불어난 계곡물처럼 콸콸 소통하면서, 그렇게 사는 듯 사는 듯이.

(차례)

프롤로그 004

1장 ◆ 변호사 사무실에서
_변호사의 인연법을 배우며

음악이 흐르는 사무실 016 | 패키지여행에서 자유여행으로 021 | 판사를 그만둔 이유 026 | 변호사의 인연법 032 | 사기당하는 사기 전문 변호사 040 | 사람을 몇 프로 믿고 살아야 하는가 049 | 소수의 사건만 맡는 이유 055 | 법률 장인 공방을 추구하며 064 | 히말라야의 셰르파처럼 077 | 정신분석가의 카우치처럼 086 | 인공지능이 못하는 것, 믿음을 주고받기 095

2장 ◆ 경찰서에서
_배트맨을 생각하며

경찰에 대한 상반된 이미지들 102 | 어린 시절 기억 속 경찰 107 | 경찰과 검찰 사이 112 | 내가 경찰 조사에 꼭 참석하는 이유 120 | 수사로 진실을 밝힌다는 말 126 | 사기가 판치는 세상 130 | 노트북 수리 사기를 당하다 135 | 사기꾼 검거가 어려운 이유 142 | 순진하게 정의를 굳건히 믿었던 시절 153 | 배트맨을 생각하며 161

3장 ◆ 구치소에서
_쇠창살 안에서 희망을 말하며

어느 피의자의 긴급체포부터 구속까지 174 | 구치소 가는 길 193 | 구속되면 커피를 마실 수 있을까 199 | 수용자에게도 부모가 있다 205 | 변호사는 집사가 아니다 212 | 자신 없는 변호사가 될 때 222 | 때로 교화되는 사람도 있다 228 | 낙원의 감옥 240

4장 ◆ 법정에서
_재판을 하다가 재판을 받으며

변호인의 출석을 확인하겠습니다 248 | 공소사실의 요지를 말씀해 주십시오 255 | 피고인, 공소사실을 인정하십니까 263 | 증거 인부를 해 주십시오 271 | 증인도 불신의 대상이다 278 | MR을 제거하고 가사만 비교하는 일 286 | 최후 변론을 시작하겠습니다 294 | 합리적 의심을 넘어서 304 | 양형을 정하는 기준 319 | 전관예우라는 믿음으로 인한 불신 325 | 선고일에 느끼는 감정 335 | 법정은 믿음과 불신의 대립으로 떠받쳐진 세계 340

에필로그 350

1장 ◆ 변호사 사무실에서

_ 변호사의 인연법을 배우며

음악이 흐르는 사무실

　별다른 일정이 없으면 아침에 동네 헬스장에서 간단히 운동을 한 뒤 차를 몰고 사무실로 출근한다. 공직에 있을 때는 출근길에 차에서 항상 뉴스를 틀어 놓았지만 지금은 주로 음악을 듣는다. 제일 좋아하는 건 밴드 음악이다. 퀸, 오아시스, 콜드플레이, 라디오헤드, 건즈 앤 로지즈, 너바나, 메탈리카, 핑크 플로이드, 레드 제플린, 비틀스를 학생 때도 지금도 좋아한다. 넬, 카더가든, 검정치마, 잔나비, 부활, 장기하와 얼굴들, 델리스파이스, 혁오밴드 같은 한국 밴드들도 좋다.

　음악적 재능을 가진 사람들이 뭉쳐 함께 곡을 만들고, 보컬, 베이스, 건반, 드럼이 각자의 소리를 내고, 수없이 연습을 반복하며 호흡을 맞추고, 무대에 올라 청중들과 뜨겁게 호흡하며 음악을 발산하고, 청중들이 감동받아 환호하고, 그 환호로 뮤지션들이 영감을 받아 또 다른 창작에 나서는 일. 나는 이것이 가장 멋진 삶의 모습 중 하나라고 생각한다. 어릴 적에는 만약 다시 태어나서 원하는 재능을 한 가지만 가질 수 있다면 음악적 재능을 받아서 밴드를 만들고 싶다고 생각했다.

인간이 위대하다는 말을 들을 때마다 수많은 어리석은 전쟁과 늘어 가는 핵무기, 오염된 환경, 고양이들 싸움보다 이해가 안 가는 정치인들 싸움을 떠올리며 코웃음 치는 편이지만, 멋진 음악이 음원 사이트 가득 쌓인 것을 보면 '이건 좀 대단한 듯' 하며 인정한다는 의미로 고개를 끄덕이게 된다.

인터넷도 없던 시절 포항의 변두리에서 자란 내게 해외 뮤지션들의 음악을 알려 준 유일한 채널은〈배철수의 음악캠프〉라는 라디오 방송이었다. 배철수 님이 소개해 주지 않으면 나로서는 세상에 그런 밴드가 존재하는지조차 알 길이 없었다. 외국 밴드의 음반이 시골 소도시 레코드점에는 잘 있지도 않았고, 있어도 살 돈이 없어 나는 그저 라디오에서 흘러나오는 음악을 공테이프로 녹음해서 들었을 뿐이다.

그런데 지금은 그 시절 음반 한두 장을 살 수 있을 정도의 돈만 내면 음원 사이트에서 세상의 모든 음악을 언제, 어디서든, 출퇴근길 차에서도, 지금처럼 발리에서 밥을 먹으면서도 들을 수 있는 것이다(음악 이야기 하다가 신이 나서 딴 길로 샜는데 다시 변호사 이야기로 돌아가자).

내 사무실은 서울중앙지방법원과 서울중앙지방검찰청 한가운데 난 왕복 8차선 도로가의 '정곡빌딩 남관' 건물에 있다. 주차를 하고 엘리베이터에 올라타 5층 버튼을 누르면 비로소 변호사로서의 하루가 시작된다. 방에 가방을 놓아둔 뒤 디퓨저 향기가 은은하게 퍼지는 상담실로 들어가 음악을 틀고 커피를 마시며 창밖을 내다본다. 비록 5층이지만 건물에서 제일 높은 층이고 비탈길 위에 자리하고 있어서 시선을 왼쪽으로 돌리면 서초동의 수많은 변호사 사무실이 보인다. 시선을 오른쪽으로 돌리면 까만 블랙박스처럼 생긴 서울중앙지방검찰청 청사도 보인다. 늘 같은 크기였을 텐데 최근 검찰권이 약화되면서 왠지 과거보다 작아 보인다.

내 사무실은 서울중앙지방법원, 서울중앙지방검찰청과 걸어서 5분이면 도착할 정도로 가깝고 주차 공간도 넉넉한 편이어서 변호사들에게 인기가 많다. 단점은 서초동에서 집회가 있을 때 너무 시끄럽다는 것이다. 2019년 이른바 '조국 사태' 이후부터는 굵직한 정치인의 재판이 있는 날마다 사무실 앞의 8차선 도로에 수천, 수만 명씩 모여 깃발을 휘두르고 확성기로 구호를 외치는 정치적 집회가 열린다.

시위대의 레퍼토리 중 가장 신경 쓰이는 노래는 "가자~ 가자~ 가자~ 이젠 감방에 가자~" 하는 노래다. 상담자들 다수가 감방에 갈까 봐 불안해서 나를 찾아오는데 상담 중에 그 노래가 반복해서 들리면 피차 민망하다.

흔히 상담실에 밝은 형광등을 달고 업무용 테이블과 의자들을 둔 것에 비해 나는 형광등을 모두 없애고 검정색 갓을 쓴 주황색 등을 달았다. 딱딱한 회의용 의자 대신 거실에 둘 법한 소파를 놓았고 테이블도 마주 보는 사람들이 더 가까이 앉을 수 있도록 좁고 낮은 것으로 골랐다. 벽은 붉은색 벽돌이 층층이 쌓인 모양으로 꾸몄다. 그 벽에는 내가 직접 만든 우리 사무실의 주황색(열정과 풍요를 상징한다) 로고가 그려진 황금색 철판을 걸어 놓았다. 그 아래에 하얀색 스피커를 설치해 두고 재즈, 팝, 피아노 연주곡 같은 음악을 항상 틀어 둔다. 천장은 (우리가 가장 꼭대기 층인 점을 이용해서) 구멍이 송송 나 있는 흰색 합판을 다 걷어 내고 세련된 연회색으로 칠

했다.

이 방에 들어온 분들은 대개 "이곳은 변호사 사무실이 아니라 좋은 카페 같아요."라고 말하는데 그 인테리어는 카페보다는 카우치(몸을 비스듬히 기대는 소파)가 있는 정신분석가의 상담실을 떠올리며 설계한 것이다. 너무 환하지 않고 아늑하고 서로에게 집중할 수 있어야 속마음을 털어놓기가 수월하다.

나는 그동안 이 자리에서 나를 찾아온 분들이 눈물과 한숨을 쏟으며 토해 내는 솔직한 이야기들을 들어 왔다. 배우자에게도 말할 수 없는 비밀, 상속 분쟁 중에 터져 나오는 형제자매에 대한 원망, 구속된 자식을 옥바라지하며 겪는 자식에 대한 애증, 조직의 일에 대해 모든 책임을 혼자 떠안고 가는데도 조직으로부터 홀대받는 사람의 섭섭한 마음, 남편이 감옥에 가 홀로 자식을 키우며 살아야 하는 처의 불안한 심경…. 만약 이 자리가 하얀 형광등 불빛이 비추는, 사무용 테이블이 놓여 있고 음악이 흐르지 않는 일반적인 회의실이었다면 이 모든 말들을 그토록 생생하게 들을 수 없었을 것이다.

패키지여행에서 자유여행으로

예전에 함께 일했던 판사 동료들은 요즘 나를 보면 하나같이 "변호사 되니 뭐가 좋아?"라고 묻는다. 그러면 나는 "패키지여행 하다가 자유여행 하는 것 같아서 좋아."라고 답한다.

판사일 때는 정해진 요일에 재판을 했고, 그 재판 스케줄에 맞추어서 기록을 읽고 판결문을 써야 했다. 행정부 공무원일 때도 내 의사와 무관하게 세워진 연간 계획, 월간 계획, 주간 계획에 따라 일했다. 그러나 지금은 매일매일의 스케줄을 내가 정한다. 그러다 보면 불편한 점도 있다.

발리 여행도 자유여행으로 진행하다 보니 패키지여행 상

품을 샀다면 하지 않아도 되는 수많은 번거로운 일들을 해야 했다. 이동 순서를 선택하고 각 지역의 숙소를 검색하고 숙소별로 평을 찾아보고 가격도 비교해야 한다. 결제 사이트도 숙소마다 다르다. 한 지역에서 다른 지역으로 이동할 때도 일일이 교통수단이나 버스 노선, 버스 시간 같은 것을 알아봐야 한다. 발리에서는 '그랩'이라는 앱으로 택시를 부른다고 해서 난생처음 그랩 앱을 깔고 택시를 탔다.

그렇지만 좋은 점이 더 많다. 깃발을 들고 다니는 가이드를 졸졸 따라다니면서 놓칠세라 신경 쓸 필요도 없고, 더 머물고 싶은데도 다음 장소를 향해 단체로 버스를 타고 떠날 필요도 없고, 원치 않는 음식을 먹을 필요도 없고, 가고 싶지 않은 쇼핑몰에 들를 필요도 없고, 계속 똑같은 한국 사람들에게 둘러싸여 있거나 간혹 그들 중 누구로부터 오지랖 섞인 말을 들을 필요도 없다. 누군가는 혼자 다니면 사진 찍어 줄 사람도 없고, 좋은 걸 봐도 좋다고 나눌 수도 없고, 불안하거나 심심하거나 외롭지 않느냐고 묻지만 그렇지 않다. 사진은 셀카봉으로 찍고, 어떤 풍경이나 장면을 보고 감동받거나 좋은 영감을 받으면 글로 써서 SNS로 공유하거나 이렇게 노트북을 꺼내 글을 쓰면 된다. 모든 것이 낯선 여행지에서는 거리를 걷기만 해도 심심하거나 지루할 틈이 없다.

20여 년을 공직에 있다가 갑자기 변호사가 되어 자유여행 하듯 살게 되면서 매일매일 모든 일정을 내가 정해야 하니 처음에는 당황스럽기도 했다. 출근 시간이 9시라는 것도 해가 동쪽에서 뜨는 것만큼 당연한 일이었는데 변호사가 되고서는 당장 몇 시에 출근할지부터가 고민되었다.

처음에는 그간 9시까지 출근하기 위해 늦잠 자고 싶은 마음을 뿌리치고 집을 나선 것에 대한 보상 심리로 잠들 때 알람도 설정하지 않았다. 공직에 있을 때는 평일에 갈 엄두도 내지 못했던 헬스장으로 (이혼당하는 사람이 가정법원에 가는 발걸음처럼) 느릿느릿 걸어가서 하고 싶은 만큼 운동을 하고 텅 빈 목욕탕 욕조 안에서 "그래, 이렇게 살아야 사는 듯 사는 거지!" 하며 정신이 이상한 사람처럼 씨익 웃기도 했다.

공무원일 때는 바빠서 아침 식사를 거르기 일쑤였는데 변호사가 되고는 운동을 마치고 베이글 가게에 들러 베이글에 양파크림을 발라서 카푸치노와 함께, 역시나 느릿느릿 먹었다. 공직에 있었다면 사무실에서 한창 일하고 있었을 늦은 오전에 차를 몰고 출근한다는 것 자체가 마치 교도소에 갇혀 있던 사람이 출소한 것 같은 어색한 해방감을 주었다.

그러나 이렇게 늑장을 부리며 출근하니 사무실에 도착하면 점심 때가 코앞이었다. 늦은 아침 식사로 아직 배가 부른데도 점심 약속 자리에서 또 정찬을 먹어야 하니 맛도 없고 소화도 안 되어 고역이었다. 오후부터 일을 시작했더니 퇴근 시간까지 일을 다 끝내지 못해 야근을 하게 되었다. 결국 아침에만 객기 어린 '사는 듯 사는 삶'을 살았을 뿐, 오후부터 저녁 시간까지는 공직에 있을 때보다 더 쫓겼다. 전형적인 조삼모사였다. 그래서 조금씩 출근 시간을 앞당기고 아침을 어디서 어느 정도 먹을지, 운동은 어느 정도 할지 몇 번의 시행착오를 거치며 조정해 나가다 보니 요즘은 결국 공무원 때와 같은 시간에 출근하고 있다(이를 보는 독자들이 "아니, 아침에 늑장 부리면 저녁에 바빠지는 당연한 이치를 겪어 봐야 안단 말이야? 정재민 이 사람 이렇게 모자란 사람이었나?" 할 수도 있겠다. 나도 써 놓고 보니 학교에 처음 들어간 초등학생처럼 얼뜨게 보이지만 20여 년 생활 습관이 처음 바뀌는 날들이 막상 닥치니 사람이 그렇게 되더라).

자유여행은 패키지여행이 따라갈 수 없는 본질적인 장점이 있다. 여행 기간 내내 시시각각 자기 결정권을 행사한다는 것이다. 자기 결정권을 행사하면 지루할 틈이 없다. 야구나 축구를 구경만 하고 있으면 하품이 나오다가 깜빡 졸 수도 있지만 직접 선수로 뛰면 졸릴 수가 없는 것과 같다.

요즘 주변 지인들이 "일이 지겹고 사는 게 재미가 없다."며 호소하는 경우가 늘어 간다. 개중에는 현직 부장판사도, 고위 공무원도 있다. "내가 나이가 들어서 그런지…"라고 말하지만 내가 보기에는 일터에서 자기 결정권을 행사할 기회가 적어서 그렇다. 많은 공직자들이 공직에 있는 동안 '무난하게, 대과 없이' 사는 것이 가장 큰 목표다. 위험을 회피하기 위해 그저 선례를 따르고 다수가 하는 처신에 묻어 가면 안전하기는 하겠지만 일에서 재미와 의미를 느끼기 어렵다. 결과가 뻔한 스포츠 경기를 장시간 보면서 누워 있는데 활력이 돌 리가 없다. 심지어 젊은 시절부터 윗사람이나 구성원 다수가 무난하게 좋아하는 모습에 자신의 성격이나 정체성을 끼워 맞추기도 한다. 이렇게 '가짜 자기'로 살면 신이 날 리가 없다. 우울증이 안 찾아오면 다행이다. 내 삶을 사는 듯 살기도 짧은 인생을, 다른 사람의 삶을 사느라 허비할 순 없다.

판사를 그만둔 이유

　판사를 그만둔 이유도 주로는 남의 잘못을 지적하고 처벌하는 수동적인 일을 넘어서 능동적으로 내가 사는 공동체를 위해 뭔가를 만들어 내는 일을 해 보고 싶었기 때문이었지만, 계속 판사로 있으면 자기 결정권 행사가 제한되기 때문이기도 했다. 사실 판사는 분에 넘치는 직업이었다. 나이와 능력에 비해 과분한 대접을 받았고 실제보다 더 반듯한 사람인 것처럼 신뢰받았다. 거짓말이 난무하는 법정에서도 판사만큼은 거짓말을 할 필요가 없었다. 언제나 믿는 대로, 다른 누구의 눈치도 보지 않고 재판할 수 있었다.

　그러나 판사의 삶은 고급 패키지여행 같은 것이었다. 판사의 일정은 미리 세세하게 정해져 있고 대부분의 판사가 거의 똑같은 방식으로 엇비슷한 일을 하면서 하루하루를 살아간다. 재판을 받는 사람들이 보기에는 자신의 운명이 판사의 판결에 크게 좌우되므로 판사의 재량이 아주 넓다고 느낄 수 있지만 판사의 판단은 대부분 기존부터 존재하는 법령과 판결례에 따라서 이루어진다. 판사들은 자신의 가치관을 드러내는 것은 억제하고 다른 판사들의 평균적인 판단에서 벗어나지 않으려 애쓴다.

나도 그랬다. 당사자가 어떤 판사를 만나는가에 따라서 판결 결과가 상당히 다르다면 그것은 "같은 것은 같게, 다른 것은 다르게."라는 정의의 본질에 반하기 때문이다. 이런 것들을 다 고려하면 판사가 펼칠 수 있는 재량의 여지는 골대 곳곳에 선수들로 벽을 세워 막아 놓고 프리킥을 차는 스트라이커처럼 좁아진다. 게다가 판사의 선택지는 첼리스트가 연주하는 음악 선율이나 화가가 구사하는 색조처럼 풍부하지도, 다양하지도 않다. 유죄 아니면 무죄, 합법 아니면 위법, 기각 아니면 인용처럼 이분법적이고 단선적이다.

인간이 태양을 제외한 가장 가까운 항성인 '프록시마 켄타우리'에 가려면 시속 6만 킬로미터가 넘는 우주선을 타고 가도 2만 5천 년이나 걸린다고 한다. 태양과 가장 가까운 별까지의 거리가 그렇게 멀다고 하니 그런 별들이 천억 개 이상 있다는 우리 은하계나 그런 은하가 천억 개 이상 있다는 우주는 대체 얼마나 넓은지 가늠조차 되지 않는다. 그런데 사람의 눈동자 하나에도 온 우주에 있는 별들보다 더 많은 수의 원자들이 들어차 있다. 그렇게 복잡한 인간을 놓고 유죄 아니면 무죄, 합법 아니면 위법, 기각 아니면 인용처럼 이분법적인 판단을 하다 보면 지나가는 나그네를 침대에 묶고 몸이 침대보다 길면 잘라 죽이고 짧으면 늘여 죽이던 그리스 신화 속 프로크루스테스가 된 것 같았다.

판사는 컨베이어 벨트에 실려 들어오는 기계 장치를 매뉴얼에 따라 조립하듯 매일, 매달 쏟아지는 사건을 그러한 방식으로 처리하면서 '떼어 내야' 한다. 판사 개인의 앞날도 컨베이어 벨트의 움직임처럼 정해져 있다. 모든 판사가 서울, 수도권, 지방을 3~4년 단위로 이동하고 법조 경력 16년 차가 되면 일제히 부장판사가 된다. 법원 곳곳에 나의 3년 후, 5년 후, 10년 후의 모습이 살아서 걸어다닌다. 그런데 그 선배들이 그리 멋있어 보이지 않았다. 성실하고 똑똑하고 원만하게 처신하면서도 경쟁에서 우위를 빼앗기지 않는 유능한 사람은 많지만 삶의 방식이나 언행으로 영감을 주거나 '아, 나도 저렇게 살고 싶다.' 하는 생각이 들게 만드는 선배는 잘 보지 못했다.

연차가 높아질수록 활기도, 유머도, 여유도, 유연하고 넓은 사고의 폭도, 꿈도 증발하고 흰머리 아래 피곤에 찌든 표정이나 경직된 사고의 그림자가 드리워졌다. 내 미래가 그렇게 정해져 있고 나도 그런 모습을 향해 한 발자국씩 다가가고 있다는 것이 때로 폐소공포를 불러일으키기도 했다.

그러나 변호사가 된 지금은 이 모든 것이 나와 무관한 일이 되었다. 일하는 방식이 정해져 있는 것도 아니고 내 의사와 무관하게 누군가를 변호해야 하는 것도 아니다. 정해진 미래도 없다. 오히려 정해진 것이 아무것도 없어서 때로 불안할 정도다. 그렇지만 절대 지루할 일은 없다.

판사로 10여 년 일하고 방위사업청과 법무부에서 부서장을 다섯 번 하는 동안 영수증을 챙기고 비품을 사고 방문 수리를 신청하는 등 작은 일들은 대개 직원들이 대신 처리해 주었다. 그러나 지금은 전구를 갈고, 벽에 걸 그림을 고르고, 로펌 로고를 만들고, 홈페이지를 설계하고, 지하철역에 걸 광고판의 디자인과 문구를 만들고, 명함에 들어갈 글을 적고, 찻잔과 커피머신, 스피커와 소파, 디퓨저 향을 고르고, 선반을 사서 조립하는 일 모두 직접 한다. 모든 일을 처음 하는 만큼, 또 해도 되고 안 해도 되는데 하기로 선택해서 하는 만큼 아이가 세상을 처음 경험하는 듯이 신기하고 재미있다.

변호사가 된 뒤 또 한 가지 큰 변화는 '내 것'이 많아졌다는 것이다. 판사나 법무부 심의관으로 일할 때도 내 방이 있긴 했지만 거기에 있는 책상도, 컴퓨터도, 연필도, 소파도, 심지어 슬리퍼도 내 것이 아니었다. 함께 일하는 직원들도 내가 뽑은 분들이 아니고 내가 월급을 주는 분들도 아니었다. 나는 그저 모든 것이 주어져 있는 직장에 몸만 들어가서 그곳에서 요구하는 역할을 충실히 수행하다가 임기가 끝나면 잠자리에서 일어나듯 또다시 몸만 빠져나오는 것을 반복했을 뿐이었다. 판사일 때 재판에서 만나는 당사자도 '내 사람'이 아니었고 그들과 '관계'라는 것이 형성되지도 않았다.

그러나 지금은 내가 설립한 로펌에서, 내 돈으로 인테리어 한 사무실에서, 내 스피커로 좋아하는 음악을 들으며, 내가 산 소파에 앉아서, 내가 고른 잔에 커피를 마시고, 내가 뽑은 직원들에게 매달 월급을 준다. 직원들에게 처음 월급을 보낸 날에는 나를 넘어 다른 사람의 생계를 책임지는 사람이 된 것 같아서 감동마저 느꼈다(물론 월급날이 거듭됨에 따라 첫 감동이 그대로 유지되지는 않더라).

고객들도 나를 보고 찾아왔다는 점에서 '내 의뢰인'들이다. 판사일 때 당사자들이 나를 찾아온 것은 정재민을 찾아온 것이 아니라 자신의 사건이 배당된 담당 재판부의 판사를 억지로 찾아온 것이었다. 내가 행정부에 있을 때 나를 찾아온 사람들도 정재민이 아니라 법무심의관, 송무심의관, 방위사업청 국제협력총괄담당관을 찾아온 것이었다. 그러나 지금 나를 찾는 사람들은 그런 직함이 아니라 정재민을 찾아서 온다. 어느 대형 로펌의 무슨 전문 분야 담당 변호사가 아니라 정재민 변호사를 찾아오는 것이다. 내 이름에 대한 신뢰를 가지고 찾아오는 '내 의뢰인'들인 만큼 그분들과 깊은 관계가 생긴다. 또 언젠가부터 큰 직함보다 작은 명패일지언정 내 이름 석 자로 살기를 원했는데 그 소망이 이루어지고 있는 것 같아서 참 좋다.

변호사의 인연법

　상담실에서 하는 가장 중요한 일은 만남, 즉 인연을 맺고 쌓아 가는 일이다. 판사에게 당사자는 '인간적 관계'라기보다는 '업무의 대상'으로 느껴진다. 그러나 변호사인 지금은 의뢰인과 가족 못지않은 아주 깊고 중요한 관계 속에 있다고 느낀다. 의뢰인들은 남에게 쉽게 털어놓을 수 없는 (그것은 때로 비밀이기 때문이기도 하지만 비밀이 아니더라도 누구나 자기 편을 드는 것은 아니기 때문이기도 하다) 말을 내게 털어놓는다. 내가 그를 믿어 주면 그는 더 큰 힘을 낸다. 나도 가족이 같은 어려움을 당했을 때 못지않게 그들을 위해 할 수 있는 모든 것을 한다. 그리고 그들이 느끼는 부당함, 불공평함, 억울함을 함께 느낀다. 의뢰인의 인생에서 가장 어려운 시기에 발목을 묶고 이인삼각 달리기를 하는 것은 의뢰인에게는 물론 변호사에게도 보통 인연이 아니다.

각기 다른 의뢰인들을 만날 때마다 평행 우주처럼 별개의 세계가 펼쳐지는 것 같다. 그 평행 우주마다 의뢰인을 둘러싸고 갈등이 있는 타인이 있고 그들 사이에 발생한 어떤 사건이 있다. 누군가의 변호사가 되는 순간부터 나는 그 세계에 깊이 발을 들여놓게 된다. 의뢰인과의 관계로 생겨난 평행 우주도 하늘의 별처럼 탄생과 소멸, 흥망성쇠의 과정이 있다. 그래서 누군가를 처음 만난다는 것은 관계라는 세계를 탄생시키는 빅뱅 같은 것이다.

상대를 처음 만날 때면 시선을 맞추고 목소리를 음미하고 악수하며 체온을 느끼고 안부를 물으며 지금 이 순간의 감정을 서로 나누려고 한다. 사람의 영혼은 눈빛과 목소리와 체온을 통해서 육체 밖으로 비집고 나오므로, 사람을 만난다는 것은 서로 눈빛의 온도와 목소리의 진동과 감정을 나누는 것이다. 누군가와 친해진다는 것도 결국 상대의 눈빛과 목소리, 체온과 감정에 익숙해진다는 것이다.

판사일 때도 그 피고인이 비로소 나의 피고인이 되었다고 느끼는 순간은 사건을 배당받았을 때가 아니라 첫 기일에 피고인을 만나서 인정신문(이름, 생년월일, 직업, 주소 등을 묻는 절차)을 할 때였다. 사실 이름, 생년월일 같은 정보는 공산품의 일련번호처럼 그 사람을 식별하는 정보일 뿐이지 그 사람 자체에 대해서는 거의 아무것도 말해 주지 않는다. 그럼에도 그 시간이 늘 긴장되고 중요하게 생각된 것은 그때가 처음으로 판사와 피고인이 눈을 마주 보고 말을 주고받으며 목소리의 진동이 서로의 몸에 전달되는 만남을 가지는 순간이기 때문이다. 그때 비로소 판사가 판사가 되고 피고인이 피고인이 되는 것이다.

불가에서는 현생에서 옷깃만 스쳐도 전생에 엄청난 인연이었다고 하는데 물리학적으로도 그렇다. 미국의 과학자 칼 세이건의 '코즈믹 캘린더'에 따르면 우주의 역사 138억 년을 1년짜리 달력으로 환산했을 때 우주가 1월 1일 0시에 탄생했다면 46억 년 된 지구는 9월 14일에 탄생했다고 한다. 공룡은 크리스마스에 등장했으며 호모사피엔스는 12월 31일 밤 10시 반에 처음으로 태어났고 예수는 12월 31일 밤 11시 59분 56초에 태어났다. 이 캘린더를 기준으로 인간의 수명 70세는 0.15초에 불과한데, 서로 다른 두 사람이 같은 시간대에 공존할 확률은 365일 × 24시간 × 60분 × 60초 분의 0.15에 불과하다. 공간적으로도 그렇다. 이렇게 넓은 세상에서, 대한민국이라는 작은 나라에서, 서초동에서, 그 많은 변호사 사무실 중에서 내 사무실에서 두 사람이 만나서 마주 앉아 있는 것 자체도 기적 같은 일이다(그 많은 책 중에서 이 책을 보고 계신 분과의 인연도 기적 같은 것이다).

나를 찾아오신 분들께 어떻게 저를 아셨냐고 물어보면 제각기 다른 인연의 경로를 말씀하신다. 어떤 분은 지인의 소개로, 어떤 분은 방송을 보고, 어떤 분은 내 책이나 신문에 연재하는 글을 보고, 어떤 분은 검색엔진 블로그를 보고 오셨다고 한다. '지인'도 천차만별이다. 전 직장 동료, 학교 선후배, 알거나 모르는 다른 변호사, 친구, 독서 모임 멤버, 나의 단골 식당 주인, 나와 방송을 했던 작가, 예전 고객 등 다양하다. 지인의 지인, 지인의 지인의 지인도 있다. 특이하게도 누군가가 정재민 변호사가 믿을 만하다고 소개해서 나를 찾아오셨다면서 그 누군가가 자신을 밝히지 말라고 했다는 경우도 여러 번 있었는데, 그런 분들은 특별히 더 감사하다.

방송을 보고 왔다는 분들도 본 방송이 제각기 달라서 어떤 분은 〈알쓸범잡〉을, 어떤 분은 〈침착맨〉을, 어떤 분은 〈무엇이든 물어보살〉을, 어떤 분은 〈용감한 형사들〉을 보고 오셨다고 한다. 내 책이 구치소 수용자들 사이에서 많이 읽힌다며 수감 기간 중에 책을 읽고 온 분들도 있는데, 그런 분들이 읽은 책도 제각기 다르다. 책이나 신문에 쓴 글을 읽은 구치소 수용자들로부터 편지가 수백 통 오기도 했다. 그런 인연의 과정을 헤아릴 때마다 그저 신기하고 고마울 따름이다.

판사일 때는 사건이 들어오는 순서에 따라 자동적으로 배당되는데 형사재판부가 세 곳이면 들어오는 사건 순서대로 1, 2, 3, 1, 2, 3, 1, 2, 3 이런 식으로 배당된다. 내가 재판받는 당사자를 선택할 수도 없고 재판받는 당사자가 나를 선택할 수도 없다. 그렇게 할 수 있다면 불공정한 것이다. 반면 변호사와 의뢰인은 서로를 선택할 수 있다.

의뢰인과 변호사의 첫 만남은 맞선과 비슷하기도 한데 이유는 다음과 같다. 첫째, 둘 다 자신의 인생을 좌우할 중요한 인연을 찾는 일이다. 둘째, 일단 함께 길을 떠난 뒤에는 무르기가 어렵다. 셋째, 함께 길을 가 보기 전에는 서로가 어떤 사람인지 제대로 알기 어렵다. 의뢰인 입장에서는 어쩌면 배우자를 고르는 것보다 변호사를 고르는 것이 더 어려울 수 있다. 배우자를 선택할 때는 여러 번 만나 보면 되지만 변호사는 그러기가 어렵기 때문이다.

휴대폰 같은 기계는 제각기 품질이 균일하지만 법률 서비스는 사람이 제공하는 것이어서 누가 제공하느냐에 따라 결과가 다르다. 같은 사람이 제공하더라도 사건마다, 상황마다, 받는 수임료에 따라 달라질 수 있다. 사람 마음은 겉으로 확인하기 어렵고 언제 어떻게 변할지 모르는 것이다.

믿을 수 있는 변호사를 찾기 위해 나를 찾아온 분들은 대화를 나누면서 부지런히 나를 살핀다. 실력이 있어 보이는지, 눈빛이 또렷하고 언변이 좋고 자신감이 있는지, 자신의 재판을 맡을 판사를 아는지, 자신이 던진 질문에 조리 있게 답변하는지 등을 살펴본다. 그럴 때는 마치 내가 자신이 탈 말을 고르는 기수 앞에 선 경주마가 된 느낌이다.

나도 상대가 내가 변호를 해 드릴 만한 분인지를 살핀다. 크게 두 가지를 본다. 첫째, 내가 변호하는 사람이 진짜 억울한가 하는 것이다. 미국 변호사들에게 변호사의 사명이 무엇이냐고 물으면 대개 '정의를 실현하는 것(To bring justice)'이라고 답한다. 반면 우리나라 변호사들은 '억울함을 풀어 주는 것'이라고 답한다. 우리가 당사자 개인의 감정을 더 중시하는 것처럼 보이기도 하지만 억울하다는 것은 객관적으로 정의에 반하는 일이 생겼다는 뜻이기도 하다. 따라서 내가 변호사로서 그 억울함을 해소해 준다면 의뢰인 개인적으로도 한이 풀리고 사회적으로도 정의가 실현되는 것이다.

나도 진짜 억울한 분을 돕는 것이 좋다. 40대 후반이라는 인생의 황금기이자 변호사로서 전성기인 삶의 한 토막을 억울하지도 않은 사람을 위해 낭비하고 싶지 않다. 의뢰인이 억울할수록 승소해서 성공 보수를 받을 가능성도 높아지니 실리적 측면에서도 억울한 분을 돕는 것이 낫다.

판사일 때는 순진하게도 판결이 80~90퍼센트 이상 정확하게 이루어지는 줄 알았다. 가끔 잘못된 판결이 나오기도 하지만 그것은 자동차 조립 공장에서 불량품이 나오는 것처럼 이례적이고 비의도적인 것이라고 생각했다. 그러나 변호사가 되어 보니 대한민국에 잘못된 수사나 판결이 매우 많다는 것을 인정할 수밖에 없었다. 운이 좋아서 좋은 경찰, 좋은 검사, 좋은 판사를 만나면 변호사 없이도 억울한 일을 당하지 않지만, 죄 없는 사람을 범죄자로 만들고 죄 있는 사람에게 면죄부를 주는 판검사나 경찰도 밀림 속 강물에 출현하는 악어들처럼 득실거리는 것이 현실임을 변호사가 되어서 비로소 알게 되었다. 그러고 보면 변호사는 악어에게 물리지 않고 강을 안전하게 건너게 해 주는 뱃사공 같기도 하다.

 나를 찾아와서 본인은 억울하다고 말하지만 내가 보기에는 그렇지 않을 때도 많다. 강간을 다섯 번 했는데 네 번째는 삽입을 충분히 안 했기에 미수일 뿐인데 기수죄로 처벌받아 억울하다는 경우도 있었다. 구속된 20대 남성의 모친은 아들이 친구들에게 유인당해서 범죄에 연루되어 구속되었다고 억울해했지만 막상 접견을 가 보니 사기 조직의 두목이었다(그 조직원들이 친구를 잘못 만났다면 몰라도). 이런 분들은 본인은 억울할지 몰라도 도와주고 싶다는 마음이 들지는 않는다. 이럴 때는 내가 당신이 원하는 결과를 받아 낼 자신이 없다며 돌려보낸다.

사기당하는 사기 전문 변호사

　의뢰인을 선택할 때 중요하게 생각하는 두 번째 요소는 적어도 변호사는 속이지 말아야 한다는 것이다. 내가 형사 사건을 많이 다루는 데다 우리나라에서 가장 많은 범죄가 사기 범죄이다 보니 사기에 연루된 사람이 나를 찾는 경우가 많다. 그 결과 나도 왕왕 사기를 당한다. 사기 잘 당하는 사기 전문 변호사 이야기는 2025년 7월에 방송된 서장훈 이수근의 〈무엇이든 물어보살〉에서 하기도 했다.

　가령 재판이 임박한 시점에 찾아와 수임료를 10분의 1이나 3분의 1 정도만 주고는 나머지는 바로 오늘 저녁 또는 내일 무조건 드릴 테니 일을 시작해 달라고 하는 식이다. 그래서 곧바로 일을 시작했지만 그날 저녁에도, 다음 날에도 잔금이 들어오지 않았다. 그럼에도 나는 재판 기일이 밝으면 법정에 나가곤 했다. 그 의뢰인도 다른 변호사를 구하기엔 늦었고, 나도 이미 법원에 낼 서면을 다 준비해 놓았는데 재판에 나가지 않으면 그 모든 노력이 수포로 돌아가기 때문이다. 또 의뢰인도 재판이 끝나면 바로 수임료를 준다고 하고 재판에 나가지 않는 것이 프로답지 않다고 느껴지기도 했다. 그러나 이런 상황에서 재판에 나가도 의뢰인이 수임료를 제대로 준 경우는 단 한 번도 없었다.

사기로 구속영장이 청구되어 나를 선임한 어느 의뢰인은 영장실질심사가 오후 2시인데 오후 3시에 수임료를 입금하도록 자동이체를 걸어 두었다고 말했다. 열심히 변호했지만 재판이 끝나고 3시가 지나도록, 아니 그 이후에도 수임료는 들어오지 않았다.

한번은 얼굴에 살집이 많고 흰머리를 올백으로 넘긴 50대 중반의 남자가 영화〈대부〉의 말론 브란도처럼 여유 있는 모습으로 말했다. "변호사님은 제가 죽기 전에 꼭 만나고 싶었던 두 분 중의 한 분입니다. 변호사님 저서도 다 읽었고 방송도 봤습니다." 그러면서 자신의 성장 과정을 풀어놓았다. 한 시간 반이 넘는 장황하고 긴 이야기를 요약하자면 이렇다.

자신은 어릴 적부터 아주! 총명해서 공부를 아주! 잘했지만 자기도 인간인지라 간혹 2등을 할 수밖에 없었다. 그럴 때마다 어머니가 아주! 많이 때려서 할 수 없이 1등을 했다고 거짓말을 할 수밖에 없었고 그런 일이 반복되다 보니 자신은 어릴 적부터 거짓말을 할 수밖에 없는 병에 걸리지 않을 수 없었다. 이 사실은 서울대학교 병원 정신과 교수와 고려대학교 병원 정신과 교수도 확인해 준 바 있으며, 따라서 이 사건은 처벌 개념이 아니라 치료 개념으로 접근해야 할 아주! 특별한 사안이다. 이러한 사건의 특수성을 다른 변호사가 말하면 판사가 믿지 않겠지만 세상에서 오직 단 한 명의 변호사, 〈알쓸범잡〉, 〈침착맨〉 방송을 통해 믿을 만한 사람이라고 널리 알려진 정재민 변호사가 말하면 믿어 줄 것이므로 내게 변론을 맡기고 싶다는 것이었다.

나는 그렇게 변론할 경우 형량이 두 배에서 세 배 정도 높아질 수도 있는데 괜찮겠냐고 물었다. 그는 법정에서 진정으로 하고 싶은 말을 할 수 있다면 그뿐, 형량은 상관없다며 수임료는 원하는 만큼 주겠다고 했다.

그런데 수임료를 주기로 한 날, 전체 금액의 20분의 1만 보내 오면서 이렇게 변명했다. "원래 오늘 수임료를 전부 드리려고 어제 오후 1시 반에 시티은행 명동 지점에 가서 수표를 1천만 원짜리로 몇 장, 5백만 원짜리로 몇 장, 1백만 원짜리로 몇 장 받을지 말했는데 서류를 하나 못 내서 연기가 됐습니다. 3일 뒤에는 무조건 돈이 나옵니다. 모레 있는 재판에 한 번만 가 주시면 바로 다음 날 전액을 보내겠습니다."

그러나 또다시 재판에 나간 뒤에도 수임료는 들어오지 않았고, 그는 이번에도 다음과 같이 변명했는데 그 변명만큼은 나조차도 믿을 수 없어서 비로소 '손절'을 했다. 이제 시티은행 명동 지점이 출금 준비를 모두 마쳤는데 갑자기 금융위원회에서 금융위원장의 승인이 나야 송금이 가능하다고 했다는 것이다. 그는 이런 식으로 변호사를 여러 차례 바꾸면서 재판을 의도적으로 지연하고 있었다.

젊은 남자 수용자의 경우에는 허세와 사기를 결합하는 경우가 많다. 어떤 수용자가 같은 감방에 있는 구속된 내 의뢰인을 통해 접견해 주기를 간청하기에 만나러 간 적이 있다. 그는 자신이 미국 유학생인데 큰 병원을 하는 아버지가 한국에 들어오라고 해서 억지로 들어와 주식 투자를 시작했다고 했다. 반년 만에 60억을 번 뒤 그 차명 계좌들을 관리할 여자들을 구해 한 여자당 외제차도 두 대씩(왜 인당 두 대씩이나? 한 대 사 주었다고 하는 걸로는 허세가 충족이 안 되는 모양이었다. 내가 너무 시큰둥하게 듣고 있어서 그랬는지도 모르겠다. "저도 한 대만 주시면 안 될까요?" 할걸 그랬나) 사 주었단다. 그런데 그중 한 명이 그 돈이 자기 돈이라고 주장하면서 자신을 횡령죄와 강간죄(갑자기 강간죄는 또 왜?)로 고소했다는 것이다.

억울했지만 일이 커질까 봐 아버지를 통해 현금 5억 원을 주고 합의했는데(역시 영수증도, 합의서도 없다고 한다) 그 여자가 합의금을 받고도 고소해 너무 억울하게 구속되었다는 것이다. 그러면서 나에게 모든 문제를 해결하고 5억 원과 차명계좌에 있는 수십억 원을 받아 달라고 요청했다. 수임료는 원하는 대로 줄 테니 주저하지 말고 편하게 말하라고 했다.

하나도 주저하지 않고 아주 편하게, 나도 허세를 담아 수임료를 말했더니 그가 흠칫 놀라는 기색을 보였다. 내가 다시 금액 조정을 원하면 주저하지 말고 말해 보라고 했더니 그는 이렇게 말했다. "변호사 수임료는 깎는 게 아니라고 드라마 〈더 글로리〉에 나왔죠. 수임료를 깎으면 그만큼 일을 덜 하실 테니까요." 그는 내일 바로 아버지에게 편지를 보낼 것이고 아버지가 돈을 송금할 것이라고 했다. 나는 혹시 돈이 안 들어오면 전화하려고 한다면서 아버지 전화번호를 물었고 그는 잠시 흠칫하더니 전화번호를 적어 주었다.

그가 말한 날짜에 입금이 되지 않아서 전화를 걸었더니 젊은 청년이 받아서 영문을 몰라 했다. 그는 그냥 좁은 감방에서 벗어나 한 시간 남짓 변호사와 접견하면서 노닥거리고 감옥에 갇혀 있느라 하지 못했던 거짓말도 시원하게 하고 에어컨 바람도 쐬고 싶었던 것이다. 그를 소개한 내 의뢰인이 이야기를 듣고 그에게 왜 아버지 전화번호를 엉터리로 알려 줬느냐고 물어보니, 그는 자기는 정확히 불러 주었는데 정재민 변호사가 잘못 적었을 뿐이라고 답했다고 한다. 내 의뢰인이 지금이라도 제대로 번호를 알려 주면 전달하겠다고 하자 별안간 화를 내면서 가 버렸다고 한다.

이렇게 수용자들이 사실은 선임할 의사도, 능력도 없으면서 변호사를 선임할 듯이 불러 접견하는 것을 '접견 피싱'이라고 한다. 구치소 벽에도 "접견 피싱을 유의하세요."라는 문구가 붙어 있다. 진즉부터 그 글을 보아 왔지만 그 글이 나 같은 호구를 위한 글이라는 것은 이런 사람들에게 여러 번 당한 뒤에야 깨달았다. 일반 은행 고객은 은행 곳곳에 적힌 "보이스 피싱을 유의하세요."라는 문구가 눈에 들어오지 않지만 보이스 피싱 피해자가 그걸 보면 마음이 복잡하게 아려오는 것처럼 나도 '접견 피싱' 문구를 보면 그런 마음이 든다. 그리고 접견 피싱을 시도하는 사람들에게는 보이스 피싱 전화를 끊듯 하게 된다.

하루는 회사를 세 개 거느린 중소기업 회장을 접견하러 구치소에 갔다. 50대 중후반의 회장은 인상도 선하고 예의 바르고 겸손했다. 서로의 말머리가 부딪히면 그는 자신의 말머리를 물리고 내가 먼저 말하도록 양보했다. 그 회장은 신문에 실린 내 글을 읽고 자신의 사기 사건 변호를 위해 나를 선임하고 싶어서 접견을 요청했다고 했다.

그의 혐의는 최신식 첨단 요양 병원을 짓는 사업을 한다는 명목으로 법인을 설립하고 투자자들로부터 100억 원의 투자금을 받아 개인적으로 썼다는 것이었다. 투자자들에 대한 사기와 법인 돈의 횡령 혐의였다. 그러나 회장은 그것이 어처구니없는 오해라며 자신은 요양 병원의 최첨단 의료 시설을 설계하는 싱가포르의 M 회사에 90억 원 이상을 지출하는 등 진짜로 투자금을 용도대로 사용했다고 호소했다. 그 말이 사실이라면 억울한 것이 맞았다.

회장은 주변에 부장검사와 부장판사 출신 변호사가 있기

는 한데 좀 더 새롭고 창의적인 접근이 필요하니 내가 적격이라고 했다. "저는 의리를 중시하는 사람입니다. 정 변호사님과 함께 평생의 인연을 맺어 보려고 합니다." 수임료에 관해서도 아무에게도 하지 않은 더 좋은 제안을 하고 싶다며 자신의 회사가 99퍼센트 승소할 10억 원짜리 소송이 있는데 그 소송까지 맡아서 승소한 금액을 모두 성공 보수로 가지라고 했다. 나는 내가 일한 것 이상의 과도한 수임료는 받지 않는다고 하면서 정중하게 사양하고 내가 받을 만큼의 수임료를 제시했다. 그 회장은 그중 절반은 3일 안에, 나머지 전액은 일주일 안에 입금될 것이라며 내가 접견실을 떠날 때까지 겸손한 태도로 허리 숙여 인사했다.

돌아오는 길에 좋은 의뢰인을 만난 것 같아서 기분이 좋았다. 나도 저분의 경청하는 태도와 상대를 배려하는 겸손한 매너를 배워야겠다고도 생각했다. 한동안은 이 사건을 가장 우선시해서 일하자고 동료 변호사에게도 말했다.

그런데 돌아와서 그 회사 법무 실장과 통화를 하고 그로부터 관련 자료를 받아 보니 이상한 점이 한두 가지가 아니었다. 투자금 90억 원을 지출했다는, 최첨단 의료 시설을 설계한다는 싱가포르 M 회사의 대표이사 이름이 바로 그 법무

실장이었다. M 회사는 사실 그 회장이 돈을 빼돌리기 위해 설립한 페이퍼 컴퍼니였던 것이다. 법무 실장에게 들어 보니 그 회장은 기존에도 사기, 횡령으로 처벌받았고 징역형을 받고 구속된 적도 있다고 했다. 회장이 수임료 대신으로 제시한 99퍼센트 승소한다는 10억 원짜리 소송도 살펴보니 승소 가능성이 낮을 뿐만 아니라 승소하더라도 회사 돈이기 때문에 회장 개인의 수임료로 내게 줄 수 없는 돈이었다. 만약 그 돈을 내게 수임료 대신 주었다면 그 회장은 또 다른 횡령죄 내지 배임죄로 처벌받을 수 있었다.

내 앞에서 그렇게 선하고 인자한 표정으로 몸을 낮추어 인사하던 겸양의 태도는 다 무엇이었을까. 그가 사기를 칠 때 사용하는 범행 도구 같은 것 아니었을까.

내가 M 회사 대표가 법무 실장인 이유를 물은 뒤로 그 회장 측에서는 더 이상 연락이 없었다. 솜사탕을 씻은 너구리가 된 느낌이었다(너구리는 물가에서 앞발로 먹잇감을 씻듯이 만지는 버릇이 있는데, 누가 솜사탕을 주자 너구리가 솜사탕을 씻다가 솜사탕이 다 쪼그라들어서 당혹스러워하는 짤이 있다. 거실 테이블에서 이 글을 쓰는데 옆에서 딸이 과자를 너무 많이 먹기에 뺏었더니 "솜사탕을 씻는 너구리가 된 것 같아."라고 해서 이 표현을 써 본다).

사람을 몇 프로 믿고 살아야 하는가

　이렇게 몸소 사기를 당하면서 배운 고급 사기꾼들의 특징은 이렇다. 흔히 사기꾼들이 말을 잘한다고들 하지만 진짜 고수들은 섣불리 말하지 않고 먼저 경청한다. 상대를 존중하는 태도로 예의 바르게 들으며 우호적인 태도로 상대가 자신에게 호감을 가지도록 만들면서도 상대의 특성을 세밀하게 관찰한다. 말을 할 때도 하수 사기꾼들은 청산유수로 말하지만 고수 사기꾼들은 말을 아끼면서 조금씩 조심스럽게 말한다. 노래를 잘하는 가수들이 무작정 고음을 질러 대지 않고 절제하며 부르는 것과 같다.
　그러면서 사기를 칠 만큼 신뢰 관계가 구축되었다고 생각되는 시점에 모종의 제안을 한다. 추상적인 것이 아니라 구체적인 제안이다. 그냥 '은행'이 아니라 '시티은행 명동 지점'이라고 말하고, 그냥 '조만간'이 아니라 '모레 오후 1시 반'이라고 말한다. 그냥 '돈'이 아니라 '8억 7천만 원을 1천만 원짜리 수표로 몇 장'이라고 말한다(《무엇이든 물어보살》에 나갔더니 이수근, 서장훈 두 분이 내 말을 주의 깊게 '경청'하더니 즉석에서 이 방송에 사기당한 피해자가 많이 출연하는데 무료로 상담해 주는 MOU를 체결하자고 '제안'했다. 카메라 앞에서 이수근 씨와 악수하고 〈무엇이든 물어보살〉의 사기 전담 고문 변호사가 되었다. 묘하다).

우리 사무실의 최다솜 과장은 갓 서른 살 정도 된 젊은 여성으로 극 'I(내향형)'라서 말수가 적고 말을 하더라도 조심스럽게 한다. 그런데 이분이 어느 날 나에게 "대표님이 만나고 와서 그 사람 참 괜찮다고 한 사람일수록 진짜 이상했어요."라고 해서 충격을 받았다. 직원들은 내가 사람을 너무 쉽게 믿는다고 했다. 나와 가장 많이 일하는 이민진 변호사는 사람을 20프로 정도만 믿는다고 하고 최다솜 과장은 0프로 믿는다고 했다(그럼 나도 안 믿냐고 묻자 웃기만 한다).

〈무엇이든 물어보살〉에 출연했을 때 서장훈 님과 이수근

님에게 "사람을 몇 프로 믿고 사세요?"라고 불쑥 물어보았다. 그러자 서장훈 님은 반사 신경으로 농구공을 블로킹하듯 일말의 주저함도 없이 "아무도 안 믿어."라고 대답했다. 이수근 님은 "아주 오랜 인연만 믿어."라고 답했다.

사람을 전혀 믿지 않으면 속을 일도, 상처받을 일도, 손해 볼 일도 없다. 그렇지만 사람을 믿지 않으면 좋은 사람을 만나서 좋은 감정을 나눌 기회, 그래서 행복할 기회를 잃는다. 그러니 사람을 무작정 믿을 수도 없지만 무조건 안 믿는 것도 주저하게 된다. 뿐만 아니라 사람을 불필요하게 많이 의심하다 보면 상대를 필요 이상으로 억울하게 만들기도 한다.

얼마 전에는 이런 일이 있었다. 점심 식사를 하러 나갈 여유가 없어 이민진 변호사가 나와 최다솜 과장의 점심 식사를 위해 배달 앱으로 '김밥계의 에르메스'라고 하는 유명 김밥을 3인분 시켰는데 달랑 2인분만 왔다. 배달 앱 고객 센터에 연락해 1인분 금액인 9천 원을 환불해 달라고 요구했으나 김밥집 사장에게 아무리 연락해도 답이 없다며 환불을 해 주지 않았다. 배달 앱에서 댓글을 보니 '주문한 양과 배달 온 양이 다르다, 연락을 받지 않는다, 일부러 그러는 것 같다, 찾아가기 전에 빨리 환불해 달라.' 등 우리와 같은 불만을 토로하는 사람이 많았다.

　블로그를 검색하다 보니 이 김밥집 사장이 가게 앞에 붙인 공고문도 나왔다. '공정과 상식, 고함과 이기심'이라는 제목의 공고문이었는데 바쁘면 제발 그냥 가 달라, 자기 주문번호를 부르지 말라, 그것은 얌체 같은 마음이고 새치기다 등의 투박하고도 공격적인 글이 적혀 있었다. 우리는 주인이 '얌체 같은 마음'을 가진 것 같아서 좋게 생각되지 않았다.

　사흘 뒤, 마침 근처 식당에서 점심을 먹은 우리 세 사람은 그 김밥집에 직접 가 보았다. 유리벽이 초록색으로 두껍게 선팅되어 있어 내부가 조금도 보이지 않았다. 왼쪽 구석에 고속버스 터미널 매표소처럼 작은 문이 나 있고 그 앞 테이블에 주문을 받아 만든 김밥이 쌓여 있었다. 헬멧을 쓴 배달원들이 쌓여 있는 봉지에 스테이플러로 찍힌 주문서를 확인한 뒤 들고 갔다. 그 창구도 내부를 잘 볼 수 없도록 커튼이 쳐져 있었는데 힐끔 보니 벽에 '출입 엄금 – 이곳은 나의 사유지이므로 방해할 수 없음'이라는 취지의 글이 빨간색으로 적혀 있었다. 역시 그 주인장이 심상치 않은 괴팍한 성격의 소유자임을 확신하게 되었다.

　우리는 주인이 김밥이 든 봉지를 들고 창구로 나올 때까지 잠자코 서 있었다. 행여 주인이 거친 언사를 쓰며 막무가내로 환불을 거절하면 어느 수위까지 대응해야 하나 고민하며 기다렸다. 마침내 커튼이 걷혔는데 뜻밖에도 체구가 작고 선하게 생긴 아주머니가 나왔다. 우리가 며칠 전 일을 말하자 아주머니는 미안하다며 연방 고개를 숙였다. 울상을 짓느라 눈썹이 여덟팔 자가 되었다. 문자를 매일 200~300개씩 받다 보니 다 확인하지 못해서 그랬다면서 그 자리에서 곧바로 휴대폰을 열어 배달 앱을 통해 환불해 주었다. 이어서 김밥 세 줄을 우리 손에 꼭 쥐여 주기까지 했다.

의심했던 바와 너무나 다른 상황에 사무실로 돌아오는 동안 우리는 한참 동안 아무런 말도 못했다. 내가 먼저 침묵을 깼다. "우리보다 훨씬 착한 분 같은데?" 그러자 다른 두 사람도 맞장구를 치면서 서로 자기가 제일 나빴다, 괜한 의심을 했다며 반성 경쟁이 시작되었다.

우리가 김밥집 주인을 의심했듯이, 변호사를 선임하러 이런저런 사무실을 찾아다니는 분들 중에는 변호사를 의심하는 사람이 많다. 대개 과거에 변호사를 선임했다가 크게 실망하거나 속았다는 분들이다. 이들이 변호사에 대해 말하는 불만은 대개 불성실하다, 내 사건에 관심이 없고 잘 안 챙겨 준다, 열심히 안 한다, 연락도 안 된다, 나에게 뭘 물어보지도 않고 알려 주지도 않는다, 실력도 없고 성의도 없는 것 같다, 선임하기 전과 후가 너무 다르다 등이다. 이 모든 불만을 아우르는 핵심 키워드는 '믿을 만하지 않다'는 것이다. 그래서 이번에는 꼭 믿을 만한 변호사를 선임하고 싶다며 변호사 사무실을 찾아 헤맨다.

소수의 사건만 맡는 이유

　이런 분들로부터 기존 변호사에 대한 불만을 처음 들었을 때는 변호사 개개인의 품성 문제라고 생각했다. 그러나 로펌을 경영해 보고 주변 변호사들로부터 현실에 대한 솔직한 이야기를 들으면서 이 문제가 상당 부분 구조적 문제에서 비롯된다는 것을 알게 되었다. 흔히 이런 구조를 '박리다매 수입 구조'라고 두루뭉술하게 말하지만 이렇게만 말해서는 업계를 모르는 사람들이 제대로 이해하기 어렵다. 이 내용을 구체적으로 밝히는 것을 변호사들이 좋아하지는 않겠지만 변호사의 조력은 공적인 성격을 가지고 있고 일반인들도 이를 알면 도움이 되기에 솔직하게 말해 보고자 한다(물론 이에 해

당하지 않는 로펌이나 변호사도 적잖이 있을 것이므로 모든 경우를 일반화하는 것은 아님을 밝혀 둔다).

규모가 어느 정도 이상 되는 많은 로펌에서 파트너 변호사들은 수입료의 60~70퍼센트를 로펌에 납부한다. 로펌은 이 돈으로 어쏘 변호사나 비서의 월급, 사무실 임대료, 마케팅 비용, 자동차나 기타 관리비를 낸다. 남은 금액의 40~50퍼센트는 사건을 수임해 온 사람에게 준다. 그리고 남은 금액을 수행 변호사들끼리 나눈다. 로펌이 쓴 서면의 마지막 장을 보면 변호사들 이름이 여럿 나열되어 있는데 이들이 수행 변호사들이다.

가령 수입료를 1천만 원 받았다고 하자. 회사에 60퍼센트인 600만 원을 내고 남은 금액의 절반인 200만 원을 사건을 수임해 온 사람에게 준다. 그러면 남은 금액은 200만 원 정도다. 이 중 수행 변호사로 이름을 올린 이들에게 일부를 나누어 주고, 그 사건을 가장 책임지고 수행하는 변호사('주 수행자'라 한다)가 남은 금액을 가져간다. 여기서 40퍼센트에 달하는 소득세도 제해야 한다. 그러면 주 수행자인 변호사조차 당초 수입료의 10퍼센트도 가져가지 못하는 경우가 적지 않다.

자신이 가져가는 비율이 이처럼 낮은 만큼 대표나 파트너 변호사 입장에서는 한 달에 십여 건은 수임해야 생활을 유지할 수 있다. 이를 위해서는 이런저런 모임이나 골프 약속에도 참석해야 한다. 그러면 책상 앞에 앉아 기록을 살펴보며 서면을 쓸 시간이 없다. 결국 서면에 적힌 많은 이름 중 마지막에 있는 어쏘 변호사가 모든 실무를 도맡는 경우가 많다.

한 사건당 최소 6개월, 보통 1~2년씩도 걸리는데 이렇게 오래 진행되는 사건이 달마다 쌓여 가면 진행하는 사건 수가 200~300건이 되는 것은 순식간이다. 많을수록 당연히 관리하기 어렵다. 많은 사건을 맡다 보면 각 사건의 내용과 재판 진행 상황을 모두 파악하기가 쉽지 않다. 갑작스런 고객의 물음에 제대로 답하기가 어려우므로 전화나 만남을 피하게 된다.

대표나 파트너 변호사가 어쏘 변호사에게 사건 처리를 모두 맡기면 어쏘 변호사는 기록도 혼자 읽고, 서면도 혼자 쓰고, 법정도 혼자 나가게 된다. 1~2년 차 어쏘 변호사는 아직 일을 배우는 시기라 실수하지 않을까 불안해하지만 어쩔 수 없이 혼자 일한다. 대표나 파트너 변호사를 만날 시간도 잘 없을뿐더러, 그들이 기록을 보지 않기 때문에 질문을 해도 좋은 피드백을 기대하기가 어렵다. 내가 만난 어쏘 변호사들은 사건을 동시에 100건 이상씩 가지고 있는 경우도 많았다. 170건을 가지고 있다는 어쏘 변호사도 만나 보았다.

  동시에 100건의 사건을 맡고 있다면 월 20일 기준 매일 다섯 건씩은 재판이나 경찰 조사를 다녀야 한다. 다섯 건이 모두 같은 법원이나 경찰서에서 진행되는 것이 아니다. 법원 소재지가 지방일 수도 있고, 서울이라 하더라도 한 건은 송파구 문정동에 있는 서울동부지방법원이고 다른 한 건은 양천구 신정동에 있는 서울남부지방법원일 수 있다. 일과 중에 이렇게 다섯 군데씩 법원이나 경찰서를 다니면 다음 날 재판 준비는 저녁에 해야 한다. 그런데 아무리 간단한 사건을 준비하더라도 한두 시간은 걸린다. 어떤 사건은 일주일 내내 기록을 보고 서면을 쓰고 증거를 모아도 시간이 모자란다. 그러니 매일 자정을 넘겨 일해도 시간은 부족하기만 하다.

  이렇게 시간에 쫓기게 되면 준비가 소홀해질 수밖에 없다. 서면을 30쪽은 써야 판사를 설득할까 말까 한 기일에도 2~3쪽짜리를 내게 된다. 증인을 5~6명 신청해야 하는 사건도 1~2명을 신청하고 말거나, 열심히 다투면 무죄를 받을 수 있는 사건도 의뢰인을 설득해 자백을 유도하는 경우가 많아진다. 그렇게 일을 줄여도 도저히 해낼 수 없을 때는 갑자기 기일 연기 신청을 한다. 그때마다 재판이 한두 달, 두세 달씩 늘어진다. 이렇게 일하면 어쏘 변호사도 고달프고 힘들다. 그렇게 1년쯤 혼자 버티다가 도망가듯 이직하는 것이 젊은 변호사들 사이에서 '뉴노멀'이 되고 있다.

새로 들어온 어쏘 변호사는 대개 기존 어쏘 변호사보다는 경력이 짧다. 기존의 변호사는 간단한 사건을 먼저 처리하고 어려운 사건은 뒤로 미루는 경향이 있기 때문에 새로 온 변호사가 물려받은 사건은 어려운 사건의 비중이 높다. 그러면 새로 온 변호사는 더욱 힘들게 버티다가 또 다음 해 새 변호사에게 바통을 넘긴다. 이런 현실 때문에 많은 젊은 변호사들이 송무(변호사 업무는 크게 송무와 자문으로 나뉜다. 송무는 분쟁이 발생한 이후 민형사 소송 등 법정에서 소송하는 일을 말하고, 자문은 분쟁이 생기지 않도록 법적 자문을 제공하는 일을 말한다)를 하지 않으려 한다. 해마다 변호사가 1,700명 정도 배출되는데도 대표 변호사들 사이에서 일을 맡길 만한 송무 변호사를 찾기 어렵다는 말이 나오는 이유다.

이런 현실을 알면 앞서 사람들이 변호사에 대해 언급하는 불만들이 왜 생겨나는지 이해할 수 있다. 왜 처음 상담할 때

만난 대표 변호사나 파트너 변호사는 그 이후로 연락이 닿지 않는지, 왜 변호사들이 내 사건 내용도, 진행 상황도 잘 모르는 것 같은지, 왜 법정에서 판사의 질문이나 상대편 변호사의 공격에 제대로 대응하지 못하는지, 왜 변호사를 찾는데 변호사가 아닌 직원이 응대하는지 등의 답이 상당 부분 저런 구조적 현실에 있는 것이다.

'변호사의 조력량 = 변호사의 능력 × 사건에 투입하는 시간'이다. 변호사의 능력은 경력, 연차, 처리한 사건 수에 대략 비례한다. 위 공식에서 '변호사의 능력'은 상담만 하는 변호사가 아니라 실제 일하는 변호사의 능력을 말한다. 고객이 처음 상담하는 대표나 파트너 변호사는 경력이 20년 차지만 실제 대부분의 일은 1년 차 변호사가 한다면 그 1년 차 변호사의 능력이 조력의 총량을 결정할 것이다. 사실 이것은 윤리적 문제도 야기한다. 환자가 의과대학 교수가 수술하는 줄 알고 수술대에 올랐는데 1년 차 전공의가 집도하는 것과 다르지 않기 때문이다.

한편 유능한 변호사라도 충분한 시간을 들여서 재판을 준비하지 못하면 실력 발휘를 할 수 없다. 모든 변호사에게 똑같이 하루에 24시간, 한 달에 30일이 주어진다. 현재 진행하는 사건이 30건이면 그것을 30분의 1만큼 쏟을 수 있을 것이고 100건이면 100분의 1만큼만 쏟을 수 있는 것이다. 변호사 한 명이 동시에 100건 이상 진행하고 있다면 아무리 뛰어난 변호사라도 제대로 소송을 대리한다고 보기 어렵다.

 나도 이러한 구조적 문제에 대한 해결책을 내어놓지 못한 채 그저 열심히, 성실하고 성의 있게 일하겠다고 다짐만 해서는 오래지 않아 고객들이 불만을 터뜨리는 변호사들과 별다를 바가 없는 변호사가 될 것 같았다. 이 모든 문제를 근본적으로 해결하는 방법은 하나뿐이라고 생각되었다. 충분히 관심을 기울일 수 있을 정도로 소수의 사건만 맡는 것이다.

 여기서 말하는 '소수의 사건'에 관해서는 변호사 1인당 30여 건 이하가 적정하다고 생각한다. 그 이상이 되면 사건을 제대로 챙기고, 사전에 고객의 의사를 충분히 물어 서면에 반영하고, 증인신문 준비를 충실히 하고, 재판부를 설득할 수 있는 좋은 서면을 쓰기 어렵다. 사건 수를 소수로 제한함으로써 내가 직접 기록을 읽고 서면을 작성하고 법정에서 변론하고 고객과 소통하는 비중을 늘려 갈 수 있다. 이렇게 하면 우리의 '변호사 조력량'이 어쏘 변호사에게 100여 건씩 맡기는 경우에 비해 최소 열 배 이상 커진다.

내가 1인당 30여 건 이상의 사건을 받지 않는다고 하면 그렇게 적게 수임해서는 사무실을 유지하기 어렵지 않느냐고 의문을 제기하는 변호사들도 있다. 심지어 내가 사기를 친다고 생각했다고 말한 경우도 있었다.

어떻게 소수의 사건만 수임하면서 사무실을 유지할 수 있는지 생각해 보면 이유가 세 가지 정도 있다. 우선 소송 업무에 직접 도움이 되지 않는 비용을 줄이는 것이다. 비싼 외제차, 비싼 사무실, 비싼 옷이 고객들로 하여금 수임료를 많이 내도록 하는 데 도움이 된다는 조언이 서초동에 돌아다니지만 나는 믿지 않았다. 골프를 안 쳐서 골프비도 안 든다. 술도 잘 먹지 않는다(골프와 술을 하지 않으면 비용이 줄어들 뿐 아니라 내가 더 일할 수 있는 시간과 체력도 확보된다). 사무장을 통해 사건을 유치하는 일도 없으므로 사무장에게 주는 돈도 나가지 않는다. 홍보 전략도 직접 수립하고, 로고나 템플릿, 명함 디자인 같은 것도 직접 하기 때문에 그 비용도 절약한다.

그러면서도 우리가 하는 일에 비해 지나치게 적은 수임료를 받지는 않는다. 변호사 한 명이 100건 이상 맡는 사무실에 비해 조력량이 열 배 이상인 반면, 수임료는 두 배 정도 더 받는 편이니 합리적인 가격이라 생각한다.

가장 중요한 요인은 내가 직접 하는 일이 많다는 것이다. 기록을 읽고 서면을 작성하고 법정에 나가 변론하고 고객과 만나는 일을 되도록 직접 한다. 운영비 중 가장 큰 비중을 차지하는 것은 어쏘 변호사의 임금이다. 내가 직접 이런 일들을 하는 만큼 어쏘 변호사 2~3명의 임금이 절약된다.

사실 나와 비슷한 경력의 변호사들이 직접 서면을 쓰는 경우는 드물다. 관리하는 사건이 많고 수입을 하러 다니기 때문이기도 하지만 나이나 경력도 영향을 미친다. 나이가 들면 시력이 나빠져서 기록을 읽기 어렵고 기억력이나 언어 능력도 떨어진다. 또 부장 판검사가 되면 판결문이나 공소장 초안을 후배가 쓰고 자신은 검토만 하게 되는데 이렇게 몇 년만 지나면 다시 글을 쓰기가 어려워진다. 운동선수가 감독 생활을 하다가 현역으로 뛰기 힘든 것처럼 말이다.

그럼에도 내가 계속 서면을 쓸 수 있는 것은 나이가 아직 40대로 젊은 편이고 지난 30년간 여러 가지 글을 꾸준히 써 왔기 때문이다. 나는 장인 수공업자처럼 나이가 들어도 건강이 허락할 때까지 되도록 직접 일하고 싶다.

법률 장인 공방을 추구하며

젊을 때 유럽 도시들 중에서 유난히 피렌체를 좋아했다. 르네상스의 발상지이자 미켈란젤로의 주무대답게 자유와 창의성의 분위기가 가득해서다. 〈냉정과 열정 사이〉 같은 영화나 김영하 작가의 『나는 나를 파괴할 권리가 있다』 같은 소설에도 피렌체가 등장하기에 좋은 이미지가 더해졌다.

대학교 1학년, 유럽으로 첫 배낭여행을 갔을 때 피렌체의 가죽 공방들을 방문했다. 그곳에서는 나이 든 사람도, 젊은 사람도 앞치마를 두르고 각자 일에 심취해 있었다. 누군가는 줄자와 초크와 가위를 들고 테이블에 펼쳐진 원단을 손보고 있었고 또 누군가는 재봉틀로 박음질을 하고 있었다. 딱 봐도 상당한 수준의 장인들 같았다. 그 공간은 그들이 치열하게 일하고 살아가는 삶의 터전이었다.

내 사무실도 법률 장인들의 공방이기를 바란다. 장인이라고 하기에는 아직 부족한 점이 많지만 그래도 나를 포함한 변호사들과 직원들이 장인이 되겠다는 마음으로 하루하루 충실하게 일하기를 바란다. 피렌체의 장인 수공업자들이 흰머리를 하고도 앞치마를 두르고 한 땀 한 땀 정성 들여 바느질하고 가위질하듯이, 나도 힘에 부쳐 더 이상 할 수 없는 날이 오기 전까지 내 손으로 서면을 쓰고 법정에 나가 변론하고 고객과 상담하고 싶다.

현재 사무실에서 가장 시간을 많이 들이는 일도 그런 일이다. 잔잔한 음악을 틀어 놓고 커피를 홀짝거리면서 손가락에 골무를 끼고 기록을 읽으며 서면을 쓴다. 그러다 막히면 간간이 창가를 어슬렁거리기도 하고 동료 변호사와 상의도 해 보고 의뢰인에게 연락해 궁금한 것들을 물어보기도 한다. 그리고 다시 노트북 앞에 앉아 서면을 써 내려간다.

어렵고 양이 많은 서면일수록 내가 초안을 쓰면 파트너 변호사가 리뷰를 하면서 빠진 부분을 보충하거나 오타, 오류를 수정한다. 반대로 비교적 전형적이거나 간단한 서면은 미리 목차와 내용에 대해 회의한 후 파트너 변호사가 초안을 쓰면 내가 첨삭한다. 난이도가 중간인 서면은 이런 방식이 절반씩 섞인다. 그 어느 경우에도 깊이 협업한다. 가령 당신이 판사라면 이 글을 읽고 어떤 생각이 들 것 같은지, 이 글에 설득이 되겠는지를 묻고 답한다. 증인신문 사항을 쓸 때는 당신이 증인이라면 이 질문에 뭐라고 답할 것인지를 묻고 답하면서 한 문장씩 협의해서 쓴다. 이런 식으로 작업하면 시간은 많이 걸리지만 확실히 글도, 질문도 좋아지고 제대로 일하는 것 같아서 뿌듯하고 즐겁다.

    변호사의 무기는 말과 글이다. 말은 법정에서 하는 것이고 글은 변호사 사무실에서 쓰는 것이다. 굳이 따지자면 말보다도 글이 중요하다. 우리나라의 재판과 수사는 서면 중심이기 때문이다. 현실상 판사는 일주일에 수십 건의 사건을 재판하면서 시간을 쪼개 수많은 사람을 만난다. 하나의 사건을 짧게는 반년, 길게는 1~2년씩 재판하기도 한다. 그러니 어느 한 기일에 변호사가 말을 잘해서 좋은 인상을 주더라도 판사가 다 기억해서 재판에 반영하기는 어렵다. 재판을 마치고 판결문을 작성할 시점에는 대부분 기억과 인상이 휘발되어 희미해지기 때문이다.

사실상 판사들은 대부분 선고 직전에 기록에 적힌 글을 보고 판결한다. 그래서 좋은 결과를 얻으려면 좋은 서면을 제출하는 것이 가장 중요하다. 판사나 수사관들은 다른 서면은 몰라도 변호사 의견서는 꼼꼼하게 본다. 변호인의 의견에 반하는 판결을 내리더라도, 적어도 변호인이 제기하는 문제들에 대해서 제대로 반박을 해 놓아야 나중에 항소심에서 뒤집힐 가능성이 적기 때문이다. 특히 요즘은 전관예우도 거의 사라진 상황이므로 좋은 글의 힘이 상대적으로 더 커졌다.

판사, 검사, 수사관의 마음을 1센티미터라도 더 움직이려면 좋은 글을 써야 한다. 좋은 서면은 논리, 감성, 형평 감각 등의 여러 측면에서 다층적으로 판사를 설득한다. 다시 말해 판사로 하여금 법리적으로도, 상식적으로도, 감정적으로도 우리 편이 이기는 것이 타당하다는 마음이 들게 만들어야 하는 것이다. 논리적으로 정교하게 쓰는 것은 기본이고, 상식적 차원에서도 우리가 이기는 것이 정당하고 우리가 지면 억울한 사람이 생긴다는 점을 설득해야 한다. 그렇게 하기 위해서는 감성적인 부분도 충분히 언급해 주어야 한다. 모든 것을 한 번씩만 언급한다고 되는 것이 아니다. 얇은 층을 겹겹이 입힌 페이스트리처럼, 다양하게 변주되는 교향곡처럼,

같은 주제를 다양하게 변주하면서 자연스럽게 반복하는 것이 효과적이다.

무엇보다 중요한 것은 진실성이다. 이를 위해서는 글을 쓰는 사람이 평소 거짓말을 하지 않는 진심 어린 사람이어야 한다. 오랜 세월 글을 쓴 경험에 비추어 보면 짧은 글은 몰라도 긴 글은 그 글을 쓰는 사람이 거짓을 말하는지 진실을 말하는지가 반드시 드러난다.

이탈리아 가죽 공방에서 가장 기본적인 기술이 바느질이라면 법률 장인 공방에서 가장 기본적인 기술은 글쓰기다. 나는 대학생 때부터 글을 썼다. 그때는 내가 근 30년이 지난 지금까지 꾸준히 글을 쓰고 문학상을 받아 작가가 되고 책을 내고 있을 줄은 상상도 하지 못했다. 작가들은 다들 어릴 때 백일장을 휩쓸었다고 하던데 나는 백일장에서 입상한 경험도 없었다. 대학생이 되기 전까지는 글을 쓰겠다는 생각 자체를 한 적이 없고 주변에서 글을 잘 쓴다는 칭찬을 들은 적도 없었다.

지난 50여 년의 삶을 돌아보면 호기심과 열성으로 이런저런 일에 빠져들어 평생 해야겠다고 다짐했지만 결국 지금까지 계속하고 있는 일은 별로 없다. 검도도, 골프도, 자전거도,

철학 공부도, 정신분석도, 요가와 명상도, 외국어 공부와 경영학 공부도, 주식 투자도 모두 한때였다. 그런데 희한하게 계속해야겠다는 생각을 품어 본 적도 없는 글쓰기는 계속해 오고 있다.

돌아보면 기쁠 때도, 힘들 때도, 심심할 때도 글을 썼다. 여행을 가서도 글을 썼다(지금도 발리에서 한밤중까지 이 글을 쓰고 있다). 심심한 아이가 레고 조립에 몰두하는 것처럼, 사랑에 빠진 청년이 연인에게 뜨거운 편지를 쓰는 것처럼, 아름다운 풍경을 앞에 두고 그림을 그리는 것처럼, 해커가 전산망을 뚫기 위해 코드를 해독하려 애쓰는 것처럼, 장군이 군대를 이끌고 큰 전쟁을 치르는 것처럼, 정원사가 아름다운 정원을 가꾸는 것처럼 글을 썼다. 왕가위 감독의 영화 〈화양연화〉 마지막 장면에서 누구에게도 말할 수 없는 비밀로 가슴앓이하던 양조위가 홀로 비행기를 타고 앙코르와트 사원까지 찾아가 담벼락에 입을 대고 날이 저물 때까지 가슴속에 묻어 둔 비밀을 털어놓는 것처럼 썼다.

처음 소설을 쓰던 날을 선명하게 기억한다. 대학교 3학년 때 독일어 수업을 들은 적이 있다. 독일에서 문학 박사를 취득한 교수님의 수업이었는데 어느 날은 다른 학생들이 모두

오지 않는 바람에 교수님과 단둘이서 수업을 하게 되었다. 그때 불쑥 교수님에게 물었다. "헤르만 헤세의 소설『유리알 유희』에 나오는 유리알 유희가 대체 무엇입니까?" 고등학생 때 그 소설을 아무리 읽어도 '유리알 유희'가 무엇인지조차 알 수 없어 답답했던 기억이 떠올랐기 때문이다.

이 소설은 미래의 어느 시대 예술, 철학, 종교 등 모든 정신문화가 유리알 유희로 통합되어, 한 명의 유리알 유희 명인이 전 세계 사람들에게 유리알 유희 연기를 선보임으로써 인류가 정신문명을 향유한다는 설정을 기본으로 하고 있다. 주인공인 요제프 크네히트는 음악, 철학, 기호학, 종교 등 수많은 수련을 거치면서 유리알 유희의 명인이 되어 간다. 그런데 여러 번 읽어도 도대체 유리알 유희가 무엇인지 그려지지가 않았다. 인터넷도 없던 시절이라 검색할 수도 없고, 주변에서 그 책을 읽은 사람을 찾을 수도 없었다. 오기가 생겨 일곱 번이나 반복해서 읽었지만 여전히 유리알 유희가 무엇인지 속 시원하게 알 수 없었다.

내 질문에 교수님은 한순간도 주저하지 않고 답했다. "유리알 유희는 소설을 비유한 거야. 헤세는 소설 지상주의자야. 소설이 모든 예술을, 예술뿐만 아니라 모든 가치를 아우를 수 있는 통합적인 양식이라 본 거지." (그러면서 굳이 "나는 헤세 별로 안 좋아해."라고 덧붙였다) 그 말을 듣자 과연 소설은 예술, 철학, 종교 등 모든 걸 담아낼 수 있다는 생각이 들었다. 『유리알 유희』를 일곱 번 읽으면서 나도 모르는 사이에 인간이 할 수 있는 가장 고결한 작업이라고 믿게 되었던 유리알 유희의 자리를 그 순간부터 소설이 대체하게 되었다.

당장 소설을 쓰고 싶어졌다. 수업이 끝나자마자 학생회관 문방구로 가서 두꺼운 노트를 한 권 샀다. 짬이 날 때마다 거기다 조금씩 소설을 썼다. 생각보다 어려웠고 그래서 재미있었다. 글이 어느 정도 모이면 나는 학교 컴퓨터실에서 타이핑하며 원고를 정리했다. 그렇게 서너 달 정도 지나니 짧은 소설 한 편이 거의 완성되었다. 학창 시절에 친했던 두 남자와 한 여자가 있는데 성인이 되어 한 남자는 죽고 남은 남자와 여자가 결혼해서 사는 이야기였다. 제목이 「배려」였고 주인공 이름이 '서초'라는 점만 생각해도 손발이 다 닳아 버리고 온몸이 사시나무처럼 후들후들 떨리는 것 같은, 지금은 원고를 찾을 수 없다는 것이 안도를 주는 단편 소설이었다.

마지막 페이지를 쓰던 날, 평소 자던 시간을 훌쩍 넘겼지만 조금만 더 쓰면 완성할 수 있을 것 같아 버티다 보니 어느 새 날이 밝았다. 학창 시절 숱하게 시험공부를 하면서도 체력이 달려 밤을 새워 본 적이 없는데 소설을 쓰면서 처음으로 밤을 새운 것이다. 그렇게 첫 소설을 완성한 뒤 기숙사 휴게실로 달려가 출력했다. 몇 차례 덜거덕거리던 프린터가 '찌징찌징' 소리를 내며 새벽의 고요를 깨뜨리더니 곧 활자로 가득한 A4 용지를 한 장씩 토해 냈다. 종이를 만져 보니 마치 빵집에서 갓 구워 낸 모닝빵처럼 따뜻했다.

다른 학생들이 깰까 봐 마음을 졸이면서도, 내가 쓴 소설이 하얀 종이에 반듯한 활자로 찍혀 나오는 것을 보고 첫 책이 출간되기라도 한 양 마음이 부풀어 올랐다. 초고를 가방에 넣고 오솔길을 지나 학교로 걸어가던 길에는 밤새 한숨도 못 잤는데도 몸이 둥실둥실 떠다니듯 가벼웠다. 그닥 사이가 좋지 않은 친구를 마주쳤을 때도 나도 모르게 활짝 웃으며 인사를 건넸다.

2년 뒤 사법연수생이 된 직후, 행정자치부가 주최하는 공무원문예대전이 열렸다. 이 소설을 거기 출품했는데 대상도 우수상도 아닌 '장려상'을 받았다. 그런데도 이전의 어떤 성취보다도, 심지어 사법시험에 합격한 것보다도 훨씬 기뻤다. 남이 하라고 시킨 것이 아니라 내가 스스로 하고 싶어서 한 일을 몇 년간 해서 공식적으로 처음 인정받았기 때문이다. 나는 말 그대로 (계몽된 것이 아니라) '장려'되었다.

스물여섯 살 때 강원도 화천에서 군검사로 일하는 동안 중고 아반떼를 타고 3시간씩 운전해 매주 대학로 마로니에 공원으로 갔다. 문예진흥원 건물 3층에서 열리는 작은 문학 강의에 참석하기 위해서였다. 김원일, 박범신 같은 원로 소설가가 젊은 소설가를 불러 경험담을 나누었는데 그때 불려 온 작가가 당시 30대였던 김영하, 백가흠, 배수아 같은 분들이었다.

청중은 늘 서른 명 남짓이었다. 대부분 문학도거나 한때 문학소녀였을 것 같은 중장년 여성들이었다. 그 문학 강의를 듣는 시간이 어떤 시간보다도 행복했다. 세속적인 이익과 무관한, 누가 시켜서 하는 것이 아니라 내 스스로 하고 싶다고 선택한 무언가(문학)를 배우기 위해 그곳에 있었기 때문이다. 심지어 끝나고 잘 곳이 없어 매번 찜질방 동굴 속에서 잤는데도 그 강의를 들으러 가는 길이 즐겁기만 했다.

프롤로그에서 일본 코미디언이 자신의 포르쉐를 볼 수 없다고 했듯이 나는 내가 남을 관찰하듯 전방위로 나 자신을 관찰할 수 없다는 사실을 자주 곱씹었다. 스스로를 볼 수 없으니 타인이라는 거울에 비친 자신의 모습으로 내가 어떤 사람인지 감을 잡게 된다. 그러나 살아 보니 주변의 거울들은 질시나 미움 같은 부정적 감정으로 탁해지거나 깨진 경우도 많았다. 이런 거울을 맹신하면 타인의 인정과 평가의 노예가 되어 끌려다니고 만다.

굳이 한 번씩 '나의 삶'이라는 차에서 내려 택시를 잡아타고 나의 행적을 좇으며 에세이를 쓰는 것도 스스로 내 모습을 파악하려는 시도였다. 시간과 거리를 두고 나 자신을 객관화하여 지나온 삶의 궤적들을 연결하고, 나아가려는 삶의 방향과 속도도 체크해 보려는 것이다. 그렇게 글을 쓸 때마다 정체성이 뚜렷해지는 만큼 타인을 의식하지 않게 되었다.

다양한 글을 꾸준히 써 온 것이 변호사로서 서면을 작성하는 데도 큰 도움이 된다. 판사의 판결문은 감정을 배제하고 논리만 적어야 하지만 변호사의 서면에는 눈물과 한숨이 섞여도 무방하다. 오히려 그것이 논리적 뼈대에 더욱 강한 힘을 실어 주기도 한다. 다만 소설이나 에세이를 쓸 때는 주로 나의 마음을 먼저 쓰고 그로 인한 행위들을 써 내려갔지만 지금은 타인의 행위를 먼저 쓰고 그의 마음을 추론해 나간다는 차이가 있다.

변호사로서 글을 쓰는 것이 작가로서의 글쓰기와 또 다른 점은 미리 써 놓는 일이 많다는 것이다. 작가로서 글을 쓸 때는 마감에 맞춰서 쓰지만 변호사로서 글을 쓸 때는 미리미리 써 두려고 한다. 판사로 일할 때 변호사들이 변론 기일 전날 서면을 제출하거나 선고 직전에 변론 요지서를 제출하면 판결문을 미리 써 두어서 반영하기 어려운 경우가 많았기 때문이다. 그렇게 뒤늦게 제출된 서면은 내용을 보더라도 부실해서 판결에 반영할 만한 것이 별로 없다. 더 큰 문제는 그렇게 급하게 낸 서면에는 판결 당사자의 입장이 반영되지 않거나 심지어 당사자가 확인조차 하지 않아 의사에 반하는 내용이 포함되기도 한다는 것이다.

결국 사건을 가장 잘 아는 사람은 당사자 본인이다. 변호사가 자신이 미리 쓴 서면 초안에 당사자의 피드백을 추가로 반영하는 일을 두세 번씩 반복하다 보면 서면은 점점 풍성해진다. 내용이 구체화될수록 진실에 한 발자국 더 다가가고 그만큼 설득력이 높아지는 것이다. 그래서 내 사무실에서는 서면 제출 마감일 일주일 전까지 초안을 완성해 놓고 회람하는 것을 원칙으로 한다.

글을 미리미리 써 놓는다는 것은 그 이상의 의미가 있다.

변호사들이 사건을 주시하면서 계속해서 챙기고 있다는 뜻이다. 일을 '챙기는 것'이 변호사에게 가장 중요한 임무라고 생각한다. 일을 미리 챙기는 변호사는 항상 여유가 있지만 미루는 변호사는 마감에 쫓기느라 바쁘다. 겉으로 보면 후자의 변호사가 더 많은 일을 하는 것 같지만 실제로는 전자의 변호사가 더 많이 일하고 또 일을 잘한다. 마감에 쫓기며 일하는 변호사와는 협업이 어렵더라. 마음도 불편하고 결국 상대보다 내가 늘 더 많이 일하기 때문이다. 내가 고객과 "고객이 찾기 전에 먼저 보고드린다."라고 약속하는 것도 결국 미리미리 챙기겠다고 약속하는 것이다. 고객의 신뢰는 변호사가 일을 미리미리 챙기는 데서 생겨나더라.

히말라야의 셰르파처럼

　상담을 무료로 하는 변호사도 있지만 나는 높지 않은 상담료를 책정해 놓고 반드시 유료로 한다. 그것도 사전에 상담료를 입금해야 예약을 잡는다. 이렇게 하면 필요한 법률 지식을 이곳저곳 무료로 쇼핑하려는 사람들이나 전문적 지식에 제값을 치르는 데 인색한 사람들을 걸러 낼 수 있다.

　상담 문의를 하는 분들에게는 곧바로 사건을 수임하게 되면 수임료가 어느 선인지를 미리 알려 드린다. 수임료를 말하지 않고 먼저 상담부터 해서 자신을 선임하고 싶도록 만든 뒤 상대방의 경제적 여건을 보고 돈이 많은 것 같으면 높은 수임료를 제시하라고 조언하는 변호사들도 있지만 나는 그렇게 머리를 쓰는 것이 피곤하기도 하고 마음도 불편하다. 고객과 밀당하느라 허비하는 시간과 소모되는 감정을 줄이고 그만큼 내가 맡은 일에 집중하는 편이 낫다.

상담자가 오면 정식으로 인사를 하고 차를 한잔 대접한다. 그리고 전반부는 되도록 내가 말을 하지 않고 상대의 말을 경청한다. 내가 먼저 이 사건은 이렇고 저렇고 말해 버리면 상담자가 진짜 하고 싶은 말을 하지 못할 수 있다. 그래서 내 생각이 있더라도 일단 전반부는 그것을 억누르고 그저 상대방의 말을 들으려고 한다. 들어 보면 그가 어떤 점을 특히 억울하게 생각해서 분노하는지, 변호사에게 어떤 것을 원하는지를 심도 있게 파악할 수 있다.

고객이 원한다고 해서 무조건 맞장구치지는 않는다. 옷가게에서 손님이 처음 고른 옷을 점원이 무조건 잘 어울린다며 칭찬하면 손님은 역시 내 판단이 옳구나 하면서 그 옷을 사 갈 가능성이 높아진다고 한다. 마찬가지로 변호사를 선임하려고 찾아온 분들에게 원하는 대답을 해 주며 맞장구치면 사건을 수임할 가능성이 높아진다. 승소할 것 같냐고 물으면 물론 그렇다고 해 주고 집행유예로 풀려날 것 같냐고 물으면 그렇다고 힘 있게 대답해 준다. 담당 판사와 친하냐고 물으면 아주 친하다고 씩씩하게 답하면 된다. 그러다가 승소하지 못하거나 집행유예로 풀려 나지 못하거나 담당 판사가 불호령을 내리면 판사가 이상하다며 이런저런 핑계를 대면 된다. 그러나 그런 말은 상담자에게 해롭다. 진실을 직면해야 하는 순간은 언젠가 찾아오고 그때까지 착각하고 있다가 갑자기 그 순간을 맞닥뜨리게 되면 이미 당사자가 대응할 수 없을 정도로 늦기 때문이다. 동료 변호사가 내게 "대표님, 집행유예가 된다고 거짓말은 안 하더라도 굳이 안 된다는 이야기는 안 하면 안 되나요? 대표님은 더 이상 판사가 아니라 변호사라구요."라고 하기도 하지만, 나는 솔직하고 정확하게 말하는 쪽을 고집한다.

내가 맞장구치지 않고 솔직한 생각을 말하니 상담을 하러 온 어떤 여성분은 "변호사님은 솔직히 F(감정형)는 아닌 것 같아요. 빠르고 명쾌한 답변 원하는 분에게 소개시켜 드릴게요." 하고 가 버리기도 했다(이분은 본인이 상대방 생일날 좋은 선물을 주었는데 상대방은 작은 선물밖에 하지 않더라는 쟁점과 무관한 이야기를 길게 늘어놓아서 본론부터 답해 주었을 뿐인데…).

상담자나 의뢰인은 단순히 법률 문제에 대한 퀴즈 풀이식 해답을 들으러 나를 찾아온 것이 아니다. 그랬다면 그냥 인공지능이나 검색엔진 앞에서 키보드를 쳤을 것이다. 그분들은 인생의 갈림길 앞에서 어느 길로 가야 할지 판단하는 데 실질적인 도움을 받고자 찾아온 것이다.

범죄를 저질렀다면 피해자에게 거액의 돈을 주고 합의해서 고소당하는 일을 피할지, 수사를 받아들이면서 자수하고 선처를 구할지 결정해야 한다. 억울하게 누명을 쓴 상황에서 형량이 높아질 위험을 감수하고서라도 억울함을 끝까지 밝혀 무죄판결을 목표로 할지, 자백하고 선처를 구할지를 선택해야 한다. 상대방의 이혼 청구에 응할지 끝까지 이혼을 거부할지도 결정해야 한다. 불륜 관계가 드러났을 때 비밀 보장을 약속받고 큰돈을 주고 합의할지, 비밀이 누설되더라도 적은 배상금을 지급하기 위해 소송할지를 판단해야 한다. 이런 결정은 자신뿐만 아니라 가족이나 주변 사람의 인생에도 막대한 영향을 미친다.

살면서 어려움을 겪지 않는 사람은 없다. 본인이나 가족이 고소를 당할 수도 있고 감옥에 갈 위기에 처할 수도 있다. 본인이나 배우자의 외도로 결혼 생활이 파국에 이르러 이혼을 해야 할 수도 있다. 부모님이 치매에 걸려 상속 재산을 놓고 형제자매들 사이에 소송을 하는 상황에 처할 수도 있다.

애인이 나를 폭행할 수도 있고 전 애인이 성관계 영상을 유출할 수도 있다. 직장에서 부당하게 해고당할 수도 있다. 자식이 학교 폭력의 가해자나 피해자가 될 수도 있다.

이런 위기를 극복하기 위해서는 가만히 앉아 있으면 안 되고 해결책을 선택하고 실천해야 하는데 이 과정은 고통스러운 일이다. 하지만 좋은 파트너와 함께 극복해 낸다면 마치 좋은 트레이너와 제대로 근육 운동을 한 것처럼 더 단단해지고 더 큰 위기를 감당할 수 있는 힘을 갖게 된다. 닥친 어려움이 인생 전체로 볼 때 좋은 경험으로 남게 되는 것이다. 경험이란 내게 일어난 사건 자체가 아니라 그에 대한 나의 대응이다. 그렇게 대응하는 것을 두고 위기를 지혜롭게 극복해 낸다고 말한다.

행복하고 성공한 삶을 사는 사람과 그렇지 않은 사람의 차이는 어려움에 처했을 때 극복하는 방법에서 생긴다. 포커 챔피언도 질 때가 있다. 이들이 일반인과 다른 점은 이길 때는 남들보다 많이 따지만 질 때는 남들보다 훨씬 적게 잃는다는 점이다. 인생에 큰 어려움이 세 번 찾아왔을 때 세 번 다 어리석게 대응한 사람과 세 번 다 지혜롭게 대응한 사람의 인생은 하한가를 세 번 맞은 주식과 상한가를 세 번 맞은 주식만큼 차이가 난다. 변호사를 찾는 의뢰인은 절체절명의 인생 위기를 훗날 어리석은 선택을 했다며 후회하는 일 없이 지혜롭게 극복해 내고 싶은 것이다.

고객이 이렇게 중요한 결정을 후회 없이 하도록 돕기 위해서 변호사가 해야 하는 가장 기본적인 것은 판단을 하는 데 필요한 정보를 최대한 정확하고 풍부하게 제공하는 것이다. 내가 틀리지 않으려고 가장 신경 쓰는 부분도 이 지점이다. 법조문이나 판결례도 찾고, 평소 지식과 판사 때의 경험도 활용하고, 주변에 있는 판사나 또 다른 변호사에게 의견을 묻기도 해서 이런 길을 선택하면 이렇게 되고 저런 길을 선택하면 저렇게 된다는 것을 최대한 정확하게 알려 드린다.

이러한 정보를 정확하게 알려 주는 것만으로 내게 도움을 구하는 분들의 마음이 편안하게 정리되는 것을 자주 경험한다. 얼마 전에 주말에 집에서 쉬고 있는데 젊은 커플로부터 급하게 상담 요청이 들어와서 저녁에 집 앞 카페에서 만났다. 여자 친구의 일 때문이었는데, 남자 친구가 나를 인터넷에서 검색해 상담비를 대신 내주고 급히 만나자고 요청해 온 것이었다. 그 여자 친구의 친구가 여행을 가면서 반려견을 돌봐 달라고 부탁했는데 그 개가 하필 동네 사람을 물어서 큰 수술을 할 정도로 피해가 커졌고 피해자는 변호사를 선임해서 경찰에 고소한 상황이었다.

나는 그 여자 친구가 피해자와 보험 회사, 개 주인인 친구와 경찰에게 각각 어떻게 대처해야 하고, 지금의 대처법 중 어떤 것이 맞고 어떤 것은 바꾸어야 하는지를 말해 주었다. 비록 앞으로 그 여자 친구가 감당해야 할 책임이 어느 정도 남아 있기는 했지만 두 사람은 많은 것이 정리되었다고 고마워하며 환한 표정으로 돌아갔다(나에게 케이크를 더 사 주고 가려는 것을 애써 말렸다). 나로서도 주말 저녁에 쉼을 방해받았다는 느낌이 전혀 들지 않고 보람되었다.

혐의를 부인할 경우 유죄판결을 받으면 형량이 어느 정도 나오는지, 반대로 혐의를 인정할 경우에는 형량이 어느 정도 되는지도 혐의를 인정할지, 부인할지를 결정하는 당사자에게 중요한 정보가 된다. 이혼했을 때 자신이 재산 분할이나 양육비를 얼마나 받을 수 있는지를 정확히 아는 것은 이혼을 할 것인지를 판단하는 데 매우 중요하다.

건축사가 건축한 예술성 있는 건물을 지방자치단체에서 함부로 개축하려고 할 때, 은행이 정부에 어떤 제도 시행에 대한 승인을 얻어 내려고 할 때, 땅이 수용되어서 손실보상을 받을 때, 방산 업체가 외국의 정부와 수출 계약을 할 때에도 내가 법무부나 방위사업청에서 일한 경험과 지식과 인맥으로 정확한 정보를 주는 것 자체로 문제의 큰 덩어리가 해결되어서 의뢰인들이 만족해하는 것을 경험한다.

이러한 객관적인 정보보다 더 중요한 것은 지금 상황이 얼마나 긍정적 또는 부정적인지에 대한 판단이다. 같은 상황에서도 어떤 사람은 상황을 지나치게 부정적으로 보며 불안해하는 반면, 어떤 사람은 지나치게 희망적으로 보며 문제를 회피한다. 그러나 문제를 제대로 해결하려면 현재 상황이 좋은지, 나쁜지, 시급한지, 그렇지 않은지를 정확히 아는 것이 중요하다.

이런 조언을 할 때 나는 셰르파가 된 느낌이 든다. 히말라야를 오르려는 등반객들에게 수많은 등반 경험이 있는 셰르파는 최적의 길을 안내하고 날씨와 얼음 상태를 살피며 나아갈 타이밍과 쉬어 가야 하는 타이밍을 조언한다. 그러나 엉터리 정보를 제공하는 셰르파를 믿고 앞으로 나아갔다가는 조난을 당한다.

다만 불안의 크기가 너무 크거나 고정관념이 너무 강해 셰르파의 조언을 받아들이지 못하는 고객들도 심심찮게 만난다. 가령 누가 고소한 적도 없고 그래서 경찰이 수사에 착수한 적도 없어서 아직은 형사처벌을 받을 가능성이 희박하고 만에 하나 그런 상황이 벌어지면 그때 대응을 시작해도 된다고 거듭 설명을 드렸는데도, 앞으로 혹시나 형사처벌을 받으면 어떻게 하냐고 불안해하면서 밤에도 수시로 전화해서 나에게 선제적인 조치를 해 달라고(그러나 혐의도 특정할 수 없는 시점에는 정말 할 수 있는 것이 없다) 요구하는 고객은 내가 더 이상 도울 수 없다. 이런 분은 변호사가 아니라 불안을 달래 줄 심리 상담사가 필요하다.

또 내가 보기에 사기를 당하고 있으니 거래를 중단하고 경찰에 고소해야 한다고 조언하는데도 그럴 리 없다고 계속해서 믿으면서 추가적으로 돈을 보내도 괜찮을지 내게 확인받으려는(나의 동조를 받아 자신의 선택에 대한 불안과 책임을 전가하려는 것이다) 분에게는 더 이상 도움을 드릴 수 없다고 말하게 된다. 이처럼 변호사에 대한 신뢰의 크기보다 자신의 불안과 고정관념의 크기가 유난하게 더 크면 멀쩡한 변호사를 만나도 제대로 문제를 해결할 수 없다. 셰르파가 가지 말라는 때 굳이 가려고 하고 가라는 때 굳이 머물려고 하는 사람은 아직 등정을 할 마음의 준비가 안 된 것이다.

정신분석가의 카우치처럼

　인생의 큰 어려움을 해결해야 하는 당사자로서는 필요한 정보를 들었다고 해서 쉽게 어떻게 할지를 결정하고 그 길을 나설 수 있는 것이 아니다. 여전히 어쩔 줄 몰라 하고 두려워하는 경우가 많다. 살아오며 켜켜이 누적된 심리적 경험과 자신에게 익숙한 문제 해결 방식, 관련자들과의 인간적 관계나 이해관계가 복잡하게 얽혀 있기 때문이다.

　언젠가 처가 보낸 이혼 소장을 받아 들자마자 급히 나를 찾아온 중년의 남성이 있었다. 이혼 청구에 응하면서 양육권을 가져오고 재산을 지킬지, 아예 이혼을 거부할지 근본적인 문제를 결단해야 한다고 설명드리고 각각의 경우 소송이 어떤 양상으로 진행될지를 자세히 알려 드렸다. 그는 이튿날 밤 10시가 넘어 내게 전화해서는 불안한 목소리로 자신이 이혼을 해야 할지 잘 모르겠다며 처제에게 전화해서 물어봐도 될지를 내게 물었다. 본인의 이혼 여부를 남에게, 그것도 처제에게 묻는다는 것은, 그것도 처제에게 물어볼지를 나에게 물어보는 것은 선뜻 이해하기 어려운 일이다. 그만큼 중요한 일일수록 본인이 결정을 내리는 것이 부담스럽고 힘들다는 뜻이다.

누군가를 상대로 고소나 소송을 제기할 때도 자신에게 유리하다는 정보를 아는 것만으로 실행하기가 쉽지 않다. 평생 해 보지 않은 고소나 소송을 한다는 것 자체로 큰 부담이 된다. 그런 공격적인 법적 행위를 했을 때 상대방이 자신이나 가족에게 보복하지 않을지 두렵기도 하고, 주변 사람들이 자신에게 좋지 않은 시선을 보내면서 수군거리지는 않을지 신경 쓰이기도 한다.

적지 않은 비용도 들고 재판이 한순간에 끝나는 것이 아니라 1년씩 가는 경우도 허다하므로 그런 비용과 스트레스를 계속 견딜 수 있을지도 가늠이 안 될 것이다. 피해자가 가해자에게 법적 조치를 하기 위해서는 이 모든 현실적, 경제적,

심적 부담을 이겨 낼 용기와 의지가 필요하다.

가령 자신이 아르바이트한 가게에서 자신을 성추행했던 가게 주인을 고소할 것인지, 자신을 오랜 세월 가스라이팅해 온 무당이나 사이비 목사를 고소할 것인지, 십여 년 동안 대화 한마디 하지 않고 지내던 배우자를 상대로 이혼소송을 제기할 것인지, 부친의 재산을 계모와 그 자식이 대부분 가로챈 경우에 오랜 시간이 지난 시점에 그들을 사기로 고소할 것인지, 직장 내 괴롭힘을 했던 전 직장 상사를 고소할 것인지, 자기 아이를 괴롭힌 동급생 아이를 고소할 것인지, 서로 같은 집단에 소속되어 있는 사람들 사이에서 배우자의 상간녀를 상대로 상간소송을 제기할 것인지를 결정해야 하는 상황에 처한 사람은 이론적으로는 고소나 소송을 하는 것이 옳고, 그 경우 승소한다는 것도 알지만 막상 실행할 용기를 쉽게 내지 못한다.

엄밀히 말하면 그것은 법적인 문제도 아니고 당사자 본인의 내면세계에서 정리해야 하는 문제이므로 당사자에게 생각해 보고 결론만 알려 달라고 할 수도 있다. 그러나 나는 일단 그들이 내 의뢰인이 되면 그런 고민의 과정도 사무실에서 함께해 드리고자 한다.

그럴 때는 정신분석가가 내담자의 말을 경청하듯 듣고자 애쓴다. 나는 정신분석을 소재로 한 소설 『보헤미안 랩소디』를 쓰는 2년 동안 실제로 정신분석을 받았다. 네덜란드 국제재판소에 파견 갔을 때에도 융 계열의 분석가에게 1년 반 동안 정신분석을 받았다. 한국에 돌아와서는 내가 직접 분석가가 되어 보려고 트레이닝 과정에 들어갔지만 본업으로 야근을 하는 날이 많아져서 중도에 하차했다.

정신분석가는 내담자의 입장을 무조건적으로 지지하며 편들거나 섣불리 내담자의 감정에 동조하지 않고 객관적인 거리를 유지한다. 그러면서도 내담자의 감정을 있는 그대로 존중하며 윤리적으로 판단하거나 비난하지 않는다. 정신분석가가 곁에서 지지해 주는 덕분에 내담자는 바다로 뛰어든 다이버처럼 점점 더 깊은 내면의 공간으로 내려갈 수 있게 된다(나는 이번에 길리섬에서 생애 첫 스쿠버 다이빙에 도전했는데 처음에는 두려웠지만 숙련된 현지인 파트너 '안안'이 곁에서 잘 이끌어 준 덕에 바다 밑바닥에서 거북이와 나란히 헤엄을 쳤다).

변호사로서 상담자나 의뢰인의 입장을 들을 때도 기본적으로 이러한 정신분석가 같은 태도를 취하려고 한다. 윤리적으로 날카롭게 판단하지 않고 우호적인 입장을 취하면서도 무조건적으로 편들지는 않는다. 내가 감히 당신의 감정을 어떻게 다 알겠는가, 당신이 하고 싶은 말을 조급해하지 않고 기꺼이 들어 주겠다, 듣되 선악으로 판단하지 않고 당신의 불행을 내 행복의 땔감으로 사용하지 않겠다, 그저 내 마음속 서랍에 고스란히 담아 두었다가 당신이 민망할 때쯤 깨끗이 잊어 주겠노라는 마음으로 들으려 한다. 이렇게 주의 깊게 들어 주는 것 자체가, 그렇게 고민하는 자리에 함께 있어 주는 것 자체가 묘한 힘을 발휘한다. 들어 주다 보면 의뢰인은 어느 순간 용기와 의지가 충전되어 스스로 실행하겠다고 말하게 된다.

　고민하는 과정에서 이분들은 내게 "변호사님이 저라면 어떻게 하시겠어요?"라고 묻기도 한다. 그러면 아주 솔직하게 말씀드린다. 그러면서도 "이것은 어디까지나 제가 살아온 방식과 저의 기질이 반영된 것이기 때문에 선생님에게 꼭 맞는 방법인지는 스스로 판단하셔야 합니다."라고 말한다. 자신은 도저히 고소나 소송을 할 수 없겠다고 하는 분들도 있다. 그러면 그 입장을 그대로 존중해 드린다. 오래 생각해 보고 마음이 바뀌면 다시 찾아오시라고 한다. 그러나 다수는 결국 내가 권하는 방법을 따르는 경우가 많다. 나를 믿어 주는 것이다.

의뢰인들 중에는 어떤 결단을 해야 하는 상황 없이 그저 마음이 불안하고 불편한 분도 많다. 자식이나 부모가 허망하게 스스로 목숨을 끊거나, 본인이 갑자기 직장에서 해고되거나, 배우자가 수감되거나, 엎친 데 덮친 격으로 소송 중에 본인이나 가족이 중병에 걸리는 일이 적지 않다. 나는 그런 경우에도 그냥 사무실에 와서 차를 한잔하고 가시라고 한다.

세상을 떠난 자식이 자꾸 생각나 괴로워하는 부모는 별일 없이 사무실에 들르곤 한다. 나는 그저 그분들의 말을 들으며 법적인 이야기는 일절 하지 않고 (소소한 일상을 회복하시기를 바라는 마음에서) 그냥 요즘 내가 먹은 음식, 구경한 장소, 우리 또래들의 관심사, 재미난 유튜브 채널 같은 것을 말씀드린다. 그러면 그분들도 젊었을 때의 취미나 자주 하던 운동 이야기, 그분 또래의 관심사나 건강 상태 같은 것을 말씀하시며 조금씩 자주 미소를 보이다가 마음이 후련하다고 하고 가신다.

얼마 전에는 남편이 수감되어 홀로 자식을 키우며 살고 있는 아내분이 찾아왔다. 통화를 할 때 너무 불안해서 내가 먼저 오시라고 했다. 그분은 자신이 불안한 부분들을 꼬리에 꼬리를 물고 털어놓았다. 법적으로 행여 자신도 책임을 질 수 있는 것인지, 남편의 빚이 자식들에게 옮겨 가는지 같은 법적인 걱정뿐만 아니라, 자식들이 자라서 아빠가 그런 일로 수감되었다는 사실을 알면 어떨지 모르겠다와 같은 걱정들도 털어놓았다. 남편의 범죄를 자신이 막지 못했다며 자책하기도 했다. 본인은 완벽한 가정을 꾸리는 것이 목표였는데 이제 다 물거품이 되었다는 말을 하면서는 가슴이 무너져 내리는 듯한 표정으로 눈물을 쏟아 냈다. 어느 순간부터 나는 말없이 들으면서 고개만 끄덕였고 그분이 주제를 바꾸어 가며 계속 이야기했다.

나는 간간이 당신이나 자식은 법적으로나 도덕적으로나 남편의 행위에 책임이 없으니 자책은 조금도 할 필요가 없다, 실현 가능성이 희박한 일을 걱정하고 있는 것이고 그럴 필요가 없다, 어렵겠지만 소소한 일상에 더 집중해서 사셔야 한다, 인생은 길고 아직 젊으시니 새로운 꿈을 꾸셔도 된다고 말씀드렸다. 그러나 내 말의 내용은 별로 중요치 않다. 그분이 어디서도 하지 못하는 말들을 내 앞에서 쏟아 낸 것이, 그 말을 내가 우호적인 입장에서 경청해 드린 것이 치유의 힘을 발휘하는 것이다. 돌아간 뒤에는 한결 마음이 안정되었다며 연락을 보내왔다.

어떤 여성분은 세 번째 찾아왔는데 표정이 많이 밝아졌다. 처음에 왔을 때는 마치 나에게 죄를 지은 사람처럼 먹구름이 낀 표정으로 고개를 숙인 채 불안해서 어쩔 줄 몰라 했다. 그런데 세 번째 찾아왔을 때는 "처음 변호사님께 전화드렸을 때 사실 죽으려고 하다가 혹시나 해서 전화한 거예요. 변호사님이 사람 살리신 거예요." 하면서 씨익 웃기도 했다.

그분이 잘못한 일이 있긴 한데 상대방이 배상액으로 지나친 요구와 협박을 해서 시달리던 분이었다. 수술받은 정형외과 환자처럼 시간이 지날수록 상태가 좋아지는 것이 눈에 보였다. 불안도 줄어들고 상대방에게 사과할 것은 사과하고 과도한 요구에 대해서는 안 된다고 말할 힘도 생겨났다. 처음에는 상대방이 보내온 문자 메시지에 뭐라고 답할지, 몇 시에 그 문자 메시지를 보낼지까지 내게 물어서 그대로 했는데 시간이 지나면서 스스로 알아서 답신을 하기도 했다. 그 역시 내가 한 일은 그분의 말을 들어 드리고, 우는 것을 지켜봐 드리고, 묻는 말에 답해 드리고, 어떻게 행동하면 나중에 어떻게 될 수 있다고 예측해 드리는 것이 대부분이었다.

정신적으로 너무 힘들어하면서 내 바로 앞에서 울음 섞인 목소리로 "변호사님, 제발 저를 좀 도와주세요."라고 말하는 분도 여럿 있었다. 나보다 연세가 많은 분도, 적은 분도 있었고 남성도, 여성도 있었다. 나는 계속 곁에 있었고 이 사건이 끝날 때까지 곁에 있을 것이라고 말씀드린다. 그분도 그것을 몰라서 하는 말은 아니지만 나로부터 그 말을 들으면 불안이 한결 진정된다고 하신다.

인공지능이 못하는 것, 믿음을 주고받기

요즘 인공지능이 법률적 도움을 주는 수준이 한 해, 한 해, 한 분기, 한 분기가 다를 정도로 급속히 발전하고 있다. 로펌에서는 자문 수입이 뚝뚝 떨어지고 있다고 한다. 로펌이 제공하는 답변서에는 불필요해 보이는 뻔한 말도 많고 추가로 물어볼 때마다 돈이 들고 변호사의 고까운 태도가 마음에 들지 않을 때도 많은 반면, 인공지능은 군소리 없이 싼값에 신속하게 몇 번이고 답하는데 누가 계속 지금과 같은 자문료를 주고 로펌에 자문을 맡기겠는가.

인공지능이 소송 서면을 쓰는 능력도 빠르게 개선되고 있다. 변호사들은 '궤멸적 위협'을 느낀다고도 한다. 그러나 나는 별 위협을 느끼지 않는다. 인공지능은 이렇게 의뢰인과 마주 앉아 의뢰인의 말을 경청해 주고 의뢰인을 믿어 주고 지지해 주면서 '관계'를 맺을 수가 없기 때문이다.

직장을 다니는 사람들이 직장에서 상사나 동료로부터 '인정'받는 것을 중요하게 여기는 반면, 변호사는 '신뢰'받는 것이 중요하다. 나를 찾아온 분들도 표면적으로는 자신의 사건을 어떻게 처리해야 할지, 앞으로 어떻게 될 것인지를 묻고 있지만 실질적으로는 내가 믿을 만한 변호사인지를 묻고 있는 것이다. 어떤 의뢰인은 나를 전폭적으로 믿어 주기도 하지만 어떤 의뢰인은 막연한 의심을 가지고 이런저런 테스트를 하기도 한다. 후자의 경우에는 이런 문서는 보았냐, 이 서류는 왜 제출을 안 하냐고 따져 묻기도 한다.

이들은 대개 그 이전에 다른 변호사를 선임했다가 크게 실망한 적이 있는 사람들이다. 이분들이 찾기 전에 먼저 연락하고 이분들의 말을 성의 있게 경청하면서 신뢰를 형성하는 과정이 필요하다. 변호사와 의뢰인은 서로 신뢰하지 못하면 제대로 일할 수 없고 좋은 결과를 낼 수 없다.

상담이 끝난 뒤 어떤 분은 나를 신뢰해서 바로 계약서를 작성하기도 하고 어떤 분은 더 생각해 보겠다고 떠나서는 연락이 없기도 하다(이럴 때는 소개팅을 하고 애프터를 거절당한 기분이 든다. 대체 내가 뭘 잘못했을까, 뭐가 마음에 안 들었을까 생각하게 된다. 다만 소개팅이 변호사와의 만남과 다른 점은 만남에 가격표가 붙어 있지 않다는 점이다). 지금까지는 감사하게도 선임하는 비율이 더 높은 편이다.

내게 사건을 맡긴 분들이 어느 지점에서 왜 나에 대한 신뢰가 생겼는지 그 이유를 정확히 알기는 어렵다. 내가 판사 출신이라는 점이나 우리가 일하는 방식, 그러니까 소수의 사건만 맡아 직접 수행하고 고객이 찾기 전에 먼저 연락한다는 것이 믿음을 주었을 수도 있지만 그런 논리적인 것이 결정적인 요인은 아닐 수 있다. 논리적으로 따지는 것과 별개로 사랑에 빠지고 결혼하게 되는 일이 많은 것처럼.

사람이 누군가를 신뢰하는 데 있어서는 그런 설명이나 정보를 떠나 눈빛, 표정, 목소리, 미소, 말하는 방식, 자신감 같은 것에서 사람 자체가 풍기는 분위기가 더 결정적으로 작동할지도 모른다. 커뮤니케이션에 관한 연구 결과에 따르더라도 사람이 말하는 내용보다 그 사람의 목소리와 표정이 훨씬 더 설득력을 발휘한다고 하지 않던가. 나를 신뢰해서 사건을 맡기기로 결심한 것이 나와 대화하는 과정에서 모종의 위로

와 후련함, 존중 같은 것을 느꼈기 때문일 수도 있다.

내게 일을 맡긴 분들 중에는 "변호사님 인상이 좋아서 왠지 믿음이 가요."라거나 "변호사님처럼 하면 변호사님처럼 잘되겠죠."라고 한 분도 계셨다. 그런 말을 들어 보면 그분들은 내가 드리는 논리적 설명보다도 내가 살아온 삶 자체를 신뢰의 근거로 삼는 것 같기도 하다. 이것은 인공지능에 "현재 닥친 어려움을 최선의 방법으로 극복해 내고 후회 없이 사는 법을 알려 줘."라고 입력하면 뭐라고 답을 하기는 할 테지만 힘이 되지 못하는 이유와 일맥상통한다. 인공지능은 삶을 살아 본 적이 없기 때문이다.

그러고 보면 우리는, 나 역시도, 타인을 신뢰할 것인가를 판단할 때 그 사람의 삶이 어떠했는가를 중요한 근거로 삼는 것 같다. 인상, 말투, 눈빛, 몸가짐, 상대의 말을 경청하는 습관, 일생의 경력과 성취는 향수 한번 뿌리면 뿜어져 나오는 향기와는 달리 한순간에 위장할 수 있는 것이 아니다. 저런 인상을 가진 사람이라면, 저런 말투와 태도를 지닌 사람이라면, 저렇게 자신의 일을 성실하게 하는 사람이라면 오랜 세월 남을 속이거나 해치지 않고 진실하게 삶을 살아왔을 것이라고, 그래서 저 사람과 함께 일하면 나를 해치지도 않고 나도 저 사람처럼 괜찮은 삶을 살 수 있을 것이라고 신뢰하게 되는 것 아닐까 싶다.

또 한 가지 변호사로 일하고 깨달은 것은 변호사인 내가 의뢰인을 믿어 주는 것도 중요하다는 점이다. 원로 교사인 어느 의뢰인은 온 세상 사람이 자신을 범죄자라고 믿는 것 같아 극단적 선택을 할 생각까지도 했는데, 내가 믿어 주어서 힘이 났고 여기까지 버틸 수 있었다고 법정에서 최후 변론을 할 때 불쑥 말해서 갑자기 눈물이 날 뻔한 적도 있었다.

기소당한 사람은 국가를 대표하는 경찰도, 검찰도 자신을 범죄자로 생각하고 주변 사람들도 뒤에서 수군대면서 자신에게 손가락질하는 것 같은 고립감을 느낀다. 그럴 때 변호사가 진심으로 그 사람의 결백을 믿어 준다면 그것은 큰 힘이 되지 않을 수 없는 것이다.

의뢰인이 변호사를 신뢰하고 변호사가 의뢰인을 신뢰하면서 변론을 해 나가다가, 결국 판사조차 우리를 믿어 주면 그 감동은 이루 말로 다 할 수 없다. 결국 내가 하는 변호사 일의 본질이자 동력이자 목표는 첫째도, 둘째도, 셋째도 믿음일 수밖에 없는 것 같다.

dc
2장 ◆ 경찰서에서

_ 배트맨을 생각하며

경찰에 대한 상반된 이미지들

　변호사가 된 뒤 부쩍 많이 만나는 사람이 경찰이다. 판사일 때는 경찰이 작성한 수사 기록만 수없이 보았지 경찰을 직접 만날 일은 별로 없었다. 영장심사 때 아무 말 없이 법정에 앉아 있는 경찰관을 보거나 일반 공판에서 간혹 경찰이 증인으로 채택되면 법정에서 신문할 때 보는 정도였다. 그러나 지금은 법정과 구치소를 제외하면 가장 자주 가는 곳이 경찰서다. 작년부터는 40년 된 경찰 전문지 『수사연구』의 인터뷰 코너 「정재민이 간다」를 연재하며 경찰관들과 매달 인터뷰도 하고 있다.
　법정에 가면 고요하고 무겁고 권위적이고 정적인 느낌이

든다. 검찰청 검사실에 가면 법원보다 더 권위적인 냄새가 풍긴다(내 변호사 경험상 요즘은 판사도, 검사도, 경찰도 고함을 질러 대는 사람은 보기 힘들지만, 오직 검찰의 일부 고참 수사관들만큼은 변호사가 있는데도 피의자에게 빽빽 소리를 지르거나 반말을 하는 것을 볼 수 있었다). 반면 경찰서에 가면 역동적인 활기가 느껴진다. 적당히 부산하고 적당히 시끄럽다. 판사들은 나이가 상대적으로 많고 속 모를 표정으로 앉아 있는 경우가 대부분이지만 경찰관들은 대개 젊고 활기차고, 게다가 심심찮게 친절하기까지 하다.

경찰에 대한 이미지는 경찰이 나오는 영화나 드라마가 형성하는 부분이 크다. 〈범죄도시〉의 마동석 같은 캐릭터가 대중들로 하여금 많은 형사들이 실제로 그렇게 덩치도 크고 힘이 세면서도 귀엽고 웃긴 사람이라고 믿게 만드는 것이다. 〈베테랑〉의 황정민, 〈살인의 추억〉의 송강호, 〈공공의 적〉의 설경구는 투박한 꼴통 경찰도 나쁜 놈 하나는 끝내주게 잡는다는 이미지를 심어 준다.

그에 비하면 판사는 영화나 드라마의 덕을 많이 못 본다. 늙수그레한 중년 남자가 법대 위에서 곧 짜증을 터뜨릴 듯한 표정으로 병풍처럼 앉아 있다가 내용의 측면에서든 억양과 말투 측면에서든 어딘가 뜨악한 말을 던질 때가 많다.

경찰이 주인공인 영화나 드라마는 끝도 없이 나오지만 판사를 주인공으로 하는 경우는 별로 없다. 있더라도 명작의 반열에 잘 오르지 못한다. 판사의 역할이 기본적으로 법정에 가만히 앉아 수동적으로 판단하는 것이다 보니 이야기를 능동적으로 끌고 가야 하는 영화나 드라마 속 주인공이 되기는 어려운 것이다.

반면 경찰은 스스로 진실을 찾아 나서는 직업이므로 이야기를 능동적으로 끌어갈 수 있다. 게다가 경찰과 범인의 대결 구도 자체가 손쉽게 긴장과 흥미를 조성하기 때문에 주인공이 되기 쉽다. 〈무간도〉의 양조위, 〈신세계〉의 이정재, 〈디파티드〉의 레오나르도 디카프리오, 〈양들의 침묵〉의 조디 포스터, 〈아메리칸 갱스터〉의 러셀 크로우, 〈세븐〉의 브래드 피트, 〈시카리오(암살자의 도시)〉의 에밀리 블런트, 〈추격자〉의 김윤석, 〈시그널〉의 이제훈, 조진웅이 다 경찰이다.

영화에서는 경찰 중에서도 형사가 많이 등장한다. 형사는 살인, 강도와 같은 강력 범죄를 수사하고 범인을 잡으러 다니는 경찰을 말한다. 경찰관은 형사 파트, 수사 파트를 구분하는데 흔히 형사 파트는 밖으로 돌아다닐 때가 많고 수사

파트는 책상 앞에 앉아 서류 작업을 하는 것으로 인식된다.

내가 어릴 적에는 성룡이 경찰로 나와서 악당을 통쾌하게 혼내 주는 〈폴리스 스토리〉가 큰 인기였다. 최첨단 인공지능이 장착되어 운전도 하고 점프도 하는 검정색 스포츠카 '키트'가 주인공인 〈전격 제트 작전〉도 경찰 이야기였다. 초등학교에 들어가기 전에는 〈기동순찰대〉라는 미국 드라마를 좋아했다. 존과 폰치라는 캘리포니아 고속도로 순찰대가 범죄자를 잡는 활약을 그린 이야기다. 이들은 평소에는 깊은 '브로맨스'를 보여 주다가 (실제로는 두 배우 사이가 너무 안 좋아서 존 역을 맡은 래리 윌콕스가 중간에 하차했다) 범죄자가 나타나면 검정 선글라스를 끼고 커다란 오토바이를 타고 고속도로를 질주하며 격투를 벌여 범죄자를 제압했는데, 그때마다 정의가 실현되는 것 같아 가슴이 뻥 뚫렸다.

제일 재미있게 본 영화는 갱스터 영화의 거장 마틴 스코세이지 감독이 〈무간도〉를 리메이크해 오스카 상을 받은 〈디파티드〉(2006)다. 보스턴의 갱단 단원인 콜린(맷 데이먼)이 경찰 조직에 잠입하고, 반대로 경찰인 빌리(레오나르도 디카프리오)는 갱단에 잠입하는 이야기다. 이후 주인공들은 자신의 정체성을 고민하게 된다. 한 명은 경찰이지만 시민들에게 폭력을 써야 하고 한 명은 경찰인 척하면서 시민들을 향해 공권력을 행사하기 때문이다. 갱단 두목 프랭크(잭 니콜슨)는 경찰이 되려고 하는 콜린에게 갱단의 비밀 단원이 될 것을 제안하면서 이렇게 말한다. "경찰이나 갱단이나 총질하는 건 똑같지. 뭐가 다르냐?"

그러나 많이 다르다. 경찰은 국민을 위해서 총을 쏘지만 갱단은 두목을 위해서 총을 쏜다. 경찰은 국민이 만들어 준 '리바이어던'이지만 갱단은 사악한 동기로 탄생한 돌연변이 괴물이다. 리바이어던은 전설 속에 나오는 엄청난 힘을 가진 바다 괴물이다.

사회계약설을 창시한 영국의 대표적인 정치 철학자 토머스 홉스는 『리바이어던』(1651)이라는 저서에서 국가에 권력이 부여된 이유에 대해 설명한다. 국가가 없는 자연 상태에서는 만인이 만인에 대해 투쟁하는 무질서 상태가 되므로 국민들이 국가에 리바이어던처럼 강력한 힘을 몰아주는 것이라고, 그렇게 국가가 폭력을 독점하면서 세상의 질서를 유지하기로 사회계약을 한 것이라고. 그 국가 공권력의 핵심이 바로 경찰이다.

어린 시절 기억 속 경찰

지금이야 경찰을 만나면 편하게 이런저런 대화를 나누지만 어린 시절 경찰은 무서운 존재였다. 어릴 적 우리 집 맞은편에 파출소가 있었다. 그곳은 동네에서 가장 강력한 권력기관이었다. 정문에는 5공화국의 구호 '정의사회구현'이 적힌 현판이 붙어 있었다. 그 아래 유리문을 들여다보면 황금색 액자 안에서 비스듬히 고개를 돌린 채 웃는 것도 안 웃는 것도 아닌 표정을 한 전두환 전 대통령과 눈이 마주쳤다. 검정 쇠창살이 삐죽삐죽 솟아난 울타리 밖 게시판에는 살인, 강도살인, 폭력 등 무시무시한 죄명이 빨간색 꼬리표로 붙은 현상 수배자들의 사진이 붙어 있었다. 그 사람들도 무서운데 그런 무서운 사람들을 잡는 경찰관들은 얼마나 더 무서울까 싶었다.

어느 날 그 게시판에 '북괴 무장 공비의 이모저모'라는 제목 아래 강원도 동해 앞바다로 침투하다가 사살되어 가마니 위에 놓인 무장 공비들의 시신 사진이 전시되었다. 나는 경찰관들이 허리춤에 찬 권총으로 그런 무장 공비까지 사살하는 줄 알고 더 큰 경외심을 가졌다.

그때 파출소 소장은 수시로 우리 집에 와서 아버지와 바둑을 두었다(당시 아버지는 바둑을 잘 두는 것으로 유명해서 바둑 두러 우리 집에 찾아오는 아저씨들이 줄을 이었다. 한번 오면 한 판으로 끝나지 않고 밤늦게까지 대국이 이어졌기에 어머니가 싫어하셨다). 허리에 수갑과 권총을 차고 있었음에도 억센 경상도 사투리 대신 부드러운 서울 말투를 쓰던 그 소장님은 좋은 사람 같았다. 그분은 어린 내게 이런저런 질문을 던지면서 내가 하는 대답을 항상 재미있어 했다.

어느 날에는 술에 잔뜩 취해 우리 집에 와서 나를 앉혀 두고 공부를 열심히 해서 경찰대학에 가라고 했다. 경찰대학을 졸업하면 파출소장보다 높은 사람이 될 수 있다면서. 지금 생각해 보면 그날 경찰대학을 나온 젊은 윗사람에게 한 소리를 들어서 마음을 다치신 것 아닌가 싶다.

　그렇지 않아도 나는 더 어릴 적부터 경찰이 되고 싶다는 생각을 했다. 『셜록 홈스』, 『뤼팽』 같은 추리소설을 좋아해 닥치는 대로 읽었는데 우리나라에는 탐정이 없다고 해서 경찰이 되고 싶었던 것이다. 파출소 뜰에 세워진 두 대의 경찰 오토바이도 경찰이 되고 싶은 마음을 자극했다. 〈기동순찰대〉 주인공들이 타고 다닌 것보다는 작았지만 짜장면 배달부가 타던 '88오토바이'보다는 훨씬 컸다. 은색 백미러도 반짝반짝 윤이 났고 굵직한 철제 머플러(소음기)가 콧방귀처럼 내뱉는 부르릉 소리도 맹수가 으르렁거리는 듯 우렁찼다. 나도 그런 오토바이를 타고 다니며 범죄자를 잡아 정의를 실현하고 싶었다.

　반대로 경찰에 대한 좋지 않은 기억도 있다. 초등학교 4학년이던 어느 여름, 주말 아침에 친구들 네 명과 목욕탕에 갔다가 숲속 오솔길을 걸으며 신나게 떠들고 있었다. 그때 어느 바위에 빈 콜라병이 있는 것이 보였다. 누가 시작한 것인지 알 수 없지만 우리는 돌을 주워 콜라병 맞히기 놀이를 했다. 그러다 돌 하나가 병 뒤쪽에 있던 방범 초소의 문짝을 '텅' 하고 맞혔다. 곧이어 초소의 문이 덜컹 열리더니 유니폼을 입은 키 큰 아저씨가 뛰쳐나와서는 "너희들 뭐야!" 하고 소리를 질렀다. 우리 중 누군가가 "튀어!"라고 외쳤고 우리는 일제히 뛰기 시작했다. 어느 정도 뛰다 돌아보니 그가 더 이상 보이지 않았고 헐떡이는 숨을 고르며 헤어졌다.

서너 시간쯤 지났을까, 시장을 걷고 있는데 갑자기 숨이 턱 막혔다. 그 경찰 아저씨가 뒤에서 달려들어 팔뚝으로 내 목을 감싸 조른 것이다. 쫓아오다가 포기한 것이 아니라 계속해서 찾아다닌 것이었다. 그는 입을 내 귀에 대고 이렇게 말했다. "오후 3시까지 아까 그 초소 앞으로 친구들이랑 나와라. 한 명이라도 빠지거나 부모님한테 이 사실을 말하면 나중에 온 가족을 가만두지 않는다." 그 말이 더욱 섬뜩하게 들린 것은 아무래도 그가 제정신을 갖춘 사람 같지가 않아서였다. 넘치는 분노를 주체하지 못해 목소리가 불안정하게 떨리고 발음이 온전하지 않아서 더욱 무서웠다.

그때 같이 있던 친구 중 한 명은 학교에서 가장 싸움을 잘하고 깡다구가 좋은 녀석이었다. 훗날 깡패 조직 생활도 했다. 나와는 애증이 교차하는 긴장 관계에 있던 녀석이었다. 나는 친구들을 모아 자초지종을 설명하고 어떤 방식으로든 적극적인 대응을 해야 할 것 같다고 의견을 냈다. 그런데 녀석은 의외로 순순히 나갈 수밖에 없다고 했다. 깡다구가 센 녀석이 그렇게 나오자 나도 체념하고 그 장소로 나갔다.

그는 우리를 꾸짖는 일장 훈계를 늘어놓은 뒤 한 명씩 따귀를 때렸다. 이어서 선착순 달리기를 시키고는 늦게 돌아온 사람에게 머리를 땅에 박고 열중쉬어 자세를 취하는 '원산폭격'을 시켰다. 선착순 달리기가 끝나자 둘씩 짝을 지어서 가위바위보를 하게 했다. 그리고 이긴 사람이 진 사람의 뺨을 때리도록 했다. 찰싹, 찰싹, 우리는 서로의 뺨이 붉게 물들 때까지 때렸다. 그렇게 한 시간이 넘도록 당했다.

그날 이후 우리는 목욕탕에 갈 때 지름길인 숲속 오솔길로 가지 않고 빙 둘러서 대로로 다녔다. 이 사건은 수영장 물속을 서서히 내려가 '딸깍' 소리를 내며 바닥에 가라앉는 돌처럼, 권력 남용에 대한 혐오로 내 마음 깊은 곳에 선명하고도 단단하게 자리 잡았다. 힘으로 횡포를 부리며 약한 사람을 괴롭히는 사람들을 보면 그 경찰관을 떠올리곤 했다. 훗날 경찰이 4·19혁명이나 5·18민주화운동 때 독재 정권의 편에 서서 국민을 향해 총을 쏜 역사를 배웠을 때도 그 경찰관을 떠올렸다.

경찰과 검찰 사이

언젠가부터 검사가 경찰보다 훨씬 막강한 힘을 가지고 있음을 알게 되었다. 지방에는 방송이 되지 않아서 대학생이 되어 서울에 와서야 네 개짜리 비디오테이프로 본 드라마 〈모래시계〉에서 박상원 배우가 연기한 강우석 검사가 자신을 둘러싼 깡패들에게 "서울지검 강우석 검사다. 나를 건드리려면 아예 죽여 놓는 게 좋을걸?"이라고 말하자 깡패들이 우르르 물러났다. 이 장면이 검사의 위력을 단적으로 보여주었다.

25년 전 내가 검사 시보를 할 때만 해도 검사들이 돌아가면서 매달 관할 경찰서 유치장으로 감찰을 갔다. 초임 검사가 가도 수사과장이 나와서 영접하고 직접 안내했다(그로부터 몇 해 전까지만 해도 경찰서장이 나왔다고 한다). 검사가 전화하면 경찰은 군말 없이 검찰청으로 와서 사건을 설명했고, 젊은 검사가 나이 든 경찰에게 핀잔을 주는 일도 다반사였다. 검사실 업무를 지원하기 위해 비공식적으로 파견을 나와 있는 형사들도 있었다. 어느 조직이나 인력은 항상 부족한데 검찰이 필요하다고 하면 경찰이 인력을 보낸 것이다.

옛날에도 품위 있고 예의 바른 검사들이 많았지만 안하무인으로 행동하는 검사들도 꽤 있었다. 그런 무례함 내지 무도함을 검사다운 것이라 생각하고 검사라면 마땅히 있어야 하는 '곤조'로 여기는 분위기도 있었다. 내가 시보 생활을 할 때만 해도 조사받는 사람의 나이가 많든 적든 기본적으로 반말을 하는 검사가 많았다.

판사와도 대등하다는 의식이 지배적이었다. 서울중앙지방법원이 중요 사건의 영장을 기각하면 서울중앙지방검찰청에서 거친 항의 성명을 언론에 대대적으로 발표하기도 했다. 내가 판사였던 2016년경, 동료 판사가 검사가 청구한 구속영장을 기각했더니 부하 검사에게서 전화가 온 적도 있다. "우리 차장님이 왜 영장 기각했냐고 전화 한번 해 보라던데요?"하고 말이다.

　법정에서도 검사가 판사를 전혀 의식하지 않고 마치 검사실에 있는 것처럼 피고인에게 화를 내고 다그치며 추궁하기도 했다. 법정에서 변호인이 치열하게 다툰 뒤, 검사가 피고인을 검찰 조사실로 불러 추가로 관련 없는 사건도 수사하겠다고 겁박하는 경우도 적지 않았다. 그러면 다음 재판 때 피고인이 갑자기 태도를 바꿔 순순히 자백했다.

　내가 판사를 그만두고 방위사업청에서 원가검증팀장으로 일할 때였다. 방위사업 수사부의 하 모 검사에게 전화가 와서는 자료 분석을 위해 내 직원들을 며칠 써야 하니 보내 달라고 강압적으로 요구했다. 나는 우리 직원들은 우리 팀 업무로 바쁘고 검찰이 일손이 달린다고 방사청이 직원을 보내야 할 의무는 없다(우리가 일손이 부족할 때도 검찰이 인력을 보내지 않는다)고 답했다.

　그러자 자기가 지금 수사를 해야 하는데 일손도 부족하고 전문성도 부족한데 어쩌란 말이냐며 마치 깡패가 시전에서 돈을 빼앗듯이 언성을 높였다. 결국 검사를 화나게 해 보복성 수사를 받을까 봐 불안해하던 직원들이 스스로 가겠다고 해서 도와주고 왔다.

그동안 판사로서 공판에 들어온, 판사에게 친절한 검사들만 보았는데 검사가 다른 공무원이나 수사 대상에게 얼마나 갑질을 하는지 현장에서 느낄 수 있었던 경험이었다.

과거에 일부 검사들이 그런 오만한 행동을 할 수 있었던 건 수사권이라는 막강한 권한이 집중되어 있었기 때문이다. 그런데 이 수사권이 2021년부터 대폭 경찰로 이전되었고, 2026년에는 검찰청이 아예 역사 속으로 사라지고 주로 기소를 담당하는 공소청이 된다.

수사권을 세부적으로 쪼개 보면 수사지휘권, 수사종결권, 직접수사개시권 등으로 나눌 수 있다. 이 중 검사의 경찰에 대한 수사지휘권이 2021년부터 폐지되었다. 기존에는 검사가 경무관부터 일개 수사관까지 모든 사법 경찰관을 지휘할 수 있었다. 때문에 검사가 마음만 먹으면 경찰의 수사 방향을 사건이 검찰로 송치되기 전부터 바꿀 수 있었으나 2021년 이후로는 불가능해진 것이다.

2021년부터 경찰이 검사의 지휘를 받지 않고 독자적으로 수사권을 행사하게 되면서 자연히 수사종결권도 가지게 되었다. 수사종결권은 수사를 언제까지 할지와 수사를 끝낸 뒤 검찰에 송치할지 말지 결정할 수 있는 권한이다. 흔히 사람들은 수사기관의 힘이 누군가를 수사해서 처벌하는 데 있다고 생각하지만 현실적으로는 죄가 있는 사람을 제대로 수사하지 않고 무혐의라는 면죄부를 줄 수 있는 권한도 매우 강하다. 명백히 죄가 있는 사람을 대상으로 몇 가지만 수사하면 범죄의 전모를 밝힐 수 있는데도 그 직전에 멈추어 무혐의, 불기소 결정을 해 버리는 것이다.

오히려 죄 없는 사람에게 죄를 뒤집어씌우기는 쉽지 않다. 증거를 인위적으로 만들기도 어렵고 무고한 사람을 기소해 봤자 판사가 무죄판결을 할 것이기 때문이다. 그러나 죄 있는 사람을 덮어 주는 것은 훨씬 수월하다. 수사를 적당히 하다가 종결하면 된다. 이런 권한이 기존에는 검찰에 있었지만 이제는 경찰로 간 것이다.

직접수사개시권은 누구에 대해서 수사를 할지 말지, 어느 범위에서 수사할지를 스스로 결정해서 실행하는 권한이다. 누가 고소하지 않더라도 수사기관이 필요하다고 생각하면 수사(이를 '인지 수사'라 한다)할 수 있는 것이다. 이런 수사를 당하는 사람 입장에서는 오로지 수사기관의 판단에 따라 인생이 망가질지, 어느 정도로 망가질지가 결정된다.

수사지휘권은 주로 검찰의 일반 형사부가 행사하고 직접

수사권은 특수부가 행사했다. 때문에 특수부 검사를 '칼잡이'라고도 불렀다. 특수부 검사가 휘두르는 직접수사권이라는 칼끝은 유력 정치인도, 대기업 총수도, 힘이 빠진 현직 대통령도 가리킬 수 있었다. 그 칼에 유력 정치인이나 정권의 실세가 하루 아침에 구속되어 힘을 잃는 경우가 비일비재했다. 그러니 검찰이 사실상 정치권력의 일부를 갖고 있다거나 '검찰공화국'이라는 말이 나왔던 것이다. 그런데 이 권한도 2022년 이른바 '검수완박(검찰 수사권 완전 박탈)' 입법과 2025년 기소와 수사를 분리해 검찰청을 폐지하고 공소청을 두는 입법에 의해 대부분 잃게 되었다.

검사가 권한을 잃은 만큼 검사 출신 변호사의 인기도 떨어지고 있다. 과거에는 검사가 모든 경찰 수사를 통제할 수 있었고, 혐의가 있어도 기소유예를 해 주거나 경미하게 벌금형 약식명령도 해 줄 수 있었다. 그러니 검찰 조사 단계는 물론 경찰 조사 단계에서도 담당 검사와 친분이 있는 검사 출신 변호사에게 거금을 들고 찾아가곤 했다. 특수부가 큰 수사를 시작하면 거물 피의자들이 특수부 출신 전관 변호사를 선임했기에 이런 수사가 시작되면 변호사들 사이에선 '큰 장이 섰다'고도 했다.

피의자들이 검사 출신 변호사를 찾아갔던 또 다른 이유는 현직 검사들이 주로 검찰 출신 변호사와만 면담을 해 주었기(지금도 그렇다) 때문이다. 현직 검사들에게 왜 검사 출신 변호사만 만나 주느냐고 물으면 말로는 그렇지 않다며 일반 변호사들 모두 면담해 준다고 한다. 그렇지만 검사 출신이 아닌 변호사들이 면담을 신청하면 실무관 선에서 이런저런 핑계를 대며 사실상 거절한다. 이는 명백히 차별이고 전관예우다. 그러나 이런 문제도 경찰이 수사권을 가지면서 희미해지고 있다. 이제 로펌에서도 경찰 출신 변호사의 영입을 늘리는 반면 검사 출신 변호사는 줄이고 있다.

  그럼 판사 출신 변호사인 나는 기존 제도에서도, 바뀐 제도에서도 인기가 없는 것일까. 그렇진 않다,고 강변하려고 한다. 경찰에 있는 사건은 결국 검찰을, 또 법원을 향해 흘러간다. 따라서 재판까지 갔을 때 증거나 쟁점들이 어떻게 판단될지를 잘 알고 있으면 경찰, 검찰에서 어떻게 처신해야 하는지를 쉽고 정확하게 가늠할 수 있다. 또 경찰, 검찰, 법원 단계마다 변호사를 바꾸면 기존의 정보가 소실되고 대응에 일관성이 없어지지만 나를 선임하면 변호사를 도중에 바꾸지 않아도 된다(이런 취지의 말을 뻔뻔하고 갑작스럽지 않게, 겸손

하고도 자연스럽게, 스며들듯이 했다고 독해해 주시기를 부탁드립니다요).

내가 경찰 조사에 꼭 참석하는 이유

『수사연구』인터뷰를 제외하면 내가 경찰서에 갈 때는 대개 두 가지 경우다. 범죄 혐의를 받는 피의자를 변호하러 가는 경우와 범죄 피해자를 위해 고소를 대리하고 수사가 제대로 진행되는지 챙기기 위해 가는 경우. 대부분 변호사들은 전자의 일을 더 많이 하지만 나는 후자에도 관심이 많고 내가 하는 사건들 중에서 비중도 크다. 특히 최근에는 경찰에서 수사가 제대로 이루어지지 않는 경우가 많은데 이럴 때 수사를 제대로 진행시키고 범죄자를 제대로 처벌받도록 하면 그 보람이 크다.

전자는 가해자로 지목되는 피의자를 돕는 일이고 후자는

피해자를 돕는 일이라 입장과 역할이 데칼코마니처럼 뒤바뀌곤 한다. 같은 경찰서에 피의자를 변호하러 갔다가 다음번에는 피해자를 대리해서 가면, 영화 〈무간도〉나 〈디파티드〉의 경찰로 위장한 갱단원이나 갱단원으로 위장한 경찰처럼 정체성이 완전히 뒤집어지는 느낌이 들 때도 있다.

전자의 경우 변호의 목표는 죄를 지은 사람이 자신이 지은 죄만큼만 처벌받도록 하는 것이지, 거짓으로 면죄부를 만들어 주려는 것은 아니다. 피의자 중에도 자신이 하지 않은 엉뚱한 혐의를 받을 때가 있는데 이는 본인도 억울하고 객관적으로도 정의가 아니므로 시정하려 애쓰는 것이다. 반대로 피해자가 고소를 해도 수사가 제대로 이루어지지 않을 때가 많다. 이 경우에도 피해자는 억울함을 겪고 정의가 훼손된다. 즉 피의자를 정당하게 변호하는 일도, 피해자를 대리해서 가해자의 처벌을 촉구하는 일도 모두 억울함을 없애고 정의를 실현하는 일이라는 점에서 본질은 같다.

변호사가 경찰 조사에 참여하지 않는 경우도 많다. 특히 대표나 파트너 변호사는 어쏘 변호사를 보낼 뿐 직접 경찰서에 가는 경우는 드물다. 그렇지만 나는 웬만하면 경찰을 찾아가는 편이다. 경우에 따라 조사 내내 참석하지는 못하더라도 담당 수사관을 만나서 얼굴을 보고 이야기를 하거나 자주 전화 통화를 한다.

보통 경찰 조사는 경찰이 질문을 던지면 진술자가 답하고 경찰이 받아 적으며 조서를 작성하는 방식으로 이루어진다. 경찰이 질문할 때마다 변호사가 끼어들어 의뢰인에게 그 말은 하지 말라고 하거나 그 진술은 이렇게 바꾸어서 하라고 조언할 수 있는 분위기가 아니다. 그렇게 하면 경찰이나 검사가 수사 방해라며 변호사를 제지한다. 또 검사나 판사 출신 변호사 중에는 과거 자신보다 직급이 낮다고 여겼던 경찰 수사관을 '갑'으로 두고 '을'의 입장이 되어 딱딱한 철제 의자에 앉아 있는 것 자체로 불편해하는 경우도 있다. 그렇기에 대표나 파트너 변호사가 경찰 조사에 참여하는 경우가 드문 것이다.

그럼에도 내가 경찰서에 가는 이유는 우선 수사관의 말을 경청하기 위해서다. 특히 어떤 질문을 하는지가 관심사다. 누군가가 질문에 답하는 것을 들어 보면 특정 사안에 대한 인식 수준이나 말솜씨를 알 수 있다. 그러나 누군가가 어떤 질문을 하는지를 들어 보면 그 사람의 사고의 틀과 안목, 사안을 보는 시각의 수준을 모두 가늠해 볼 수 있다.

"그 시각 그 장소에 있었나요?"라고만 질문하는 수사관과 "왜 하필 그 시각, 그 자리에 있었던 거죠?"라고 질문하는 수사관의 시각은 다르다. 참고인에게 "피의자와 친한가요?"라고만 묻는 수사관과 "피의자를 한 달에 몇 번 만나나요? 가장 최근에 만난 것은 언제, 어디서였나요? 피의자와 금전 거래가 있었나요? 얼마나 있었고, 왜 있었나요?"라며 구체적으로 파고드는 질문을 하는 수사관의 수준은 다르다.

수준 높은 수사관은 몸가짐부터 다르다. 인상도 좋고 친절하고 씩씩하고 빛나는 눈빛과 미소에서 자신감과 자존감이 비친다. 걸음걸이도 늘어지지 않고 서류를 챙기는 동작 또한 민첩하다. 융통성 있게 받아 줄 것은 받아 주지만 거절할 것은 또 잘 잘라 낸다. 피의자에게 정중하게 대하지만 오히려 그래서 더 호락호락해 보이지 않는다. 좋은 질문을 던지고 조서의 문장이 정연하고 오타나 비문이 별로 없다. 피의자를 변호할 때 이런 스마트한 수사관을 만나면 운이 나쁘다는 생각도 들지만 그래도 합리적으로 말이 통할 것 같다는 신뢰가 간다. 피해자를 대리할 때 이런 수사관을 만나면 범죄자를 쫓는 든든한 한 팀이 된 것 같다.

실력이 좋아 보이지 않는 수사관은 그 반대다. 표정도 안 좋고 태도나 말투도 불친절하다. 범죄 피해를 당해서 고소한 고소인에게 "민사소송으로 해결해야 할 사안이니 고소는 취하하시죠.", "뭘 이런 걸 다 고소하려고 해요?", "(증거는 경찰이 수집해야 하는데도) 증거는 있나요? 없으면 고소하면 안 되는데.", "(분명 관할이 있는데도) 이건 다른 경찰서 관할이니 그쪽에 고소해 보시죠."라며 부적절한 말을 하기 일쑤이고 괜한 불평이나 짜증을 내뱉고 일하기도 싫어 보인다. 조사를 할 때도 중요한 질문을 빠뜨리기 일쑤고 어찌할 바를 몰라 허둥지둥할 때가 많다. 그래서 일이 오래 걸린다. 이런 수사관을 만나면 피의자를 변호할 때는 나쁘지 않지만 피해자를 대리할 때는 답답해서 화병이 날 것 같기도 하다.

이렇게 나는 경찰 조사에 참여해 수사관의 질문이나 태도를 관찰하며 수사관이 이 사건을 보는 시각과 성실성의 정도를 짐작한다. 그러면 그 다음에 어떤 조치가 이루어지고 어떤 결정이 나올지 예측이 된다.

경찰 수사관이 법률 전문가는 아니기 때문에 법적 절차나 수사 방법을 잘 모를 때도 많다. 그럴 때는 기분이 상하지 않게 돌려 말하거나 질문하는 방식으로 알려 준다. 경찰이 조사해 알아내야 할 내용도 내가 파악해 문서로 제출하기도 한다. 피고인이 공소사실을 부인하면 경찰 조서를 증거로 쓰는 데 동의하지 않는 일이 많냐는(당연히 많다) 아주 기초적인 것을 물어보는 경찰관도 있었다. 경찰이 재판에 참여하는 것은 아니니 누가 가르쳐 주지 않으면 모를 수도 있겠다 싶었다. 그러면 나도 법학 강의를 하듯 충실히 답해 준다. 그러다 보면 경찰관과 나 사이에 일종의 신뢰 관계가 형성된다.

그 뒤에는 내가 피해자의 고소를 대리하는 입장이라면 경찰 수사관이 보다 깊고 예리하게 수사할 수 있도록 돕기 편하다. 반대로 내가 피의자를 변호하는 입장이라면 수사기관의 오해를 풀기에 편하다. 이후에는 전화만 하더라도 소통이 잘된다. 그래서 나는 경찰 수사관을 직접 만나는 것을 선호한다. 언제나 적지 않은 소득이 있기에.

수사로 진실을 밝힌다는 말

　법원은 사건이 마무리되는 곳인 반면 경찰서는 사건이 시작되는 곳이다. 경찰은 고소를 접수하거나 시민들에게 사건을 신고받고 이런저런 조사를 통해 범죄 혐의가 인정되는지 가늠한다. 범죄 혐의를 뒷받침할 증거를 수집하고 출동해서 범인을 잡으러 가기도 한다. 이런 활동을 '수사'라고 한다. 이런 과정을 통해 '진실'을 밝힌다고도 한다. 수사와 재판에 있어 진실이라는 것은 특정 일시, 특정 장소에서 특정인이 특정 행위를 했는지 여부에 초점이 맞추어져 있다.
　시간과 공간의 좌표에서 특정인을 지목하면 그는 항상 어느 시간, 어느 장소에서 어떤 행위를 하고 있다. 나는 지금

2025년 7월 말의 여름날 아침, 길리섬 해변에 있는 리조트에서 바다를 쳐다보면서 이 글을 쓰고 있다. 따라서 이날 한국에서 발생한 그 어떤 물리적 행위로 인한 범죄와도 관련이 없는 것이다. 이런 식으로 주체, 시간, 장소, 행위로 구성된 진실의 조각들을 맞추어 나가다 보면 어떤 범죄가 누구로 인해 어떻게 발생했는지 알 수 있게 된다. 이렇게 확인된 사실관계를 바탕으로 누구에게 어디까지 책임이 있는지와 같은 규범적인 판단도 하게 된다.

진실을 캐는 작업은 석탄을 캐는 작업과도 일맥상통한다. 석탄을 캘 때도 무턱대고 아무 땅이나 팔 수는 없다. 자료도 분석하고 지질 조사도 해서 석탄이 있을 만한 위치를 파악한다. 그런 다음 시추기를 사용해 시료를 채취한 뒤 석탄이 진짜 있는지, 있는 경우 그 품질이 채취할 만한지(흔히 '채산성'이라 한다)를 확인한다. 채산성이 확인되면 석탄이 있는 지층까지 갱도를 뚫은 뒤 광부가 직접 들어가 석탄을 채취한다.

채취한 석탄은 컨베이어 벨트로 운반한다. 석탄에는 암석, 흙, 수분 같은 불순물이 섞여 있으므로 순도를 높이는 정제 작업이 필요하다. 석탄을 분쇄해 불순물을 제거하고 세척해서 건조한다. 그 이후 연탄이나 산업용으로 만든다.

경찰이 진실을 캐는 작업도 이와 유사하다. 신고를 받거나 고소가 접수되었다고 무조건 달려들어 총력을 다해 수사하는 것이 아니다. 먼저 범죄가 실제로 존재할 가능성이 높은지 파악해야 한다. 고소장 내용만 봐도 말이 안 되는 경우가 의외로 많다. 경찰들 말을 들어 보면 직장 상사가 자신을 미묘하게 기분 나쁘게 만들었다거나 누가 자꾸만 꿈에 나와서 자신을 괴롭힌다는 고소도(이런 경우는 괴롭힘당한 직후 꿈속의 경찰서에 고소해야 하는 것 아닌지) 자주 접수된다고 한다.

어느 정도 범죄 혐의가 있을 수 있다고 보이는 경우에는 고소인 조사와 참고인 조사를 진행한다. 그러다 혐의가 더 구체화되면 압수수색을 통해 제대로 증거를 확보하고 이를 바탕으로 피고소인을 소환한다. 이때 누구를 상대로 무엇을 조사할 것인지, 어느 장소에서 어떤 자료를 들여다볼 것인지가 이후 수사와 재판에 엄청난 영향을 미친다.

석탄이 없는 곳에 엉뚱하게 갱도를 뚫거나 제대로 뚫었지만 너무 어두워 엉뚱한 암석만 캐는 광부처럼 경찰 수사도 엉뚱한 곳을 향해 가다가 실패하는 경우가 많다. 진실을 캐야 하는데 의욕이 없거나 무지해서 안 캐는 경우도 많다. 반대로 처음 생각했던 곳에는 진실이 없었는데 뜻밖에도 그 옆에 있는 엄청난 진실을 발견하기도 한다. 이후 이루어지는 검사의 기소와 판사의 재판은 경찰이 캐낸 석탄에서 불순물을 거르고 순도를 높이는 작업이라고 할 수 있다.

이처럼 경찰이 수사하는 과정에는 변수가 많다. 혐의가 있는 줄 알았는데 없을 수도 있고 그 혐의는 없지만 다른 혐의가 발견될 수도 있다. 그러면 수사는 완전히 다른 방향으로 진행된다. 그만큼 절차가 유연하고 능동적이다. 반면 법원에서 재판하는 단계에서는 이미 캐낸 석탄을 정제해 균일한 상품으로 만든다. 그리고 혹시나 불순물이 없는지 점검한 뒤 최종적으로 값을 매기는 정도의 작업이 이루어진다. 수사의 범위는 상황에 따라 시시각각 변할 수 있는 반면 재판의 범위는 거의 일정하고 무죄가 나올 가능성도 낮다.

그러므로 진짜 억울한 사람이라면 경찰 단계에서 적극적으로 오해를 해소해서 불송치 결정을 받는 것이 효과적이다. 수사라는 첫 단추가 잘못 꿰어지면 이후 검찰, 법원 단계에서 궤도를 수정해 바로잡기가 어렵다. 현실의 검사나 판사는 사람들의 기대와는 달리 경찰 수사 결과를 그대로 답습할 뿐 원점에서 꼼꼼하게 검토해서 기존 경찰의 결론을 뒤바꾸는 경우가 별로 없다. 법원에서의 무죄율은 1프로 미만이다.

사기가 판치는 세상

　변호사이다 보니 아무래도 피해자보다는 피의자를 변호하는 경우가 더 많다. 그럼에도 나는 경찰이 수사를 더 잘해서 나쁜 사람들을 많이 처벌하기를 바란다. 변호사이기 이전에 이 나라의 시민이자 아이들의 아버지이기 때문이다. 사람들이 사는 듯 살기 위해서는 우리 사회가 범죄에 대한 통제력을 절대 잃어서는 안 된다.
　요즘 우리나라에 마약 범죄와 사기 범죄가 폭증하고 있어 걱정이다. 판사일 때 마약 전담 재판을 하기도 해서 마약 문제에도 관심이 크지만 여기서는 사기에 대해 집중적으로 말해 보려 한다. CCTV가 많아지면서 살인, 폭력, 강도, 절도

범죄가 대폭 줄고 있다. 그러나 온라인 비대면 접촉을 바탕으로 보이스 피싱, 스미싱, 주식 리딩방 사기, 코인 투자 사기, FX 마진 거래 사기 등 각종 사기 범죄가 전례 없이 판을 친다. 경찰청 통계에 따르면 사기는 지난 10년간(2014~2024년) 24만 건에서 42만 건으로 80퍼센트 증가했고 2024년에는 전년 대비 22.9퍼센트나 늘었다. 2015년부터는 사기가 절도를 넘어서서 1등 범죄가 되었다.

『수사연구』 인터뷰를 하면서 10년 이상 사기 범죄를 수사해 온 현직 경찰관들의 말을 들어 보니 현실을 더욱 실감할 수 있었다. 이들의 말에 따르면 1990년대에는 지능 범죄라는 것이 문서나 어음, 수표 등 유가 증권을 기술적으로 위조하는 정도였다. 그러다 2000년대 초반부터 보이스 피싱이 본격적으로 등장했고 지금은 가상 화폐, 다크 웹, 딥페이크 등 신기술이 범죄에 활용되면서 불특정 다수를 상대로 한 사기, 피싱 범죄 등이 급증하고 있다.

사기 범죄자들은 내국인 알바를 고용해 전화하거나 카카오톡, 페이스북, 트위터 등 SNS를 이용하여 피해자에게 접근한다. 자체 제작한 사이트(은행, 증권사, 포털 유사 사이트)로 접속하도록 유도하기도 한다. 유명인을 사칭해 주식, 코인 투자로 큰 수익을 내게 해 준다는 리딩 사기도 급증하고 있다.

몸캠 피싱은 범죄자가 사실은 남자인데 여성인 것처럼 채팅하며 나체 사진, 영상을 먼저 보내고 피해 남성으로 하여금 자위행위나 음란 행위를 하도록 유도해서 녹화하는 것이다. 그러곤 피해자에게 본격적으로 화상 채팅을 하고 싶으면 스마트폰에 앱을 설치하라고 한다. 피해자가 앱을 설치하면 악성 코드가 침투해 피해자 지인들의 연락처를 확보한다. 그 이후 사기꾼은 본색을 드러내며 거액의 돈을 보내지 않으면 지인들에게 영상을 유포하겠다고 협박한다. 돈을 보내면 더 많은 돈을 요구한다. 피해자들은 사채까지 동원하는 등 극단적인 상황에 몰리게 된다.

요즘은 보이스 피싱 등 사기 조직이 노인을 속여 인출책으로 쓰기 때문에 노인들이 피해자인 동시에 가해자가 되고 있다. 이들은 여러 통장으로 자금을 이체해 문화상품권(코드)을 대량 구매하거나 비트코인 등 가상 화폐를 이용해 자금 세탁을 하기도 한다. 중고 거래 시장에서는 3자 사기 방식으로 정상적인 판매자가 용의자로 몰리도록 만드는 경우도 많다. 구매자와 판매자 사이에서 중개하는 입장을 취하면서, 구매자에게 판매자의 신상 정보를 전달하고 구매자로부터 돈을 받은 후 잠적하는 것이다. 그러면 구매자는 판매자를 고소하게 된다.

지금도 테헤란로 일대인 선릉역, 역삼역, 강남역에서 서울대입구역, 신림역, 사당역에 이르기까지 노인 또는 주부가 많이 드나드는 오피스텔이나 사무실에서 열리는 투자 설명회에 가 보면 불법 다단계, 유사수신, 사기 범행이 이루어질 법한 현장이 목격된다. 다단계나 유사수신 방식의 사기 범행은 2010년대 초반까지만 해도 기획 부동산, 화장품이나 정수기 등 부동산이나 물건 판매를 빙자한 방식이 주로 쓰였으나 2010년대 중반부터는 코인, 보물선, 비상장 주식, 선물 옵션 투자 등으로 진화했다.

이제는 거대한 전문 사기 조직들이 과거 몸에 문신을 새기고 길에서 행패를 부리던 조폭들보다 훨씬 더 큰돈을 안전하게 벌고 있다. 전 국민이 그런 조직들이 범행을 시도하는 전화, 문자 메시지, SNS, 이메일에 무방비로 노출되어 있다. 반면 범죄를 주도하는 총책은 전혀 드러나지 않는다. 중국, 베트남, 캄보디아 등지에서 텔레그램 같은 비밀이 보장된 온라인 채널로 지시를 하달하기 때문이다. 이들은 피해자 물색, 대상자에 대한 기망 행위, 편취금 수거 및 운반, 대포 폰

및 대포 통장 모집 등의 업무를 모두 나누어 수행하고 실무자들조차 서로 누구인지 알지 못하게 한다. 그래서 이런 큰 사기 조직의 총책이 잡혔다는 말은 우리나라 가수가 빌보드에서 정상을 차지했다는 소식보다 더 듣기 어렵다.

   최근 사기, 마약 조직이 벌어들이는 수익이 매년 50조 원에 육박한다고 한다. 오래 전 콜롬비아 마약왕 에스코바르나 멕시코 마약 조직 두목 엘 차포가 30년간 벌어들인 수익이 10조 원대였다는 점을 생각해 보면, 우리나라에도 이들 못지않은 사기, 마약 조직의 두목이 이미 탄생했을 수 있다.

노트북 수리 사기를 당하다

자꾸 사기당한 이야기를 하자니 모자란 사람으로 오해받을 것 같아서 걱정되지만 이 일은 공익을 위해서 쓴다.

나는 얼마 전에 노트북 수리 사기를 당했다. 어느 토요일 아침에 노트북으로 글을 쓰고 있었는데 윈도우 자동 업데이트가 너무 오래 반복되기에 전원을 껐더니 그 뒤로는 아무리 시도해도 부팅이 되지 않았다. 주말 동안 꼭 써야 할 글이 있어 LG전자 서비스 센터가 문을 여는 월요일까지 기다릴 수 없었다. 인터넷으로 '컴퓨터 수리'를 검색해 전화를 걸어 보니 한 남성이 수리 기사를 집까지 보내 준다면서 출장비는 단돈 1만 원이라고 했다.

밤늦게 수리 기사 청년이 우리 집에 왔다. 검정 뿔테 안경 너머 얼굴 곳곳에 여드름이 있는, 순해 보이는 키 큰 청년이었다. 그는 낡고 쭈글쭈글한 검정색 반팔 티를 입고 거실로 들어와 거실 탁자에 놓인 내 노트북을 뒤집어 보았다. 맨손으로 뜨거워진 노트북의 뒷면을 만지더니 이내 아기 이마를 손으로 짚어 보다 고열을 감지한 의사처럼 심각해졌다. 새끼손가락만 한 드라이버를 꺼내 볼트를 풀고 노트북을 분해한 그는 이번에는 곧 죽을 사람에게 청진기를 대어 본 의사처럼 안타까운 표정으로 노트북이 큰 손상을 입었을 가능성이 높다며 연구실 기계에 노트북을 연결해 밤새 스캔해야 한다고 했다. 운이 좋으면 어느 정도는 프로그램을 복구해 낼 수 있을 것 같으니 오전에 연락을 주겠다고 했다. 얼마냐고 묻자 그는 10만 원 정도라고 했고 나는 알겠다고 답했다.

다음 날 아침 내게 전화를 건 사람은 청년이 아니라 목소리가 걸걸한 사장이었다. 노트북 안의 SSD 카드가 손상되어서 용량이 더 큰 것으로 교체했고 밤새워 일해서 가까스로 프로그램을 복구했으니 55만 원을 달라고 했다. 황당했다. 10만 원이라고 하지 않았느냐, 55만 원은 사전에 합의되지 않은 금액이라고 말하자 그는 동네 건달 같은 말투로 55만

원을 주지 않으면 노트북을 돌려주지 않겠다고 했다. 나는 변호사임을 밝히며 명함을 보내고 이렇게 돈을 받는 것은 사기이고 노트북을 돌려주지 않으면 횡령이라고 말했다. 그는 본색을 드러냈다. "변호사도 수임료 올려치기 하면서 8백만 원, 1천만 원씩 받잖아. 본인들 수입료나 생각하시길!"

나는 경찰에 전화해 간단히 자초지종을 말하며 신고한 뒤 노트북을 받아오기 위해 그 업체의 주소(천호동 311-1)로 차를 몰고 찾아갔다. 가는 도중에 배정받은 경찰에게서 전화가 와 이런 대화를 나누었다. "들어 보니 이 사건은 민사사건이라서 우리가 관여할 일이 아니고 민사소송을 제기해야 할 것 같아요(요즘은 경찰이 이렇게 '민사로 해결할 일이다.'라고 말하며 고소 취하를 유도하는 경우가 많으니 유의해야 한다)." "제가 변호사인데 이 사건은 민사 건이 아니라 사기, 횡령, 공갈 같은 형사법상 범죄이고 아직 범행이 종료되지 않았으니 일종의 현행범입니다." "네, 현장에서 뵙겠습니다."

사기꾼의 영업장은 지하에 있었다. 열 평 정도 되는 공간에 컴퓨터 서너 대가 설치되어 있었고 일부는 뜯겨 나가 속이 다 보였다. 사기꾼은 통통한 체격에 팔에 문신이 있었다. 나는 노트북을 달라고 했고 그는 55만 원을 주지 않으면 못

준다고 했다. 나는 그가 반환을 거부하는 영상을 찍은 다음 일단 55만 원을 그 자리에서 이체해 주겠다고 했다. 갑자기 돈을 주겠다며 계좌번호와 이름을 물으니 사기꾼은 당황해서 한동안 말이 없었다. 책상에 있던 용지에 계좌번호가 적혀 있어 휴대폰으로 입력했더니 '백ㅅㅎ'이라는 이름이 떴다. 나는 그 계좌로 55만 원을 송금하고 화면을 보여 주며 말했다. "이제 55만 원을 받았으니 당신은 사기죄의 미수범이 아니라 기수범입니다."

그 말에 화가 난 그는 "너 내가 누군지 모르지?"라며 나를 노려보았다. 내가 "누구죠? 변호사비 얘기하는 거 보니 전과자인 건 알겠는데요?" 하자 그는 "너도 전과 있지?"라고 아무 말이나 던졌다. 내가 "변호사인데 설마 그쪽처럼 전과자겠어요?" 하자 그는 "역대 대통령들도 전과 많잖아." 하면서 "네 사무실 주소 알고 있으니까 사무실에 한번 찾아가 줄게."라고 협박했다. 그러는 동안 경찰 두 명은 동네 주민처럼 보일 정도로 가만히 구경만 하고 있었다.

가까스로 노트북을 돌려받은 다음 월요일이 되자마자 LG 전자 서비스 센터에 노트북을 맡기고 진짜 SSD 카드가 손상되었는지 물어보았다. 예상대로 아무런 손상이 없다고 했다.

그냥 부팅만 시켜 주면 모든 것이 정상으로 돌아가는 경우라고 했다. 나는 사기, 공갈, 횡령, 협박죄로 그를 고소했다. 내 사건만 고소한 것이 아니라 필시 그 사기꾼이 수많은 사람에게 이런 식의 사기를 쳤을 것이기 때문에 그의 컴퓨터나 휴대폰을 압수해 다른 피해자들이 당한 사기까지 수사해 줄 것을 요구하는 고발장도 따로 제출했다.

그리고 노트북을 받으러 오간 5시간, LG전자 서비스 센터에 오간 3시간, 고소장을 작성한 3시간, 경찰에서 조사를 받고 오가느라 허비한 5시간에 나의 시간당 변호사비를 곱하고 거기에 법무법인에서 고소를 대리하는 비용을 더한 뒤 수리비 55만 원까지 더해 손해배상을 청구하는 내용증명도 보냈다.

지금도 '컴퓨터 수리'를 검색하면 싼값에 출장을 온다는 많은 업체가 뜬다. 이런 업체에 수리를 의뢰했다가는 상당수 나처럼 당한다. 그렇다면 경찰이 단속하거나 함정 수사를 하고 있다는 신호를 줘야 추가적인 피해를 막을 수 있을 것 아닌가. 경찰에 고소해도 피해액이 55만 원에 불과하니 대충 벌금형 정도로 끝난다는 걸, 그래서 나처럼 고소까지 하는 사람도 없다는 걸 알아서 계속 저런 짓을 하는 것이다.

성범죄자들의 신원만 공개할 것이 아니라 이런 사기꾼들의 이름과 범행 수법도 공개해야 한다. 이름이나 주소를 개인정보라며 보호하기보다는 공개하는 것이 응징도 되고 추가적인 피해 예방도 되므로 공공의 이익에 부합한다.

이 글을 마지막으로 퇴고하는 지금, 이 사건을 고소한 지 세 달 반 만에 K(ㄱㄷ) 경찰서에서 놀랍게도 불송치 결정서가 날아왔다. 이유는 "전자 제품 수리의 특성상 최초부터 정확한 금액의 고지는 어려운 것으로 판단된다."라는 것이었다. 이 사기 사건의 핵심은 컴퓨터에 큰 문제가 없는데 SSD 카드에 손상이 있었다고 하고, 필요도 없는 데이터 복원을 해야 한다고 거짓말을 하며 과도한 비용을 청구한 것이다. 따라서 컴퓨터에 손상이 있었는지, 데이터 복원이 필요했는지 여부는 반드시 판단해야 하는 기초적인 사항이었다. 컴퓨터에 아무런 이상이 없다는 LG전자 서비스센터 담당자의 녹취록까지 제출했는데도 결정문에는 일언반구도 없었.

경찰에게 왜 컴퓨터에 하자가 있는지는 수사하지 않았냐고 하니, 앵무새처럼 부족한 것이 있으면 검찰에 이의하라는 말만 반복한다. 이 말이 수사를 책임지는 경찰이 피해자인 시민에게 할 말인가. 이의신청이 받아들여지면 자신이 다시 수사해야 하는 입장이기도 한데 이런 회피성 발언만 해도 되는 건가. 이렇게 노트북을 가져가서 55만 원을 달라고 요구하는 일이 앞으로 계속 반복되어도 된다는 건가. 나로서는 불특정 다수의 많은 시민이 추가 피해를 당할 것이 우려되어 굳이 고소를 한 것인데, 경찰이 오히려 사기꾼에게 면죄부를 준 셈이다. 이를 빌미로 다른 피해자들에 대한 수사는 하지도 않았다(다른 피해자들 수사를 하기 싫어서 내 사건에 혐의가 없다고 했을지도 모른다). 이런 부실 수사가 요즘 너무나 많다. 나아질 기미가 보이지 않아 심각하게 걱정된다.

사기꾼 검거가 어려운 이유

　사기가 창궐하는 반면 검거율은 2014년 80퍼센트에 육박하던 것이 2022년 이후 50퍼센트대로 떨어졌다. 사기죄는 범죄자의 거짓말로 착오에 빠진 피해자가 스스로 재물이나 재산상 이익을 내어줌(법적으로는 '처분행위'라고 한다)으로써 성립하는 범죄다.

　그런데 스스로 돈을 내어놓을 정도로 피해자를 감쪽같이 속이려면 아무리 뛰어난 사기꾼이라도 한두마디 말만으로는 안 될 것이다. 긴 이야기를 나눠야 한다. 검사 신분증이나 의사 가운처럼 속이는 데 도움이 되는 소품도 필요하고 상황극도 연출해야 한다. 그래서 과거에는 사기꾼이 피해자를 직접 만나야만 사기를 칠 수 있었다. 그런데 지금은 기술이 발전해 비대면으로도 말을 하고 돈도 받을 수 있으니 신원을 드러내지 않고도 사기를 칠 수 있고 도망가기도 훨씬 쉬워진 것이다.

게다가 사기죄는 본질적으로 입증하기가 쉽지 않다. 폭력이나 절도는 영상으로 촬영만 해도 거의 100퍼센트 가까이 입증할 수 있다. 그러나 사기는 사기꾼의 말이 녹음되어 있다고 해도 혐의의 존부가 애매할 수 있다. 사기꾼은 말을 애매하게 하면서 주변의 상황이나 피해자의 처지, 심리를 교묘하게 활용해 범죄를 저지르기 때문이다. 사기꾼의 말이 거짓임을 입증하는 것은 물리적인 행동으로 저지르는 범죄를 입증하는 것보다 훨씬 더 어렵다. 그래서 폭력 사건보다 사기 사건의 수사 기록이 보통 몇 배는 두껍다. 그만큼 수사가 어렵고 수사관이 수사를 잘해야 한다. 그런데 요즘 수사관들 중에는 과거 수사관들에 비해 수사력이 현저히 떨어지는 경우가 적지 않아 심각하게 걱정이 된다.

의뢰인 중에 사기 피해자인 30대 여성 H가 있다. 사기범은 H에게 사망한 유명 가수 S의 캐릭터 굿즈 사업권을 단돈 3억 원에 사 가라며 설득했다. 그러면 추가로 10억 원의 제작비를 지원해 줄 뿐 아니라 BTS, 아디다스, 스타벅스와 콜라보를 하도록 해 주겠다고 했다. 또한 리움미술관의 도자기 전시관 한 층을 다 비우고 굿즈 특별 전시도 해 주겠다고 제안했다. 누가 들어도 믿기 어려운 황당한 제안이었다.

이 사기꾼은 평소 어느 법무법인의 이사라고 말하고 다니는데 희한한 것은 자신이 점도 보고 굿도 한다면서 점과 굿으로 홀린 뒤 법당을 차려 달라며 기부를 받기도 한다는 것이다(이 사기꾼이 과거 H를 불러다 놓고 "이 여자는 나중에 나를 고소할 것 같아."라고 말했다니 진짜 신기가 있을지도 모르겠다). 그러나 이후 당연하게도 BTS, 아디다스, 스타벅스와의 콜라보도, 리움미술관의 특별 전시도 없었다.

그런데 놀랍게도 S(ㅅㅊ) 경찰서의 수사관은 수사를 반년 이상 끌다가 혐의가 없다며 불송치 결정을 내렸다. 결정문에는 "이 사건 혐의를 인정할 증거가 부족하므로 혐의가 없다."라는 "없으니까 없지." 같은 말이 쓰여 있었다.

예전 검찰의 불기소 결정문에는 증거로 인정할 수 있는 사실관계들이 상당히 구체적으로 적혀 있었다. 고소인 입장에서나 피의자 입장에서나 그 불기소 결정서에 인정된 사실관계를 바탕으로 민사소송 등 또 다른 법적 청구를 하거나 방어할 수 있었다. 내가 판사일 때도 불기소 결정문에서 인정한 사실관계를 그대로 인정하면서 가해자가 가한 피해에 대해 배상하라는 판결을 내린 적이 많다. 법정에서 짧은 시간 동안 증인을 불러서 물어보며 사실관계를 파악하는 것보다 수사기관이 압수수색 등 다각도로 수사한 뒤 인정한 사실관계가 보다 정확할 것이라 신뢰하기 때문이었다.

경찰이 불송치 결정을 하면서 이렇게 아무런 사실관계를 인정하지 않는 이유는 괜히 일부를 인정했다가 시비가 붙는 일을 피하고 싶어서일 것이다. 그렇지만 수사는 진실을 밝히기 위해 하는 것이다. 장기간 수사하고도 이런 식으로 단 한 줄의 사실관계도 확인하지 않는다면 대체 국가기관이 세금을 써 수사를 한 효용이 무엇일까. 법령이 불송치를 하는 경우에도 이유를 적도록 의무화하고 있음에도 '증거가 부족하니 혐의가 없다.' 같은 하나마나한 말을 적는 것은 법령을 위반하는 일이다.

나는 담당 수사관에게 전화해 불송치 결정의 이유를 물어보았다. 수사관은 "피의자가 BTS 어느 멤버의 삼촌을 만나는 등 콜라보를 하기 위해 노력했다고 하므로 혐의가 없다고 판단했다."라고 답했다. 이하는 나와 그 수사관의 문답이다.

나: 그런데 BTS 멤버의 삼촌을 만났다는 건 어떻게 아나요? 멤버의 삼촌을 조사해 보셨나요?

경찰: 아니요. 피의자가 그렇게 말하던데요.

나: 피의자가 그렇게 말하면 무조건 믿어도 되는 건가요? 혹시 그 삼촌이라는 사람 이름이라도 아시나요?

경찰: 아니요.

나: 설사 피의자가 BTS 멤버 삼촌을 만났다고 해도 그 삼촌이 세계적인 그룹인 BTS의 콜라보를 결정할 수 있는 권한이 있을까요? 그리고 그런 권한이 있다고 해도 그 엄청난 그룹인 BTS가 3억 원짜리 굿즈 사업을 위해서 콜라보를 할 리가 있을까요?

경찰: 글쎄요. 그래도 콜라보를 위해 노력한 건 맞으니까 고의가 없다고 볼 수 있는 것 아닌가요?

나: 고의가 없다고 하려면 적어도 BTS와의 콜라보를 실현시킬 능력이 있는 사람이 피의자에게 그런 약속을 한 사실이 있어야겠죠. 그런 사실은 확인해 보셨나요?

경찰: 그건 알아보려고요.

나: 그것도 안 알아보고 결론을 내리지 않으셨나요?

경찰: (한숨과 묵묵부답) 그건 맞습니다.

나: 그리고 아디다스나 스타벅스, 리움미술관과 콜라보를 시켜 주겠다는 말에 대해서는 그럴 능력이 있는지 조사해 보셨나요?

경찰: 아니요. 그렇지만 피의자는 리움미술관에 아는 사람이 있다고 하던데요?

나: 그 사람 조사해 보셨나요? 리움미술관이 진짜 도자기들을 다 치우고 사망한 가수 S의 굿즈로 전시를 해 줄 수 있다고 했을까요? 그건 리움미술관 홍라희 관장 아들 이재용 회장이 요구해도 안 될 겁니다.

경찰: (묵묵부답)

이후 나는 BTS 멤버의 삼촌이라는 사람과 통화를 하게 되었다. 내가 그에게 진짜 BTS 멤버의 삼촌이냐고 묻자 그는 자신의 어머니와 BTS 멤버의 어머니가 사촌이고 BTS 멤버가 아주 어릴 때 한두 번 본 적이 있을 뿐 연락을 하고 지내지는 않는다고 했다. 3촌이 아니라 6촌인 셈이다. 내가 그 사기 피의자가 BTS와의 콜라보를 요청했냐고 묻자 그는 황당해하면서 답했다. "내가 무슨 수로 BTS와 콜라보를 시켜 줍니까. 그건 BTS 멤버 친어머니도 못 하는 일이죠."

그 수사관은 갓 서른 된 남성으로 경찰이 된 지 반년 조금 넘은 순경이라고 했다. 교통순경을 하다가 수사 인력이 부족해 수사 쪽으로 넘어왔다고 한다. 법적인 내용과 사기를 규명하기 위해 꼭 필요한 조사 사항들을 아무리 설명해도 전혀 알아듣지 못했다. 피해자와 변호사들 앞에서 한숨을 쉬며 머리를 잡고 흔들면서 어쩔 줄 몰라 하기 일쑤였다.

내 의뢰인 H는 사기꾼보다 그 답답한 수사관 때문에 더 큰 스트레스를 받았다. 그러다 마침내 그 수사관이 무혐의로 불송치 결정을 하자, 밤 11시가 넘어 내게 전화해 울면서 죽고 싶은 생각까지 든다고 말했다. 나는 행여 의뢰인에게 나쁜 일이라도 일어날까 봐 걱정되어 다음 날 날이 밝자마자 그 수사관을 관리하는 팀장에게 전화를 걸었다. 사건 수사가 제대로 이루어지지 않고 있고, 수사관의 역량이 부족해 피해자가 죽음을 언급할 정도로 위태로운 상황이니 수사관을 교체해 달라고. 팀장은 자신이 직접 잘 챙겨 보겠다, 사건을 보니 피의자에게 혐의가 있는 것 같다면서 자신을 믿고 기다려 달라고 했다.

그 말을 믿고 한 달 반을 잠자코 기다렸는데 아무런 연락이 없었다. 다시 전화해 보니 그 팀장은 사건도, 기존에 내게 한 이야기도 모두 다 기억하지 못하고 있었다. 직접 챙기기는커녕 한 달 반 동안 그 사건을 전혀 들여다보지도 않았던 것이다. 이 사건뿐만 아니라 경찰에서 팀장이 팀원들의 수사 진행 상황을 구체적으로 모르고 있는 것은 흔하다고 한다. 나는 할 수 없이 이런 사정을 글로 써서 수사관과 수사팀 교체 신청을 했지만, S 경찰서는 그저 신청을 각하하고 다른 조치가 없었다. 대체 뭘 어쩌자는 것인가. 나는 피해자 H가 사기꾼들에 이어 경찰에게도 상처받아서는 안 된다는 생각에 거듭 그 수사팀 팀장에게 전화하고 의견서도 내면서 수사를 제대로 해 줄 것을 요청했다.

어느 날 수사팀 팀장이 내가 너무 자주 전화한다고 발끈하면서 "변호사님, 너무하시는 거 아닙니까? 변호사님 같은 변호사는 처음 봅니다."라고 했다. 내가 "팀장님이 너무하시는 거 아닙니까? 담당 수사관이 순경이고 경험이 하나도 없어서 절절매는데 1년 동안 방치하고 수사를 전혀 살펴보지도 않는 게 너무하시는 거 아닌가요? 저도 이렇게 부실하게 수사하는 경우는 처음 봐서 이러는 겁니다."라고 반박했다. 그 팀장은 "담당 수사관 사기도 생각하셔야죠."라고 말했고, 나는 "피해자 인권은 생각 안 하시나요? 피해자는 자살하고 싶다며 우는데 수사관 사기 때문에 잘한다고 칭찬해야 합니까?"라고 받아쳤다.

팀장은 "이의가 있으면 검찰에 이의신청 하시면 되잖아요?"라고 말했고, 나는 "이미 이의신청 해서 검사가 보완 수사를 요구한 지 5개월이 다 되어 가는데요, 그것도 모르고 계시나요?"라고 받았다. 팀장은 "의견이 있으면 의견서를 내시면 되잖아요."라고 말했고, 나는 "네 번 냈는데 하나도 된 게 없습니다. 의견서를 전혀 안 보신 건가요?"라고 되물었다. 팀장은 이번에도 마지못해 수사를 잘 챙기겠다고 하며 전화를 끊었는데 이렇게 끊고도 다음 번에 전화하면 도로 제자리인 경우가 많아서 신뢰가 가질 않았다.

다행히 내가 팀장에게 이렇게 강하게 항의한 이후 수사관은 기존의 의견을 변경해서 피의자의 사기 혐의 3건 모두를 혐의가 있다고 인정하고 기소 의견으로 검찰에 송치했다.

나의 다른 의뢰인은 뇌물성 돈을 받은 적이 없음에도 돈을 받았다는 이유로 대기업에서 해고되고 배임수증재죄로 고소당했다. 이후 1년 반이 넘도록 수사 결과가 나오지 않아 아직도 취직을 못 하고 있다. 조사는 작년 여름 진즉에 끝났는데 이후 1년이 넘도록 결과가 나오지 않는다. 나는 거의 매달 S(스프) 경찰서의 담당 경찰관에게 전화해 언제 결과가 나오는지를 물었는데 그때마다 경찰관은 곧 나온다고 답했다.

"추석 전에 나옵니다.", "연말까지는 나옵니다.", "설 전에는 나옵니다.", "3월에는 나옵니다." 하더니 4월에 연락하자 "저는 인사이동으로 자리를 옮겼으니 후임이 곧 처리할 것입니다."라는 문자 메시지를 보내왔다. 후임에게 전화하자 "5월에 나옵니다.", "이제 최종 수사 보고서를 씁니다." 한다. 이런 답변은 보이스 피싱 전화나 차일피일 변제를 미루는 사기꾼들의 화법을 연상시킨다.

수사관에게 전화해 가수 윤종신의 노래 「1월부터 6월까지」처럼 그간 내가 달마다 받은 답변을 읊어 주었다. 의뢰인이 직장도 잃고 가정도 깨지게 생겼다며 너무한 것 아니냐고 하자, 그는 자신도 전임이 미루다 떠넘긴 것을 받은 지 얼마 되지 않았고 다른 할 일도 많다면서 오히려 내게 항의했다.

7월 말 현재, 발리에서 또 연락을 취해 보았으나 이번에는 "마무리 단계에 있습니다."라는 답장이 왔다. 초등학생 시절 교장 선생님이 전교생을 뙤약볕이 내리쬐는 운동장에 세워둔 채 알맹이도 없고 재미도 없는 훈시 말씀을 긴 시간 동안 한 기억이 떠오른다. 아이들이 인상을 찌푸리고 한숨을 내쉬고 주저앉는 와중에도 "마지막으로…" 하고는 10분 더 말하고 "마무리하자면…" 하면서 10분 더 말하고 "끝으로…" 하고 5분씩 더 말하다가 급기야 어떤 학생이 어지럽다며 쓰러지기도 한 것이 연상되었다. 그 수사관은 또 마무리를 안 하고 보직을 옮길 수도 있다. 의뢰인도, 나도 진짜 쓰러질 지경이다.

위 글을 쓰고 두 달 뒤, 마침내 우리 의뢰인에게 무혐의 결정이 나왔다. 해고된 지 2년이 다 되어 가는 시점이었다. 그 사이 의뢰인은 막일을 전전하며 경제적 곤궁을 겪었다. 이제 나는 의뢰인을 대리해서 그 대기업을 상대로 해고무효확인 및 손해배상청구 소송을 제기했다. 대기업이 대형 로펌을 고용해서 길게 다투면 이 소송도 몇 년이 갈지 모른다. 피해자가 억울하게 손해를 입어도, 그 손해의 전부도 아니고 절반 정도 회복하는 데에도 너무 많은 시간과 에너지와 변호사비가 소요되는 세상이다.

순진하게 정의를 굳건히 믿었던 시절

 젊은 의사인 내 의뢰인 두 명은 고용주였던 병원장으로부터 사기를 당했다. 고용주가 자신의 병원 2개를 넘기면서 병원 1개당 18억 원이 넘는 부채를 숨긴 채 함께 떠넘겼기 때문이다. 두 의뢰인이 인수한 병원의 지역이 제각기 달라서 관할은 달랐지만 같이 수사하는 것이 합리적이었다. 때문에 한 의뢰인의 병원이 있는 K 경찰서에 두 사기 사건을 함께 고소했다. 큰 사건을 가장 많이 담당하고 있는 경찰서인 만큼 수사 역량도 좋을 것이라고 기대한 점도 있다.

 그런데 어느 날 담당 경찰관이 전화해 불치병 환자처럼 기운 없는 목소리로 말했다. "저, 고소를 하셨던데 우리 경찰서에 관할이 없어요." 내가 "왜 관할이 없어요? K 경찰서는 범죄 발생지이자 피해자 중 1인의 관할 경찰서잖아요." 하고 말하자 한층 더 기운 없는 목소리로 물었다. "다른 경찰서로 이송을 희망해 주시면 안 될까요?" 복잡하고 어려운 사기 사건이다 보니 맡고 싶지 않은 것이었다. 기운 없는 목소리로 사실상 "내게 이 사건 수사를 맡기면 의욕이 없어서 무혐의 결정을 내릴 것 같은데 괜찮겠어?"라고 협박하는 듯했다.

나는 그 경찰관의 무성의한 태도에 화가 나서 절대 이송하지 않겠다, 제대로 수사해 달라, 그렇지 않으면 나도 그 윗선에 적극적인 이의신청을 하겠다고 단호하게 말했다. 그러자 마지못해 수사를 하기 시작했다. 사기꾼의 혐의가 차츰 분명해진 뒤에 만나거나 전화를 했을 때는 그의 목소리가 환자는커녕 소림사에서 무술을 연마하는 청년처럼 기운찼다.

다만 어느 시점부터는 계속 합의를 유도하기 시작했다. 당사자 간에 합의하여 고소를 취하하면 더 이상 복잡한 수사를 진행시키지 않아도 되기 때문이다. 처벌받아야 할 사람이 제대로 처벌받도록 노력해야 정의가 세워질까 말까인데, 수사기관마저 자꾸 일을 쉽게 끝내려고 요령을 피우는 것을 보면 우리 사회의 미래가 밝지 않은 것 같아 우울해진다.

내가 피해자들을 대리해 수사를 촉구할 때 마치 내가 억울한 일을 당한 것처럼 열성을 기울이는 것은 개인적으로 불공정한 불기소의 쓴맛을 본 적이 있기 때문이다.

고향에 있는 종합병원 류머티즘 센터에 명의로 소문난 오모 의사가 있었다. 그가 젊은 나이에 명성을 얻은 비결은 사기였다. 그는 노화로 인한 퇴행성 관절염으로 팔다리가 아픈 노인들에게 "류머티즘입니다, 류머티즘은 암보다 무섭습니다, (손발이 뒤틀린 류머티즘 환자의 사진을 보여 주면서) 나중에 이렇게 됩니다."라며 거짓 진단을 내렸다. 그러곤 겁먹은 노인들의 손을 꼭 잡으며 다정한 말투로 "걱정하지 마세요. 죽을 때까지 내가 주는 약만 꾸준히 먹으면 악화되지는 않습니다." 하고 말하며 특정 제약 회사의 약을 장기간 처방했다.

그는 그 대가로 제약 회사로부터 매달 상당한 리베이트를 받았다. 동시에 병원에서도 동료 의사들 연봉의 두세 배를 받았다. 내 부모님도 그 의사로부터 거짓 류머티즘 진단을 받고 7년 동안 항암제나 항말라리아제와 동일한 성분으로 된 독한 류머티즘 약을 먹었다. 약이 독한 만큼 부작용이 심했고 정신적으로도 불필요한 불안과 스트레스를 겪었다. 급성 위궤양으로 구급차에 실려 가기도 했다.

모든 사실을 알게 된 나는 그 의사를 찾아가 내 부모가 류머티즘이 아니라는 명백한 증거를 들이밀었다. 그러면서 왜 7년 동안 류머티즘이라고 속였냐고 묻자 그는 자기가 그렇게 말했을 리 없다고 발뺌했다.

내가 "그럼 하고 싶은 말은 경찰서에서 하세요."라며 일어나자 그가 와락 달려들며 말했다. "류머티즘이 아닌데 맞다고 한 건 인정할게요. 이해해 주십시오. 좁은 도시에서 먹고살려면 쉽지 않습니다. 정부의 의료보험 수가 체계가 엉망이거든요. 그대로 따르면 도저히 먹고살 수가 없어요."

반성의 기미가 없어 보였다. 마음 같아서는 그의 몸을 꽁꽁 묶어 놓고 지난 7년간 내 부모가 먹은 항류머티즘제를 입 안에 하나씩 밀어 넣고 싶었다. 내가 그냥 고소하겠다고 하자 그는 갑자기 바닥에 무릎을 털썩 꿇고 말했다. "저를 좀 봐주십시오. 제 아버지가 배추 장수였습니다."

나는 이 의사를 경찰에 신고했고 지역의 MBC 방송국에도 제보했다. 방송이 나가자 그 의사에게 같은 피해를 입었다고 제보한 사람이 하루 만에 80명을 넘었다. 부모님과 내 앞에서 무릎을 꿇고 애원하던 그 의사와 종교를 표방해서 얻은 신뢰로 환자를 모집해 온 종합병원은 수사가 시작되자 범행을 일체 부인했다. 그러면서 경찰, 검사, 판사 인맥을 동원해 필사적으로 저항하기 시작했다. 그 의사와 병원은 내가 업무를 방해하고 돈을 주지 않으면 경찰에 신고하겠다고 협박했다면서 나를 검찰에 고소까지 했다.

수사 결과, 경찰과 검사는 수십 명 피해자들에 대한 사기를 인정하고 의사에 대한 기소 의견을 냈다. 그런데 갑자기 부임 전부터 의사 측의 청탁을 받은 신임 지청장이 사건의 방향을 틀더니 불기소 결정을 해 버렸다. 이유는 "피의자가 환자들에게 류머티즘이라고 거짓말을 한 사실은 인정되나 그런 행위는 피의자가 의사로서의 명성을 높이기 위해서 한 것이므로 재물죄인 사기죄가 성립하지 않는다."라는 거였다. 상식에도, 법리에도 맞지 않는 해괴한 논리였다. 의사의 처가에 검찰 간부가 있었는데 그가 사건을 무마하려고 담당 검사에게 적극적으로 청탁했다는 것은 나중에 알게 되었다.

이제껏 믿어 왔고 심지어 내가 그 일원이었던 대한민국의 사법 시스템으로부터 말도 안 되는 논리로 무혐의 결정을 받고 나니 황망함, 분함, 좌절감, 무력감이 밀려들었다. 따귀라도 맞은 듯한 모멸감도 들었다. 지방 소도시 종합병원의 사기꾼 의사 하나를 처벌하는 데도 넘어야 할 산이 너무 많았다. 승진을 위해 선배 검사의 청탁을 들어줌으로써 내부의 적을 만들지 않으려는 검사, 특정 지역의 모든 유력 인사와 네트워킹이 구축되어 있는 지방의 대학과 고교 동문회, 큰 광고주가 저지른 비위는 보도하지 않는 지역 언론, 신제품의 연구 개발보다 의사들에게 리베이트 주는 것을 핵심 판매 전략으로 삼는 제약 회사, 환자들에게 사기를 쳐서라도 돈을 버는 것이 더 중요한 종교 단체와 종합병원⋯.

판사였던 나조차 뚫지 못한 벽인데 법조계에서 일해 보지 않은 일반 사람들은 어떻겠는가. 이전에도 형사사건 기록을 보며 왜 이 사람이 기소되지 않았는지 석연치 않은 경우가 왕왕 있었지만 내가 직접 사건의 피해자가 되어 보니 비로소 생생하게 깨달았다. 검찰의 진짜 힘은 죄 지은 사람을 감옥에 보내는 기소권보다 죄 있는 사람에게 면죄부를 주는 불기소권에 있다는 것을.

이런 일을 겪고 나니 내 직업에 심각한 회의가 들었다. 나 자신이 이처럼 불완전하고 엉터리인 사법 시스템의 일원이라는 것이 자존심 상했고, 부모도 지키지 못하는 놈이 무슨 수로 남의 인권을 지키겠느냐는 자괴감도 들었다. 내가 판사로서 그동안 얼마나 많은 오판으로 사람들을 지옥에 빠뜨렸을까도 돌아보게 되었다.

퇴근하면 바닷가 근처 카페에서 밤바다를 흘깃거리며 이 사건을 겪은 심정을 글로 쓰며 마음을 달랬다. 처음 몇 달은 글이 써지지 않아 "정의로는 장난치지 말자."라는 파편적인 단문을 끄적였다. 그런 문장이 조금씩 길어지고, 긴 문장들이 제법 쌓여갈 때 즈음이 되어서야 격랑이 이는 거친 바다 같던 감정이 차츰 잦아들기 시작했다. 세계문학상을 받게 해주고 나를 소설가로 등단시켜 준 소설 『보헤미안 랩소디』는 바로 그 문장들을 모은 글이다.

지금 돌아보면 30대 초반이던 그 시절의 나는 순진했다. 사람의 본성을 지금보다 훨씬 선하다고 생각했고 우리 사회가 구축해 온 정의의 수준도 지금보다 훨씬 높다고 착각했다. 지금은 이런 일을 겪더라도 그때처럼 순진하게 수사기관만 믿고 있다가 뒤통수를 맞지는 않을 것이다. 또 그런 황당한 결정이 나더라도 그때만큼 힘들어하지 않을 것이다. 그로부터 15년이 지난 지금, 우리 사회에서는 그보다 더 어이없는 불기소 결정이 수없이 이루어지고 있다는 것을 알게 되었고, 사람의 본성에 대한 신뢰도 현격히 줄어들었기 때문이다. 그 의사처럼 자신의 이익을 위해서라면 다른 사람의 건

강을 해치는 것쯤은 아무렇지 않게 여기는 사람도, 곧 드러날 뻔뻔한 거짓말을 서슴지 않고 하는 사람도, 정의에 눈감는 경찰이나 검사도, 엉터리로 재판하는 판사도, 사기꾼 같은 변호사도 많다는 것을 알게 되었기 때문이다.

그렇게 정의의 존재에 대한 믿음도, 정의를 다루는 사람들에 대한 신뢰도 상당 부분 깨어진 만큼, 이제는 그런 일을 겪더라도 그때처럼 상처받지 않을 것이지만, 그래서 그만큼 씁쓸하다.

배트맨을 생각하며

앞에서 수사가 잘 이루어지지 않는 사례들만 들었지만 사실 지금 수사 부서에서 일하는 경찰들은 하루하루 온힘을 다해 고군분투 중이다. 업무 스트레스로 스스로 목숨을 끊은 수사관도 나올 지경이다. 일은 너무 많고 신참 수사관은 수사 업무를 제대로 배울 기회가 없다. 이들을 교육하며 함께 일을 주도해 나가야 할 수사 베테랑들은 수사 부서를 '탈출'해 버렸다. '짬'이 있는 경찰은 수사 부서에 지원하지 않으니 신참들만 반강제로 수사 부서에 와 있다. 교통순경을 하다가 갑자기 수사 부서로 와서 어쩔 줄 모르는 경우도 흔하다. 2023년 수사 부서 인력 중 수사 경력이 1년이 채 안 되는 사람의 비율이 약 18퍼센트나 되었다.

 더 큰 문제는 일선 수사관들이 수사를 하다가 막혔을 때 물어볼 곳이 없다는 것이다. 수사팀이 있고 팀장이 팀원의 사건을 함께 관리하도록 하고는 있지만 경찰관들 말을 들어 보면 현실적으로 팀장이 팀원 사건에 관심을 가지고 지도해 주는 경우는 극히 드물다. 대부분 팀장은 팀원이 맡은 사건 내용을 다 알지도 못한다. 팀장도 수사 경험이 일천하고, 직접 처리해야 하는 사건도 200건이나 되어 팀원까지 챙길 여유가 없다. 괜히 팀원의 수사에 관여했다가 그 수사가 문제 시되면 상부의 문책을 받거나 당사자의 민원에 시달릴 수 있어서 몸을 사리기도 한다. 그러니 개별 수사관들로서는 모르는 것이 있으면 어디 물어볼 사람이 없어서 자신들끼리 경찰청 내부 게시판에 묻고 답하는 수준이다. 이런 열악한 사정을 들어 보면 그나마 수사 부서에서 자리를 지키고 버텨 주는 경찰관들이 그 자체로 고맙기도 하다.

 왜 경찰이 수사를 기피하고 베테랑들이 수사 부서를 떠나는지 『수사연구』의 「정재민이 간다」 코너에서 15년 경력의 경찰대 출신 일선 경찰서 팀장에게 물어보자 이렇게 답했다.

 "기존에는 검사가 책임지고 수사 종결을 했기 때문에 경찰 단계에서 사건 처리가 지연되면 담당 검사가 사건 내용을 파악해 수사 방향을 결정해 주었다. 경찰이 그래도 미진하면 송치받아서 직접 신속하게 처리를 해 버렸다. 검찰 차원에서 장기 미제가 없도록 수사 건수를 관리했기 때문이다. 경찰 입장에서도 어떤 사건이 어려워서 수사가 늘어지더라도 어느 시점만 지나면 검사가 지휘하거나 송치받아 직접 수사해서 마무리를 지어 버리니, 최종적인 결론을 내려야 하는 부담도 없었고 수사가 지연될 일도 없었다. 그러나 이제는 경찰이 수사를 끝까지 마무리해야 하고 결론에 대해서도 자신이 책임을 져야 한다. 게다가 수사를 시작하면 가해자 쪽에서도, 피해자 쪽에서도 민원이 많고 거세다. 수사관이 고소, 고발, 감사 요청도 잘 당한다. 그러니 물적으로나 심적으로나 몇 곱절 힘든 것이다. 그런데도 수사 인력 확충은 별로 없고 처우 개선도 없다. 그러니 이런 사정을 누구보다 잘 아는 베테랑 수사관들부터 이탈하게 되었고 '수사 부서 탈출은 지능순'이라는 씁쓸한 유행어가 돌기도 했다."

야구 투수에 빗대어 보면, 과거에는 경찰이 선발로 던지다가 어려운 상대를 만나서 투구 수가 많아지고 힘이 빠지면 검찰 투수가 어떻게든 마무리를 해 주었는데 2021년 「형사

소송법」이 대폭 개정된 이후로는 경찰 투수가 무조건 끝까지 다 던져야 하게 되었다. 그러다 보니 베테랑 투수들은 감독에게 혹사당해 선수 생활을 조기에 접게 생겼고, 그 전에 투수를 포기하고 타자로 전향하거나 아예 구단 관리직으로 옮겨 버렸다. 이에 투수난에 허덕이다 보니 평생 투수를 해 본 적 없는 1루수, 2루수, 외야수, 포수가 마운드에 오를 수밖에 없어 투수력이 추락할 수밖에 없다는 뜻이다.

국민 입장에서는 베테랑 투수를 다시 불러들이든지, 검찰 투수에게 예전만큼은 아니라도 어느 정도 마무리를 맡기든지 해야 하는 것 아닌가(물론 검찰 투수에게 마무리를 맡기면 과거 검찰권 남용이 재현될 수 있다는 반론도 만만치 않다) 하는 생각이 든다. 공무원들이 자신의 능력에 따라 적재적소에 배치되어야 하는데, 베테랑들이 죄다 덜 힘든 곳으로 떠나는 것을 정부 기관이 허용하는 것도 이해가 잘 가지는 않는다.

나는 슈퍼히어로 중 배트맨을 좋아하는데 그중에서도 특히 크리스토퍼 놀란 감독이 연출한 배트맨 트릴로지(세 편으로 구성된 작품 시리즈, 〈배트맨 비긴즈〉, 〈다크 나이트〉, 〈다크 나이트 라이즈〉)를 가장 좋아한다. 두 귀를 쫑긋 세우고 마천루 꼭대기에 우뚝 선 채 고담 시티의 야경을 내려다보는 배트맨의

실루엣은 카리스마 넘친다. 그러다 망토를 펼치고 훌쩍 뛰어내리며 도시의 어둠 속을 활공하는 곡선도 우아하다. 무엇보다 이 영화는 한 사회가 범죄와 부패에 어떻게 대응해야 하는지에 대한 심도 있는 고민을 담고 있다.

영화의 배경이 되는 도시 '고담(Gotham)'은 범죄와 부패에 찌든 곳이다. '팔코네' 같은 마피아들이 장악하고 있고 '조커'처럼 무차별적으로 사람을 죽이는 사이코패스도 우글거린다. 골목이나 지하철에서는 폭력, 강도, 강간 같은 범죄가 일상적으로 일어나고 경찰, 검사, 판사, 공무원, 정치인은 마피아의 뇌물과 협박에 제 역할을 하지 못한다.

대한민국 사회는 고담 시티만큼 범죄와 부패가 넘쳐나진 않지만 그 범죄의 원형을 아예 찾아볼 수 없는 것도 아니다. 범죄 조직의 두목들이 세련된 매너를 갖추고 좋은 차를 타면서 멀쩡한 회사의 대표 행세를 한다. 이들은 주가조작, 불법 기업 매수, 입찰 담합, 기획 부동산 투기를 마치 합법적인 사업을 하듯이 하고 있다. 스마트폰으로 피자 한 판 가격에 마약을 살 수 있고, 강남 대치동 한복판에서 학생들에게 필로폰이 권유된 적도 있다. 'N번방 사건'이나 몸캠 피싱 사건에서 보듯이 사이코패스들은 이제 사람의 몸과 정신을 칼이 아니라 인터넷으로 무참히 난도질하고 있다.

국제적인 사기 범죄 조직이 활개를 치고 많은 국민이 매일 전화, 문자 메시지 등으로 사기를 시도당하고 있다. 그런데도 오히려 수사력은 약화되고 있다. 사기, 마약 조직의 존재나 규모조차 제대로 파악하지 못하고 있다. 이러면 우리 사회가 고담 시티를 닮아 간다고 해도 아니라고 할 수 없다.

범죄가 창궐하는 고담 시티를 어떻게 정화할 것인가에 대해 배트맨 시리즈 안에서도 몇 가지 방안이 제시된다. '리그 오브 섀도우'라는 조직은 신이 타락한 소돔과 고모라를 불태워 버렸듯이 고담 시티도 파멸시켜야 한다는 입장이다. 그래서 도시 전체에 공포 가스를 살포해 고담 시티에 존재하는 악당과 공무원과 시민 모두를 제거하려고 한다.

반면 주인공 브루스 웨인의 아버지이자 재벌인 토머스 웨인은 자신의 경제력으로 빈민들을 구제함으로써 빈곤이라는 범죄의 원인을 없애는 방식으로 범죄를 줄이려고 한다. 하지만 팔코네 같은 마피아는 오히려 그가 고담 시티에 뿌린 돈을 회수하면서 점점 더 세력을 키워 갔고, 토머스 웨인은 결국 자기가 구제하려고 애썼던 빈민이 쏜 총에 죽었다.

주인공의 과거 연인이자 검사인 레이첼은 법과 원칙에 입각한 수사로 범죄자들을 잡고자 한다. 그러나 범죄자들이 증인을 죽이고 판사를 매수해 이 방법도 통하지 않았다.

재벌 아버지나 검사 여자 친구와는 다른 제3의 길을 모색한 주인공 브루스는 아버지를 죽이는 데 관여한 마피아 두목 팔코네를 찾아간다. 팔코네는 지금 이 자리에서 너를 총으로 쏘아 죽이더라도 그 누구도 눈 하나 꿈쩍하지 않는다면서, 그 힘은 타인에게 공포를 주는 데서 나오고 공포는 타인이 가진 소중한 것을 잃게 만드는 것에서 비롯된다고 말한다.

브루스는 이후 7년 동안 세계 각지를 떠돌며 범죄와 폭력, 선과 악을 경험하고 히말라야까지 가서 '리그 오브 섀도우'로부터 혹독한 무술 수련을 받는다. 어릴 적 우물에 빠져 공포에 떨었을 때 박쥐가 몰려와서 생긴 박쥐 트라우마를 극복하고, 그 공포를 악당들에게 돌려주기 위해 박쥐 코스튬을 입고 박쥐 문양이 새겨진 서치라이트를 비추며 배트맨이 된다. 그리고 한밤중에 생각지 못한 장소에서 악당을 공격하는 방법으로 악당들의 마음속에 배트맨의 상징에 대한 공포심을 심는다.

지금의 수사기관은 범죄자들에게 소중한 것을 잃을 수 있다는 공포심을 줄 수 없다. 짠맛을 잃은 소금이 되었다. 범죄자를 변호하는 변호사로서는 좋아해야 할 일이지만 나 역시 시민으로서, 아이들의 미래를 걱정하는 부모로서 도저히 좋아할 수가 없다.

'마약과 사기와의 전쟁'이 필요한 시점이다. 이대로 두면 소말리아에서 한때 젊은이들 사이에서 가장 인기 있는 직업이 해적이었던 것처럼, 우리도 젊은이들이 열심히 일하기보다는 마약을 팔거나 사기를 치려는 시대가 올지도 모른다. 무엇보다도 이렇게 범죄와 사기가 판치면 우리 사회는 점점 사람들이 서로를 믿지 못하는 세상이 될 것이다. 그러면 행복을 기대하는 것도, 사는 듯 사는 삶도 어려워지게 된다.

발리 우붓에서 길리섬으로 가기 위해 그랩으로 부른 차를 타고 두 시간 넘게 판당베이 항구로 이동했다. 원래 우붓 리조트 지배인이 길리섬에 가려면 사누르항으로 가야 한다고 친절하게 설명을 해 주어서 사누르항에 가는 차를 불렀는데, 내가 길리섬으로 간다는 말을 들은 기사가 그렇다면 사누르항이 아니라 판당베이로 가야 한다고 했다. 혼란스러워 구글 지도를 찾아보니 기사 말이 맞는 것 같아 목적지를 바꾸었다. 사누르항으로 갔으면 배를 세 시간 반이나 탈 뻔했는데, 그 기사 덕에 한 시간 반만 타고 길리섬에 다다를 수 있었다.

그런데 또 다른 일이 생겼다. 기사가 앞으로 어디를 여행하는지 자세히 물었고, 나는 길리섬에서 두 밤을 자고 누사 렘봉안섬에서 두 밤을 잔 뒤 사누르항으로 들어와 발리 본섬에 머무른다고 답했다. 그러자 그는 판당베이에서 길리섬으로 가는 배표, 길리섬에서 누사 렘봉안섬으로 가는 배표, 누사 렘봉안섬에서 사누르항으로 가는 배표를 한꺼번에 미리 끊어 두는 것이 좋다고 말했다. 막상 가면 표가 다 팔리고 없다는 것이다. 한꺼번에 끊으면 자신의 친구가 200만 루피아(우리 돈 17만 원 정도)에 싸게 해 줄 수 있다고 했다.

그 말에 나는 경계하기 시작했다. 가뜩이나 사람을 너무 잘 믿는다고 타박당하던 터라 쉽게 믿으면 안 될 것 같았다. 그래도 판당베이로 가야 한다고 제대로 안내해 준 것이 고마워 길리섬까지 가는 표만 구입해 달라고 요청했다.

그런데 길리섬에서 누사 렘봉안섬으로 가려고 표를 사려는데 진짜 표가 다 팔리고 없었다. 가격도 그 기사가 제시한 것보다 비쌌다. 결국 예정했던 날에 누사 렘봉안섬에 들어갈 수가 없어서 그곳 호텔비를 날리고, 길리섬에서 하룻밤 더 묵을 호텔을 급하게 구하느라 평소보다 많은 돈을 썼다.

그 기사를 믿었더라면 돈 낭비도 하지 않았을 것이고 일정에도 차질이 없었을 텐데 이게 다 믿지 못해 생긴 일이었다. 여행객들에 대한 현지인의 환대는 여행객이 그들을 신뢰해야 받을 수 있는 것이다. 여행객이 아무도 신뢰하지 못하면 사기당하는 일은 없겠지만 환대받는 행복과 실리도 나처럼 다 저버리게 된다. 사기와 불신이 범람하는 사회에서는 신뢰도, 환대도 있을 수 없다.

누사 렘봉안섬에서 아침 일찍 맹그로브 숲에 가 카약을 탔다. 카약을 태워 준 남자는 쪼그리고 앉아 담배를 피우다 시선이 마주치자 흰 이를 드러내며 슬쩍 웃어 보였다. 호객을 하는 사람이 아니라서 인상이 더 좋아 보였다. 나는 30분만 타겠다고 하고 한 시간 비용을 냈다. 그는 두 손을 모으고 감사를 표했다. 그는 나를 태우고 노를 저으며 수천 마리의 거대한 왕거미가 물가에 앉아 다리를 물에 담그고 있는 듯한 맹그로브 뿌리 사이로 능수능란하게 카약을 몰았다. 그러면서 "니 하오마."라고 말을 걸어 내가 "아임 코리안."이라고 하자 "안녕하세요." 하더니 예상대로 "노스 코리아, 사우스 코리아?"라고 물으며 가는 곳곳마다 반복되어 온 문답을 시작했다. "사우스."라고 답한 뒤 많이들 그랬듯 한국 드라마 이야기를 하려나 했는데 뜻밖에도 그는 한숨을 쉬면서 씁쓸하게 웃더니 "인도니지아, 매니 코럽. 에브리웨어 코럽."이라 했다. '코럽'은 부패(Corrupt)를 말하는 것이었다. 아무도 없는 고요한 아침, 맹그로브 숲에서 카약을 타다가 인도네시아가 부패했다는 말을 들을 줄은 상상도 못 했다. 그도 어쩌면 억울한 일을 당해 고소를 했지만 상대방이 돈이든 백이든 써서 처벌을 받지 않았을지도 모른다.

순간, 강가 양쪽을 시커멓게 뒤덮은 맹그로브 나무 줄기들이 부패의 사슬처럼 보였다. 대한민국은 아직 그 정도는 아니다. 그러나 이렇게 사기가 급증하고 공권력의 범죄 대응 능력이 흔들리면 부패가 온 사회에 번식하는 것은 순식간이다. 먼 훗날 내가 한국을 찾은 발리인에게 한숨을 쉬며 "코리아, 코럽." 하고 싶지는 않다. 우리나라 사람들은 정직해서 서로 믿고 살기에 행복한 일이 많다고, 누군가가 당신을 도와주려고 한다면 그것은 말 그대로 아무 대가 없이 도와주려는 것이니까 사기당할까 봐 걱정할 필요가 전혀 없다고, 우리는 믿어 주면 늘 환대로 보답하는 믿을 수 있는 나라라고 소개하고 싶다.

3장 ◆ 구치소에서

_쇠창살 안에서 희망을 말하며

어느 피의자의 긴급체포부터 구속까지

　어느 날 오후 늦게 재판을 성공적으로 마치고 기분 좋게 저녁 약속 장소를 향해 운전하고 있었다. 그때 낯선 번호로 전화가 왔다. "정재민 변호사님이죠?" 젊은 여성의 다급한 목소리였다. "제 남자 친구가 방금 경찰에게 긴급체포 되어서 잡혀갔어요. 남자 친구가 자기가 혹시 잡혀가거든 변호사님을 찾으라고 미리 연락처를 주었거든요."
　삼국지에서 제갈량이 위급할 때 펴 보라고 장수들에게 남긴 비단 주머니 안에 내 연락처가 있었다는 것 같아 신기하면서도 (남의 말을 쉽게 믿지 않으려는 이제는) 뭔가 수상했다. 남자 친구의 이름을 물었더니 그녀는 '박준규'라고 답했다.

모르는 이름이었다.

"그런데 남자 친구는 저를 어떻게 알지요?" "그건 저도 몰라요. 남자 친구 아빠가 평소에 변호사님 말을 많이 했대요. 믿을 만한 분이라고." 그녀는 이어서 체포한 경찰 수사관의 전화번호를 알려 주겠다며 문자 메시지로 연락처를 보냈다. 그 번호로 전화를 걸어 보니 경상남도 창원에서 박준규를 체포해 경기경찰청으로 데려가고 있단다. 밤 9시부터 조사를 할 예정이니 변호인도 참여해 주면 좋겠다고 했다.

난감한 상황이었다. 박준규가 누군지도 모르고, 왜 내게 도움을 구하는지도 모르고, 그 아버지가 누군지도 몰랐다. 수임료를 준다는 말도 없었다. 그날 저녁에는 간만에 옛 판사 시절 동료들과 식사 약속이 있었다. 그런 상황에서 박준규와 그 여자 친구가 다급히 도움을 청하고, 경찰도 당장 밤 9시까지 수원으로 오라는 것이다.

저녁을 먹으며 잠시 고민하다 결국 가기로 했다. 여자 친구의 눈물 섞인 절박한 목소리도 한몫했지만, 박준규의 아버지가 나를 믿어 주었다는 말이 걸려서였다. 아버지와 자식이 그렇게 나를 믿어 주었는데 나는 계속 의심만 하고 외면하는 것은 아무래도 도리가 아닌 것 같았다. 또 그의 아버지가 내가 잘 아는 분일 수도 있는데 도와주러 가지 않았다가 나중에 누군지 알고 나서 후회할 수도 있을 것 같았다.

나는 지인들에게 양해를 구하고 밥값을 내고 일어나 차를 몰고 수원으로 출발했다. 가는 길에 긴급체포처럼 갑작스러운 소나기가 쏟아졌다.

경찰에 도착해서 조사가 시작되기 전, 나는 수사관에게 잠시 박준규의 단독 접견을 허용해 줄 것을 요청했다. 수사관이 가리킨 어느 방에서 기다리고 있으니 문이 열리고 수갑을 찬 박준규가 양쪽에 한 명씩 형사를 대동하고 나타났다. 팔뚝과 목덜미, 반바지를 입은 다리에 용 문신이 그려져 있고 족히 100킬로그램을 훌쩍 넘길 정도로 체격이 컸다.

수갑을 풀어 준 형사들이 떠나고 책상 앞에 앉자마자 그는 나를 '삼촌'이라고 부르며 말했다. "이렇게 뵙게 되어 송구합니다." 그러면서 아버지한테 말씀을 많이 들었다며 부친의 이름을 말했다. 이름을 듣자 박준규와 닮은 그 부친의 얼굴이 기억났다. 고향 동네에서 어릴 적부터 알았던 열 살 남짓 많은 형님이었다.

순간 그 형이 10여 년 전에 내게 연락해 아들이 고등학생인데 오토바이 절도로 검찰에 송치되었다며 도와달라고 했던 기억이 떠올랐다. 사정을 들어 보니 억울한 부분이 있어 검사에게 내는 의견서를 일부 써 주고 담당 검사에게 사정 설명도 해 주었는데 기소유예를 받았다. 그때 그 아들이 바로 박준규였다. 준규는 그 당시 기소유예를 받게 도와준 삼촌이 지금 이 상황에서도 자기를 빼내 줄 수 있을 거라 생각하고 여자 친구에게 미리 내 이름과 연락처를 일러둔 모양이었다.

나는 준규에게 주식 리딩방 사기 조직의 총책이 맞는지 물었다. 접견 직전에 수사관에게 준규의 혐의가 무엇인지 물어보니 그것이라고 말했기 때문이다. 준규는 손사래를 치면서 절대 사기 조직에 관여한 적이 없다고 했다. 내가 그런데 왜 경찰이 너를 총책으로 지목했겠냐, 무슨 근거가 있지 않겠냐고 물어보았지만 준규는 한사코 아무런 증거가 있을 수 없다, 자신은 전혀 관여하지 않았기 때문이라고 말했다.

나는 경찰 단계, 검찰 단계, 영장 단계, 법원 단계마다 자백과 부인이 일관성 없이 오락가락하면 불이익이 크고 변호사에게는 솔직하게 말해야 방어를 잘할 수 있다고 조언했다. 그럼에도 준규는 사기 조직과는 아무런 관련이 없다는 입장을 굽히지 않았다. 나로서는 더 할 말이 없었다. 변호인은 의뢰인에게 최선의 길을 조언하되 선택은 의뢰인이 하는 것이고, 선택 이후에는 의뢰인의 뜻이 이루어질 수 있도록 노력을 다하는 수밖에 없다.

곧 조사가 시작되었다. 수사관은 이미 구속된 다섯 명의 조직원들이 모두 박준규를 총책으로 지목했다고 했다. 특히 리더 격인 L이 모든 지시를 준규에게 받았고, 준규가 허락하지 않으면 일할 수 없었으며, 피해자들로부터 돈을 받으면 준규의 지시를 받는 또 다른 인원을 통해 돈세탁이 이루어졌고, 그렇게 마련한 돈은 준규가 지정한 금고에 보관하고 있다가 준규가 가져갔다고 진술했다,고 말했다.

이에 대해 준규는 L이 책임을 전가하고 있다고 주장했다. 그렇지 않아도 긴급체포 이틀 전 L의 모친에게 연락이 와 자신의 아들이 적어도 '상중하' 중에 '상'에 해당하는 책임을 져서는 안 되지 않겠느냐고 말한 적이 있어서 기분이 쎄해서 연락을 더 이상 받지 않았다고 했다.

경찰은 준규를 긴급체포 할 당시 준규의 차에 1억 원 상당의 현금이 있었는데 조직의 금고에서 가져온 것이 아니냐고 추궁했다. 다른 조직원들이 준규가 한번씩 포르쉐를 타고 와서 금고에서 돈을 가져가는 것을 보았다고 진술했다고도 했다. 그러나 준규는 자기가 포르쉐를 타고 다니긴 했지만 자신은 그 금고가 어디 있는지도 모르고 그 돈은 스무 살 때부터 했던 음식 장사로 모은 전 재산이라고 했다. 경찰은 준규에게 휴대폰은 왜 두 개씩 들고 다니느냐, 긴급체포 당시에도 텔레그램 수신이 잦던데 조직원들의 연락을 받고 있는 것이 아니냐고 물었다. 준규는 휴대폰 중 하나는 이미 경찰에게 비밀번호와 함께 제출했고 다른 하나는 주운 것이라 비밀번호를 모른다고 했다.

준규가 범행을 부인한 채 조사는 마무리되었다. 나는 준규와 조서를 읽고 경찰에게 몇 가지 수정해 달라고 요청했다. 경찰서를 나서니 새벽 1시가 넘은 시간이었다. 준규는 나에게 여자 친구와 친형의 연락처를 알려 주며 당부 사항을 전해 주었다.

집으로 돌아오는 새벽, 또 비가 내렸다. 텅 빈 도로를 달리며 준규의 여자 친구에게 전화해 오늘 있었던 일을 말해 주었다. 준규의 여자 친구는 말을 제대로 할 수 없을 정도로 울기만 했다. 그다음에는 준규의 친형에게 전화해 자초지종을 설명했다. 형은 경찰에게 아무런 증거가 없다고 준규한테 들었다면서 준규가 금세 나올 수 있다고 생각했다. 나는 경찰이 상당한 근거 없이 긴급체포를 했을 리 없다며 일이 생각처럼 그렇게 간단하게 풀리지 않을 수 있으니 너무 섣불리 큰 희망을 품지 말라고 에둘러 말했다.

무엇보다 준규가 어린 시절 오토바이를 훔쳤을 때처럼 내 도움을 받으면 쉽게 풀려날 수 있을 거라 생각할까 봐 걱정되었다. 자신이 진짜 사기 조직의 총책이면서 나를 변호사로 선임해 풀려날 수 있다고 오해하고 있는 게 아닐까 싶었다.

전화를 끊고 컴컴한 도로를 달리며 준규 아버지와의 어릴 적 추억을 떠올리기도 하고 준규가 오늘 한 말들을 곱씹으며 과연 판사가 믿어 줄까 생각하기도 했다. 곧 결혼할 예정이라는 동거 중인 여자 친구가 언제가 될지 모를 준규의 석방 시점까지 반려견 두 마리를 키우며 혼자 살 수 있을까 걱정하고 동생 옥바라지를 하려는 친형을 염려하기도 했다.

예상대로 바로 다음 날 경찰은 준규에 대해 구속영장을 신청했다. 긴급체포를 한 뒤 48시간 안에 구속영장을 청구하지 않으면 풀어 줘야 한다. 경찰이 검찰에 구속영장을 신청하면 검사는 이를 다시 법원에 청구한다. 법원에 영장이 청구되면 영장 담당 판사가 신문 기일을 정해 알려 준다.

경찰로부터 구속영장을 신청했다는 설명을 들은 터라 나

는 영장이 법원에 청구되었는지, 신문 기일이 언제, 어디로 잡혔는지를 확인하려고 직원을 통해 수원법원에 거듭 전화했다. 그러나 법원은 전화를 받지 않았다. 6시가 지나자 "업무 시간은 오전 9시부터 오후 6시까지이니 용무가 있으신 분은 다음 날 업무 시간에 전화하기 바랍니다."라는 자동 응답기 멘트만 반복해서 흘러나왔다.

밤 11시가 넘어도 연락이 안 되어 혹시나 하고 사무실에 가 보니 팩스 기계 위에 구속영장 청구서가 도둑고양이처럼 숨죽인 채 엎드려 있었다. 신문 기일은 다음 날인 토요일 오후 2시였다. 나는 자정이 가까운 그 시간부터 새벽까지 사무실에 앉아 불구속 수사를 받게 해 달라는 의견서를 썼다.

검사가 기소하기 전에는 피고인이나 변호인이 수사 기록을 볼 수 없다. 따라서 영장 신문 절차에서 변호인은 아무 수사 자료를 보지 못한 채 변호를 해야 한다. 경찰과 검사가 판사에게 제출한 자료에 뭐가 들어 있는지 알지 못한 채 변호를 하는 것은 상당히 어렵고도 위험한 일이다. 변호사가 자신 있게 어떤 사실이 없다고 주장했는데 판사 앞에 제출된 기록에는 그런 사실이 있다는 명확한 증거가 있으면 판사가 변호사의 말을 믿어 줄 리 없다. 그래서 경찰이나 검사가 어떤 증거를 제출했을지 추측하고 가정하면서 그에 대한 가상 반박을 제시해야 할 때도 많다.

이때처럼 한밤중에 구속영장을 받아 들게 되고 바로 다음 날 낮에 영장심사를 받게 되므로 그 사이 의뢰인과 접견해 의뢰인에게 수사기관 입장에서 의심할 만한 부분들을 물어볼 시간도 충분치 않다.

이것은 마치 캄캄한 밤에 불빛도 없이 그 길을 한 번 가 본 사람(구속영장이 청구된 피의자)의 말만 듣고 대리운전을 하는 것과 같다. 앞에 뚜껑 걷힌 맨홀이 있을지, 딴 장애물이 있을지 모르기 때문에 자신 있게 액셀을 밟지 못하고 저속으로 조심조심 가게 된다. 그만큼 (기록을 다 보면서 하는 공판 때의 변론에 비해) 변호사의 변론에 힘이 덜 실리게 된다.

그러나 달리 생각하면 영장 청구 단계에서는 수사기관도 모든 증거를 확보하지 못한 상태일 가능성이 높으므로 변호사로서 허점을 찾아낼 가능성도 높다. 다만 변호사는 수사기록을 볼 수 없기 때문에 세세한 문제를 지적하는 대신 전체적인 수사 방향에 대한 허점을 지적하는 것이 효과적이다.

코인을 발행한 재단의 대표들을 변호해 구속영장을 기각시킨 적이 있다. 코인을 발행한 지 3개월 만에 가격이 100분의 1로 폭락해 투자자들이 큰 손해를 입었다. 검찰의 공소 요지는 그 원인이 대표들이 처음부터 아무런 실체가 없는 '스캠 코인'이라는 사기 코인을 발행했다는 것이었다.

이 사건의 영장심사에서 나는 스캠 코인이 되려면 처음부터 실체가 없는 코인이어야 하는데 그 코인은 거래소의 정상적인 심사를 통과해 상장되었으므로 당초부터 스캠 코인은 아니었다고 변호했다. 그 코인은 발행 후 3개월 동안 다른 코인보다 높은 가격을 시종 유지해 오다가 발행 3개월 되는 시점에 갑자기 누군가가 코인을 해킹해 수많은 코인을 탈취했고 그 소식이 시장에 알려지면서 폭락이 시작되었으므로, 투자자들에게 코인 가격 폭락으로 인한 피해를 안겨 준 것은 코인을 해킹해서 탈취한 해킹범이지 코인을 발행한 의뢰인들이 아니고, 오히려 이들은 해킹으로 가장 큰 손해를 입은 사람들이라고 변론했다.

이런 상황에서 검찰이나 경찰은 먼저 해킹범을 잡아서 그 책임을 물어야 하는데 사건 발생 이후 3년이 지나도록 그 해킹범을 잡지 못하고 있는 상황에서, 투자로 피해를 본 사람들이 누구라도 잡아넣으라고 목소리를 높이자 그 책임을 모두 가장 큰 피해자인 코인 발행인들에게 전가해 이들을 구속함으로써 희생양 삼으려는 것이라고 주장했다. 그러면서 해킹범을 잡기 위해 필요한 정보를 가장 많이 알고 있는 사람이 의뢰인들이므로 이들을 석방해 경찰과 함께 해킹범부터 잡는 것이 순리라고 변론했다. 그 결과 이런 코인 사기 사건에서 드물게 두 대표 모두 구속영장이 기각되었다.

영장심사에서 변호를 할 때는 이처럼 변호사에게 상당한 집중력과 순발력이 필요하다. 준규의 영장 신문도 바로 다음 날로 잡혔기 때문에 나는 미리 정해져 있는 일정들을 죄다 연기하거나 취소했다. 영장 신문 기일에 법정에 나가서는 박준규가 사기 조직의 총책이라고 하기에 '아직은' 증거가 너무 부족하다고 강조했다.

경찰이 조직원들을 한 명씩 구속하며 "가장 윗선을 불어라, 그렇지 않으면 네가 윗선이 되어 책임을 덮어쓸 거다." 하는 식으로 수사를 하고 있는 것 같고, 그렇다 보니 현재 구속된 이들 중 우두머리가 윗선이 박준규라고 허위 진술을 해 책임을 덜려고 했을 가능성을 배제할 수 없다고 지적했다. 경찰은 박준규에게도 윗선이 누군지 묻고 특정인의 이름을 대며 그가 윗선이 아닌지 물었는데 이것만 보더라도 박준규가 총책이 아님을 경찰도 알고 있는 것이라고 말했다.

또 박준규가 사기 조직의 총책이 되려면 그 모임에 수직적 서열 관계를 바탕으로 한 지휘 체계가 있어야 하고 그 최상층에 박준규가 있다는 사실이 입증되어야 하는데 구속된 L 등의 무리가 수직적 서열 관계가 있는 조직이란 증거부터가 없다는 점을 강조했다. 특히 그 조직원들이 모두 박준규보다 나이가 적게는 두 살, 많게는 예닐곱살 많은 고향 선배들이므로 정서적으로 어린 박준규가 총책이 되기는 어렵다, 경찰이 너무 급하다, 증거가 더 확보되면 그때 구속하면 되니 지금은 피의자의 방어권을 보장하기 위해 풀어 달라며 변론했다.

판사 앞에 제출된 수사 기록의 내용을 거의 모르고 있는 입장에서 피의자는 결백하니 절대 구속해서는 안 된다고 강하게 주장하는 것은 설득력이 높지 않고 오히려 판사의 반발을 부를 수 있다. 대신 '아직은' 구속하기에 이르다고 하면 판사가 수긍할 만한 여지가 좀 더 생길 것 같았다.

박준규를 긴급체포 하고 조사한 그 수사관은 조사하는 내내, 또 그 이후에도 내가 전화할 때마다 나를 존중해 주었다. 나도 비록 그 수사관이 내 의뢰인을 처벌하려고는 하지만 똑똑하고 정중하다고 생각했다. 그래서 그 수사관이 피의자인 박준규 뒤에 앉아 있는 상황에서 수사가 미흡했고 구속영장이 잘못 청구되었다는 취지로 변론하는 것이 다소 불편했다. 하지만 직업적으로 어쩔 수 없는 일이었다.

구속영장 발부의 요건은 범죄 혐의가 있다고 볼 상당한 이유가 있다는 점 외에도 주거 부정, 도주 우려, 증거인멸 우려 같은 요건도 있다. 구속은 처벌이 아니다. 재판이 끝나기도 전에 혐의자가 도망가 버리거나 증거물을 다 없애 버리거나 증인들을 협박하거나 매수해 입을 막아 놓으면 재판을 할 수도 없고, 재판을 하고도 형을 집행할 수 없으니 구속해 두는 것이다. 그래서 구속 기간 동안에는 수용자가 미결수로서 무죄로 추정되고 노역도 하지 않는다.

다른 한편으로는 구속되면 자신의 무고함을 밝히기 어려워지기 때문에(본인만이 알고 있는 사실이나 자료들이 많다) 방어권을 제대로 보장해 줄 필요성이 있는 경우에는 구속영장을 기각해 주기도 한다. 그래서 변호사들은 피의자가 범행을 모두 자백하는 경우에는 더 이상 도망갈 이유도, 증거인멸을 할 이유도 없다고 하면서 영장을 기각시켜 줄 것을 요청하는 반면, 피의자가 범행을 부인하는 경우에는 방어권을 보장해 달라는 이유로 영장을 기각시켜 줄 것을 요청한다.

구속영장 청구서에서 경찰은 준규가 타인 명의의 휴대폰을 들고 다니고, 타인 명의의 차를 타며, 수상한 현금 1억이 차에서 발견되었고, 수상한 휴대폰이 있는데 주운 것이며 비밀번호도 잊었다고 하고, 주민등록 내역과 다른 지역에서 살고 있고, 자주 이사를 다니며 집 앞에 CCTV를 설치해 놓은 것을 보면 경찰이 오면 도망가려고 했던 것 같다며 주거 부정, 도주 우려, 증거인멸 우려가 있다고 주장했다. 이에 대해 나는 이렇게 변론했다.

"검찰은 피의자가 '타인 명의의 휴대폰과 차량'을 사용하고 있었기에 도주 우려가 있다고 주장하지만 그 타인은 피의자의 어머니입니다. 박준규가 오래 전부터 신용 불량자이므로 자기 명의로 할 수 있는 것이 없었던 것입니다. 현금 1억을 들고 다니는 것도 자기 명의 계좌를 만들 수 없어서 그런 것입니다. 피의자가 현재 사는 집에서 임대차계약, 가스 설치는 다 박준규 본인 이름으로 했습니다. 자신을 숨기려고 했다면 그마저도 다른 사람의 이름으로 했을 것입니다. 피의자가 휴대폰을 공개하지 않는 것은 그 안에는 본건과 무관한 다른 불법적인 거래가 있고, 그 관계자를 노출시키고 싶지 않기 때문입니다(이것은 내가 준규에게 '휴대폰을 주웠다고 말하면 누구도 안 믿는다, 내가 판사라도 그냥 영장 발부다.'라고 하니 털어놓은 입장이었다). 휴대폰의 비밀번호를 알려 주지 않는 것은 묵비권과 같은 피의자의 권리이므로 이런 이유로 증거인멸 우려가 있다고 해서 구속하면 안 되는 것입니다. 피의자는 다른 사건으로 현재 목포경찰서에서 조사를 받고 있는데 목포경찰서가 소환할 때마다 그 먼 곳까지 가서 조사를 받았기 때문에 도주 우려도 없습니다. 경기청에서 그냥 불렀어도 조사를 받으러 갔을 텐데 경기청은 한 번도 피의자를 소환한 적 없이 그냥 긴급체포를 한 것입니다. 피의자가 이대로 구속되어 버리면 자신을 방어할 수 있는 기회가 없어집니다. 자기가 관여했다는 것을 입증하는 것보다 관여하지 않았다는 것을 입증하는 것이 훨씬 더 어려운데 이렇게 갇혀 있어서는 아무것도 할 수가 없습니다. 부디 방어권을 보장해 주셔서 억울함을 밝힐 기회를 주십시오."

변호사도 어떤 경우에는 의뢰인이 무죄라는, 또는 유죄라는 확신이 들지만 또 어떤 경우에는 잘 모를 때가 있다. 준규도 후자의 경우였다. 준규가 총책일 수도 있고 총책이 아닐 수도 있었다. 준규가 나와 단둘이 있을 때 절대로 관여한 적이 없다고 울면서 말하는 것을 보면 준규 말이 맞을지도 모른다. 그러나 준규의 말을 믿기 어려운 정황이 분명히 존재하는 것도 사실이었다.

재판을 하면 유죄판결이 나올 가능성이 높은데 피의자나 피고인 본인이 범행을 부인할 경우 자백하는 경우에 비해 형량이 높아진다. 이런 점까지도 준규에게 충분히 설명했으나 준규는 계속 무죄를 강변했다. 이 경우 변호인은 의뢰인의 입장을 존중하고 그 입장이 관철되도록 노력할 수밖에 없다. 다만 형사 절차가 진행됨에 따라 피의자의 입장이 달라지기도 하기에 계속해서 피의자의 입장을 묻고 들어야 한다.

판사는 결국 구속영장을 발부했다. 준규는 그길로 수원의 어느 경찰서 유치장에 갇혀서 검찰에 송치될 때까지 머물게 되었다.

나는 일요일인 바로 다음 날 준규를 만나기 위해 경찰서에 전화를 걸어 보았지만 휴일이라고 아무도 받지 않았다. 결국 오후에 무작정 그 경찰서를 찾아갔다. 의외로 직원들이 많았다. 변호인 접견을 왔다고 하자 유치장 시설로 안내해 주었다. 감방 네 개가 서로 이웃하며 반원을 그리며 설치되어 있고 그 가운데 경찰관들이 그들을 보면서 업무를 하고 있었다. 경찰이 준규를 부르자 앉아 있던 준규가 고개를 들어 좌우를 살피더니 나를 보고 반가운 기색을 보였다.

우리는 두 명이 동시에 통과하기 어려울 정도로 좁고 페인트가 벗겨져 낡은 돌계단을 올라갔다. 그곳의 빈 유치장에 테이블 하나가 놓여 있었다. 경찰관이 문을 열어 주며 접견이 끝나면 벨을 누르라고 했다(나는 경찰이 쇠창살 문을 잠글까 봐 잠시 신경 썼으나 감사하게도 문은 열어 두었다).

준규는 입장 변화가 없었다. 자신은 전혀 관여한 바가 없다고 했다. 나는 앞으로 절차가 어떻게 진행될 것이고, 경찰이나 검사가 어떤 조치를 취할 수 있는지를 자세히 설명해 주었다. 준규는 간간이 흐느꼈고 가족과 여자 친구를 걱정했다. 나는 떠나면서 사비로 영치금을 넣었다. 경찰 유치장에서도 영치금을 줄 수 있었다. 구치소로 이감되면 영치금도 같이 넘어간다고 한다.

경찰은 준규를 구속한 뒤 해외 상선을 계속 추궁했다. 캄보디아에 있는 조직과의 연계 여부도 물어보았다. 그러나 준규가 끝내 부인하자 사건을 검찰로 송치했다. 그와 함께 준규의 신병은 경찰서 유치장에서 구치소로 옮겨 가게 되었다. 준규가 유치장에 있을 때는 경찰의 반대로 가족의 면회가 허용되지 않았지만 구치소로 간 뒤에는 하루에 한 번 10분 정도 가족이나 지인의 면회가 허용되었다.

이상 준규의 사례를 보면 경찰 단계의 긴급체포부터 유치장 수감, 영장심사, 구속영장 발부, 검찰 송치, 구치소 이감까지의 절차가 실제로 어떻게 이루어지는지 감을 잡을 수 있을 것이다. 이런 절차는 제삼자가 보기에는 더디게 보일지 모르지만 당사자에게는 매우 짧은 시간에 빠르게 진행된다. 그 사이 피의자 본인은 물론 수사관과 변호사도 다른 일들을 다 제쳐 놓고 매달려도 시간이 부족할 정도로 할 일이 많고 신경도 곤두선다.

경찰과 검사가 구속영장을 청구하고 판사가 구속영장을 발부하는 것도 죄다 피의자를 믿지 못하기 때문이다. 구속영장의 주요 요건이 증거인멸이나 도주 우려이므로, 피의자가 증거를 없애거나 도망갈지도 모른다고 의심하는 것이다.

변호인은 피의자가 증거인멸도 하지 않고 도망도 가지 않을 테니 믿어 달라고 호소하지만 결국 영장을 발부하는 판사는 그 변호인의 말도 믿지 않는다. 법정은 항상 믿어 달라는 쪽과 믿어서는 안 된다는 쪽이 다투는 가운데 판사가 누구 말을 믿을지를 밝히는 곳이다.

판사가 피의자나 피고인을 믿을지 말지 애매할 때는 무죄 추정의 원칙에 따라야 하겠지만, 변호사 입장에서 현실은 그 반대인 것처럼 느껴지는 경우가 더 많다.

구치소 가는 길

여기서부터는 구치소에 수감된 피의자들을 접견하는 일에 대해 말해 보려 한다. 나는 지금 네 명의 수용자를 접견하러 서울구치소에 가는 길이다(각색의 편의상 네 명으로 정한 것이다. 내 경우 보통 한 번에 한두 명을 접견할 뿐, 네 명을 하루에 접견하지는 않는다). 승용차를 몰고 서초동 사무실에서 출발해 예술의전당 앞 지하 터널을 통과해 과천을 지나 의왕으로 향한다. 조수석에는 변호사들이 들고 다니는 검정 가방이 놓여 있고 그 안에 수용자의 수용 번호와 신상이 적힌 접견 신청서, 법원에 제출할 의견서 초안, 그리고 증인이 나오면 물어볼 질문들이 담긴 증인신문 사항 초안이 들어 있다. 의견서

나 증인신문 사항 초안은 법원에 제출하기 전에 미리 의뢰인에게 설명해 주고, 의견이 있으면 반영하기 위해 들고 가는 것이다(모든 변호사가 이렇게 구치소까지 가서 미리 수용자의 의견을 묻고 반영하는 것은 아니라는 점을 살그머니 강조해 본다).

구치소로 향할 때는 차에서 듣는 영국의 록 그룹 퀸의 음악[오늘의 선곡은 「I want to break free(탈옥하고 싶어)」이다. 각색한 티를 너무 드러내는 선곡임을 인정한다]도, 차에서 홀짝거리는 아이스아메리카노도, 목에 뿌린 향수도, 에어컨에서 나오는 찬바람도, 출발하기 전에 먹은 꼬리곰탕도, 그밖에 일상의 사소한 모든 것이 새삼 소중해진다.

구치소는 대개 시내 외곽의 후미진 곳에 자리하고 있는 데다 내비게이션에는 나오지 않기 때문에 구치소로 갈 때는 비밀 아지트를 찾아가는 것 같다. 구치소 주소가 내비게이션에 나오지 않는 것은 전시에 적이 교도소 문을 열어 줄 수 있어서 군사적 보안 사항이기 때문이다. 교도소 문을 열어 주면 수용자들이 뛰쳐나와 그간 마음에 들지 않았던 우리나라 정부를 공격하거나 사회 질서를 교란시킬 수 있다고 보는 것 같다(적이 폭격하지 않고 살며시 와서 곱게 문을 열어 준다면 전시에는 교도소가 제일 안전한 것 아닐까).

내비게이션에는 구치소 이름 대신 해당 구치소 이름이 들어간 인근 장소, 가령 '○○구치소 삼거리' 같은 주소가 뜨기 때문에 여기를 도착지로 설정하고 찾아간다.

호랑이 등짝처럼 노란색 띠와 검은색 띠가 번갈아 휘감긴 바리케이트가 세워진 구치소 입구에 도착하면 나도 모르게 경건해진다. 일반 민원인들의 차는 이 안으로 들어가지 못하지만 변호사는 구치소 직원이 앉아 있는 부스를 향해 변호사 신분증을 보여 주면 차단기가 올라간다.

언덕 위로 올라가 청사 앞에 주차하고 변호인 접견실 입구까지 걸어가는 길에는 군청색 제복을 입은 교정 공무원들이 오간다. 수용자들이 외부에 나갈 때 타는 '법무부' 로고가 박힌 군청색 버스도 지나다닌다. 이렇게 구치소의 담장 밖을 걷고 있으면 이상할 정도로 햇살은 따뜻하고 풀과 나무들은 싱그럽고 고양이가 긴 수염을 꿈틀거리면서 하품을 하면 딱 어울릴 것처럼 모든 것이 한갓지다. 순간적으로 기억상실증에 걸린다면 어느 작은 대학 캠퍼스 모퉁이를 걷고 있다고 생각할지도 모르겠다.

창구에 변호사 신분증과 함께 휴대폰, 노트북, 약 같은 반입 금지 물품을 맡기면 목걸이가 달린 플라스틱 패스를 건네

준다. 그 패스를 들고 10톤 트럭이 전속력으로 달려와 들이받아도 끄떡없을 것 같은 육중한 철문 앞에서 기다리면 작은 인터폰 스피커에서 "정재민 변호사님, 들어가십시오." 하는 목소리가 흘러나온다. 문이 열릴 때마다 문짝 밑바닥에서 덜덜덜덜 하는 큰 소리가 들리는데 그 육중함만큼 국가권력의 무게, '리바이어던'의 힘을 느낀다.

공항 검색대에 들어서듯 금속 탐지기와 가방 투시기를 통과하고 나면 앞서 통과한 철문과는 딴판인 깔끔한 흰색 문이 마치 창호지를 바른 한옥의 미닫이문처럼 옆으로 스르륵 열린다. 그러고 나면 비로소 교도소라는 특별한 영토 안으로 첫발을 내딛게 된다. 드라마 〈도깨비〉에서 배우 공유가 어떤 문을 열고 들어서면 곧바로 캐나다의 한적한 골목이 나오는 것처럼 그 흰색 문을 통과하자마자 내 몸이 교도소라는 완전히 낯설고 특별한 세계에 진입하게 되었음을 깨닫는다.

이곳에 들어서면 한순간에 사방이 고요해져서 뜰을 가로질러 접견실로 가는 내 발소리가 또각또각 선명하게 들릴 정도다. 고장난 괘종시계처럼 시간도 멈추어 버린 것 같다.

구치소와 교도소는 구분된다. 구치소는 미결수가 머무는 곳이다. '미결(未決)'은 말 그대로 아직 형이 결정되지 않았다는 뜻이다. 앞서 말했듯 미결수는 무죄 추정의 원칙이 적용되어서 노역을 안 하며 변호인 접견이 자유롭다.

반면 교도소는 형이 확정된 기결수가 수용되는 곳이다. 1, 2, 3심 재판을 모두 거쳤거나 1심 또는 2심 판결만 받고 항소를 하지 않은 경우에 형이 확정된다. 기결수가 교도소에 있는 것은 확정된 판결의 효력에 따라 징역형을 집행하기 위한 것이다. 징역형은 구금 외에도 노역하는 것을 포함하기 때문에 기결수는 노역을 한다. 다만 사형수는 노역을 하지 않는다. 사형에는 징역형이 포함되어 있지 않기 때문이다. 이들은 사형이 집행되기 전까지 도망가지 못하도록 구금되어 있을 뿐이다. 그래서 기결수이지만 미결수처럼 취급된다고 한다.

미결수와 기결수는 다른 공간에 구금되며 입는 옷 색깔도 다르다. 〈슬기로운 감빵생활〉이라는 드라마에서도 주인공 김제혁 선수의 항소가 기각되고 형이 확정되자 감방도 바뀌고 옷도 바뀌는 것을 볼 수 있다.

다시 말하면 미결수는 아직 재판 중인 상태로 판결 결과가 바뀔 여지가 있는 사람이고 기결수는 판결 결과가 바뀔 여지가 없는 사람이다(물론 판결이 확정되더라도 재심을 청구해서 그 결과가 바뀔 수는 있지만, 재심은 판결 결과를 뒤집을 새로운 증거가 나와야만 겨우 가능하기 때문에 좀처럼 허용되지 않는다). 자신의 운명을 바꿀 여지가 있는 사람과 정해진 운명을 받아들여야만 하는 사람은 차이가 크다.

   전자는 희망을 품고 최선의 노력을 해 볼 수 있지만 오히려 그 가능성 때문에 마음이 힘들기도 하다. 최선을 다하지 않으면 나중에 나쁜 결과를 받고 후회할 것 같은데 막상 최선을 다한다는 것도 그리 쉬운 일은 아니기 때문이다. 후자는 이미 정해진 운명을 받아들여야 하는 입장이지만 최선을 다하지 못한 지난 시간에 대한 후회가 남아 그 역시 쉬운 일이 아니다. 변호사는 아직 운명을 바꿀 여지가 있고 최선을 다해 보고 싶은 미결수들이 주로 찾는다. 그래서 변호사는 항상 최선을 다해야 한다.

구속되면 커피를 마실 수 있을까

　구치소 뜰을 가로질러 접견동 건물의 2층으로 들어서면 왼편으로는 변호사들이 대기하는 공간이, 오른쪽으로는 수용자들을 접견하는 넓은 시설이 펼쳐진다.

　변호사들이 대기하는 공간에는 긴 소파들 앞에 이런저런 신문들이 펼쳐진 테이블이 놓여 있고 한쪽 구석에는 변호사들을 위한 커피 머신이 설치되어 있다. 변호사협회에서 자비로 설치해 놓은 것이다. 옛날에는 일부 변호사가 머신에서 뽑은 커피를 들고가 수용자에게 한두 모금 마시라고 건네주기도 했다고 한다. 구치소에 있으면 커피 마시는 것이 여의치 않거나 영치금으로 사서 마시더라도 인스턴트커피 정도만 마실 수 있기 때문에 좋은 커피 머신에서 나온 커피가 그렇게 맛있을 수가 없다는 것이다.

그러나 요즘은 변호사가 접견실에 커피를 들고 가지 못한다. 커피에 마약이나 독극물이 담겨 있을 수 있기 때문이다 (같은 이유로 마약 사범은 지인이 책을 보내는 것도 금지된다. 종이에 마약을 적셔서 말릴 수 있기 때문이다. 책을 보고 싶으면 구치소에 직접 구매를 요청해서 사 보아야 한다).

예전에 30대 젊은 피의자가 구속되어 검사실에서 조사받을 때 변호인으로 참여해 본 적이 있다. 아버지가 세운 회사에 어린 나이에 사장으로 앉았다가 아버지가 오랫동안 관행적으로 해 온 회계 처리의 잘못을 뒤집어써서 본인으로서는 꽤나 억울한 점이 있었다. 오전 내내 거칠게 닦달하던 검사가 오후에 점심을 먹고 직접 원두커피를 타 주자 (밖에 있을 때는 고양이 응가 커피를 비롯해 좋다는 커피는 다 마실 수 있었을) 그 사장이 수의를 입은 채 철제 의자에서 용수철 튀어 오르듯 벌떡 일어나 고개를 깊이 숙이며 두 손으로 받아서 아껴 가면서 조금씩 마셨다. 그걸 보면서 신체적 구속과 카페인 중독이 결합되면 사람의 영혼이 올가미에 걸린 고양이처럼 수사기관에 사로잡힐 수 있다는 것을 깨달았다.

나는 그에게 "나중에 나가면 제가 좋은 커피 사 드릴게요."라고 속삭였는데 그 말에 그는 고개를 들어 나와 시선을 맞추고 모처럼 씩 밝게 웃어 보이며 그날이 올 것을 믿는다는 듯 굳건히 고개를 끄덕였다.

변호사 대기실 반대편에는 단체 접견실로 들어가는 작은 문이 있고 그 문 앞에서 교정 공무원 너덧 명이 수문장처럼 접견 절차를 관리한다. 변호사가 준비해 온 접견 신청서를 교정 공무원에게 제출하고 서 있으면 교정 공무원은 그 내용을 확인하고 마이크로 해당 수용자를 부른다. 수용자가 접견실에 도착하면 나는 마치 판문점의 군사분계선을 넘어가듯 간단하게 접견실 문턱을 넘어선 뒤 마침내 수용자를 마주하고 인사를 하게 된다. 그러고는 변호사와 수용자가 함께 접견실 가운데 있는 교도관에게 가면 교도관이 몇 번 방으로 들어가라고 안내한다.

이렇게 수용자를 만나는 방식은 서울구치소가 특이한 편이다. 서울 동부, 남부, 수원 등 다른 구치소에 가면 변호사가 방에서 대기하고 있고 수용자가 그 방을 찾아온다.

접견실로 들어가면 대여섯 줄의 복도가 나오고 복도마다 좌우로 작은 접견방이 마치 코인 노래방처럼 다닥다닥 붙어 있다. 한 방에 문은 두 개다. 하나는 수용자가 들어가는 문이고, 다른 하나는 변호사가 들어가는 문이다. 낮은 칸막이를 사이에 두고 서로 마주 볼 수 있다. 악수도 할 수 있다. 문밖에서 모든 장면이 보이도록 문과 칸막이를 포함한 방 전체가 투명한 아크릴 판으로 되어 있다. 의자는 접이식 철제 의자이고 갈색 쿠션이 붙어 있다. 변호사가 앉는 쪽에는 긴급 상황 발생 시 누르는 버튼이 설치되어 있다.

수용자와 미처 악수를 하지 못했다면 방에 들어가서 낮은 칸막이 위로 악수를 나눈다. 마주 앉은 뒤 나는 가벼운 미소를 머금고 "안녕하세요? 건강은 괜찮으세요?"라고 묻고는 그의 첫 말을 기다린다. 이런 특수한 상황에서 상대가 처음 하는 말은 비록 문자 자체로는 특별하지 않더라도 시인이 생애 처음 낸 시집처럼, 신인 감독의 입봉작처럼 특별한 인상을 남긴다.

거액의 회삿돈을 횡령해 난생처음 구속된 40대 회사원 A도 그랬다. 뽀얀 피부와 어려 보이는 얼굴이 아직도 좋은 집에서 고급 장난감을 가지고 놀 법한 소년 같았다. 그와 마주 앉아 기분은 좀 어떠냐고 묻자, 그는 괜찮다고 하더니 다음 순간 눈가에 눈물이 핑 돌면서 고개를 숙이고는 그대로 울음을 터뜨려 버렸다. 나는 아무 말도 하지 않고 그저 지켜봐 주었다. 그는 감정을 추스르고는 감옥에서 내 책을 읽고 믿음이 가서 어머니를 통해 나를 선임하게 되었는데 막상 이렇게 마주 앉으니 갑자기 심적으로 의지가 되기도 하고 자신의 처지가 비참하게 느껴지기도 해서, 또 어머니에게 미안하기도 해서 눈물이 터졌다고 했다. 자신의 감정을 상당히 정확하게 파악하고 표현도 잘하는 사람이었다.

A는 주식과 선물로 거액의 투자 손실을 입었다. 여기저기 돈을 빌렸는데 갚지 못해 독촉에 시달렸다. 그러다 회삿돈을 보고 욕심이 생겨 몰래 빼돌렸다가 덜미를 잡힌 것이었다. 문제는 그 빼돌린 돈으로 채권자들에게 돈을 갚았으나 경찰이 조사를 시작하면서 채권자들이 A로부터 받은 돈을 경찰에 반환하고 A를 사기죄로도 고소하기 시작했다는 것이다.

문제를 해결하기 위해서는 상당한 정도의 채무 변제가 필요한 상황이었는데 A에게는 돈이 없었다. 그러다 보니 어머니가 노후 자금을 털어 피해 변제도 하고 변호사 수임료도 내야 하는 상황이었다. 자식으로서 평소 남편 없이 홀로 살아온 어머니에게 잘해 드리지도 못했는데 이런 부담까지 주고 옥바라지까지 시키니 죄책감과 자괴감이 없을 리 없었다.

A는 처음 구속된 만큼 충격이 더 크고 감정적으로 '패닉'이 온 것 같았다. 진정될 시간이 필요했다. 나는 처음에는 힘들지만 하루하루 지날수록 조금씩 더 나아질 것이니 너무 걱정하지 말라고 했다. A는 접견이 계속될수록 눈에 띄게 표정이 편안해졌고 자신도 안정을 찾아 간다고 했다.

그때서야 나는 본격적으로 사건에 대한 상담을 시작했다. 현재 A가 어떤 상태이고, 앞으로 어떤 절차가 기다리고 있고, 내가 보기에 그 전망이 어떻게 될 것 같은지를 설명하고, 그 과정에서 A가 어떤 입장을 취할 것인지를 상의했다. A는 자신의 책임을 덜기 위해서 이런저런 말들을 판사에게 하고 싶어 했다. 그러나 나는 그중에 오히려 말이 안 되는 거짓 변명처럼 보여서 해로운 것들이 적지 않다며 걸러 주었다. 그런 이야기를 하다 보면 한두 시간이 훌쩍 가 버린다. 못다 한 이야기는 편지로 주고받거나 다음 접견 때 하기로 하고 악수를 한 뒤 일단 헤어진다.

수용자에게도 부모가 있다

구속된 수용자의 변호를 맡는 경우에는 대개 그 가족이 나를 찾아와서 선임 계약을 하는 경우가 많다. 구속된 사람에게 가족이나 믿을 만한 조력자가 없으면 좋은 변호사를 찾아 선임하기가 쉽지 않다. 좋은 변호사를 찾으려면 이곳저곳 알아보러 다니며 정보도 얻고 평판도 조회하고 직접 만나 보기도 해야 하고 수임료를 흥정해 대신 납부까지 해야 하는데 이 모든 일을 수용자는 할 수 없고 수용자 대신 해 줄 수 있는 사람은 가족이 아니고서는 흔치 않다.

사실 가족이나 아주 가까운 친구가 있더라도 이런 일을 해 줄 여력이 없는 경우가 허다하다. 감옥에 있는 사람(수용자들은 자신들을 '안쪽이'라고 부르기도 한다)과 밖에 있는 사람은 아무리 가족, 형제자매, 친척, 단짝이라도 입장이 같을 수가 없다.

구속되면 자신의 억울함을 밝힐 방법이 극도로 제한된다. 밖에서 제아무리 잘나갔고 돈과 권력이 있었고 똑똑했던 사람이라도 전화기, 돈, 명함을 빼앗긴 채 가슴팍에 이름 대신 번호만 적힌 수의를 입고 좁은 공간에 수감되면 무기를 다 빼앗긴 포로처럼 무력화된다. 쥐도 새도 모르게 가혹 행위를 당하다가 죽을지도 모른다는 공포가 스멀스멀 솟아오르기도 한다. 폐소공포증이 있는 사람은 좁은 공간에 갇히는 것 자체로 형벌을 받는 듯 괴로울 것이다. 그만큼 어떤 수를 써서라도 이 상황을 벗어나고 싶어진다.

그러나 감옥 밖에 있는 사람은 이런 감정적 어려움을 공유하고 있지 않다. 하루하루 새로운 일상을 헤쳐 나가고 있는 상황이다. 수용자가 수입료나 합의금을 잔뜩 남겨 놓고 갔다면 모를까 그렇지 않다면 수용자가 나올 수 있을지 없을지도 모르는데, 나오더라도 돈을 갚을 수 있을지 없을지도 모르는데 선뜻 수입료나 합의금을 내주기는 쉽지 않다.

상담자들 중에는 수용자가 요청해 나를 찾아오는 분들이

있다. 수용자의 배우자, 형제자매, 친구, 동업자, 감방에 최근까지 같이 있었던 사람이라고 한다. 그러나 내 수임료가 아주 젊은 변호사들보다는 높다는 것을 알자마자 돌아갈 때가 많다. 이들은 남편이, 언니가, 형이, 친구가 정재민 변호사님을 선임해 달라고 했지만 돈을 남겨 놓고 간 것이 아니라 어쩔 수 없다고 말하곤 한다. 자신도 자식을 키우고 생활을 해야 되는 입장이라 적지 않은 돈을 수임료로 쓸 수는 없다, 가장 저렴한 변호사를 선임해 주고 최소한의 도리만 하려 한다,라며 수용자에게는 차마 못 하는 말을 다시는 볼 일 없는 내게 솔직하게 털어놓고 돌아가는 경우가 많다.

지방 구치소에 수감되어 있던 어느 구속된 피고인이 나를 접견한 뒤 선임하겠다고 말하며 아내에게 수임료를 받으면 된다고 해서 그의 아내에게 전화를 했다. 그런데 아내는 남편이 두고 간 휴대폰에서 문자 메시지와 통화 녹음 파일을 보고 남편에게 오랜 내연녀가 있었음을 최근에 알았다며 자신은 변호사비를 줄 수 없다고 격앙되었다. 그러면서 오히려 내게 이혼소송, 상간소송 하는 법을 문의했고 나도 가정법원 판사 출신이라 마침 그 부분은 잘 알아서 상담을 해 드렸다(그분이 격앙되어서 그럴 수밖에 없는 분위기였다).

그의 아내는 내게 곧 이혼소송을 제기할 테니 웬만하면 동의하라고 전해 달라고 요청했다. 나는 그런 소식은 전하고 싶지 않았지만 본인이 아무것도 모르고 내가 선임된 줄 알고 낙관적인 기대를 하고 있을 것 같아서 할 수 없이 다시 구치소를 찾아가서 그 소식을 직접 전할 수밖에 없었다. 그때 접견실에 앉아 입을 벌린 채 넋이 나가 버린 것 같았던 그분의 표정이 잊히지 않는다.

이처럼 감옥에서 절박하게 나가고 싶어 하는 사람과 밖에서 하루하루를 살아가는 사람의 입장은 아무리 친척, 친구, 부부라도 차이가 있을 수밖에 없다. 그러나 확실히 부모는 다르다. 수용자의 부모는 고령인 경우가 많다. 그런데도 거의 매일, 단지 10분의 면회를 하기 위해 구치소까지 그 멀고 불편한 길을 간다. 10분의 면회를 예약하기 위해 하루 종일 돋보기 안경을 끼고 컴퓨터 앞에서 이런저런 시행착오를 거듭하며 굳은 손으로 마우스를 클릭한다. 그러다가 예약을 하지 못하거나 면회 시간을 놓치면 마치 자식에게 큰 범죄라도 저지른 사람처럼 (내 앞에서도) 미안해하고 자책한다.

수용자의 부모는 대개 은퇴한 상태다. 평생 다닌 직장에서 받은 퇴직금이나 그간 모아 둔 노후 자금에 기대어 빠듯

하게 생활할 때가 많다. 그런데도 자식이 구속되면 그 돈으로 자식이 저지른 범죄 피해자에게 찾아가 머리를 조아리며 자식 대신 욕을 먹고 배상금을 내어 주면서 처벌 불원서를 써 달라고 읍소하게 된다.

아무리 부모라도 그런 상황에서 자식에 대한 원망이 생기지 않을 리 없다. 그러나 자식 원망을 누구에게 할 수도 없다. 다른 사람들에게는 자식이 구속되었다는 말조차 꺼내기 어렵다. 그래서인지 내 앞에서 한숨을 내뱉거나 가슴을 치거나 눈물을 터뜨리며 "내가 어떻게 키웠는데 이렇게까지 속을 썩이나." 하며 원망 아닌 원망을 하는 부모도 있다. 그러나 부모는 이내 "자식을 잘못 키운 내 잘못이다." 하며 기꺼이 다음 면회를 예약한다.

나는 부모를 볼 때마다 수용자를 떠올리는데, 반대로 수용자를 접견할 때도 그 부모를 떠올린다. 대개 수용자 본인보다 그 부모와 훨씬 더 자주 만나거나 통화한다. 나는 수시로 먼저 연락을 하는 편이고, 별일이 없더라도 언제든 사무실에 찾아와 얼굴을 보고 이야기하도록 장려하고 있어서 가족들과 더욱 접촉이 깊다. 그러니 의뢰인들을 접견할 때마다 그 부모의 얼굴도 같이 떠올릴 수밖에 없다.

변호사가 아닌 일반인들의 면회 시간은 10분 미만으로 짧기 때문에 부모와 자식이 면회를 하더라도 충분한 의사소통이 이루어지지 않는 경우가 많다. 그래서 내가 접견을 하며 부모의 말을 자식에게 전해 주기도 하고 반대로 자식의 말을 부모에게 전해 주기도 한다.

나는 판사 시절 가까운 지인이 구속되어 서울구치소로 몇 번 10분의 일반인 면회를 갔었다. 면회실은 영화에서 보던 것보다 훨씬 좁은 공간이었다. 수염이 까끌까끌하게 자라난 지인이 가슴에 커다란 숫자가 적힌 옥색 수의를 입고 있었는데, 쇠창살 막대기와 두꺼운 유리벽이 그와 나 사이를 막고 있어 손을 잡을 수도 없었다. 목소리도 잘 들리지 않아서 서로 마이크를 사용해야 했다.

옆에서는 제복을 입은 교도관이 작은 책상 앞에 앉아 사무적인 표정으로 우리의 대화를 메모했다. 주어진 시간은 단 10분뿐이었다. 유리벽 아래의 정사각형 전자시계가 '10, 9, 8, 7…' 분 단위로 숫자를 줄여가며 우리를 재촉했다. 그 때문인지 그의 말은 평소보다 빨랐고 나도 스피드 퀴즈를 하듯 말을 서두르게 되었다. 지인이 멋쩍게 웃으면서 구치소에서 달리기를 하면 눈을 감고 예전에 가족과 함께 갔던 스위스라고 상상한다고 했을 때는 눈물이 핑 돌았다.

과거에는 훨씬 넓은 식당에서 마이크 없이 편안하게 많은 이야기를 나누었는데 이제는 식당보다 훨씬 좁은 공간에서 창살로, 유리벽으로, 감시하는 교도관으로, 10분의 시간으로 서로 격리되어 있는 것이었다. 매일 면회를 오는 그의 모친은 서울구치소까지 편도 한 시간이 넘는 길을 달려와서는 고작 10분만 아들을 볼 수 있었다. 주중에 면회를 온 사람은 주말에 면회를 못 오는 원칙이 있어서 아버지는 주중에 오고 싶은 마음을 참고 주말에만 면회를 왔다.

그런데 변호사는 긴 시간 수용자를 접견할 수 있고 옆에 교도관이 대화 내용을 엿듣지도 못하며 서로 악수도 할 수 있고 서류도 교환할 수 있는 것이다. 그러니 수용자들도 변호사를 접견하는 시간이 반갑고 소중하게 느껴질 것이다. 접견 시간이 흘러가는 것이 아이스크림이 녹는 것처럼 아쉽게 느껴진다고 한 수용자도 있었다.

변호사는 집사가 아니다

A를 접견한 뒤 이어서 만난 B는 50여 채 깡통 전세를 만든 전세 사기의 주범으로 구속되어 재판을 앞두고 있었다. 이 경우는 B의 아버지가 나를 찾아와 선임했다. 그동안 B와 그의 아버지는 경찰 단계에서는 경찰 고위 간부 출신 변호사를 쓰고, 검찰 단계에서는 검찰 간부 출신 변호사를 선임해 전관예우를 기대했었다. 그러나 결국 50채 전세 사기 혐의를 혼자 다 뒤집어쓴 채 구속 기소 되었다.

그런데 B의 부친이 나를 찾아왔을 때, B가 매수인으로 소개한 C가 먼저 갭 투자를 하고 싶어 했다는 이야기만을 반복했다. 그동안 변호사들의 변론도 여기에 초점을 맞추어 이루어졌다고 했다. 내가 보기에는 방향이 잘못 잡혀 있었다.

검찰이 보는 전세 사기의 핵심은 B가 깡통 전세를 만들어서 임차인을 속였고 전세 보증금을 되돌려받지 못하게 하는 피해를 주었다는 것이다. 그런데 이 사건에서 깡통 전세를 만들고 임차인을 속인 사람들은 따로 있었다. 당초 매도인의 부동산 중개사가 주택의 시가를 잘 알면서 그보다 높은 금액으로 전세 보증금 액수를 정해서 내놓고, 임차인을 유인해 오는 또 다른 중개인에게 고액의 소개료를 주겠다고 해 임차인을 유인한 것이다.

그런데도 경찰과 검찰은 깡통 전세를 만들고 임차인을 유인한 부동산 중개사들에 대해서는 전세 사기죄가 아니라 부동산중개법 위반이라는 경미한 죄만 물어 벌금형으로 처벌하고, 대신 그 부동산 중개사의 요청에 따라 주택을 매수하려는 갭 투자자들을 소개해 주었을 뿐 그 이전의 깡통 전세를 만들거나 임차인을 모집하는 과정에 일절 관여하지 않은 B에게 모든 책임을 묻고 있는 것이었다.

B는 임차인들을 만난 적도, 전세 보증금을 직접 설정한 적도 없었다. 그 전세 보증금이 주택가액보다 높다는 것도 몰랐다. B가 그 모든 책임을 뒤집어쓰는 것은 억울한 일이고 법

적으로도, 상식적으로도 잘못된 일이었다. 따라서 B와 C 사이에 서로 책임을 미루는 일에 집중할 것이 아니라(이 싸움이 커지면 오히려 사건에 깊이 개입된 것처럼 보여서 두 사람 모두에게 불리했다) 보다 근본적으로 깡통 전세를 만든 사람, 임차인을 속인 매도인의 부동산 중개사가 거래마다 별도로 존재한다는 점을 입증해서 B가 그 부동산 중개사가 져야 할 책임을 다 뒤집어쓰지 않는 것이 중요했다.

그러나 B는 접견 내내 C의 책임이 더 크다는 말만 했다. 이탈리아 축구팀이 빗장 수비를 하듯 내 말이 들어갈 틈조차 내어 주지 않았다. C의 말이 거짓말이고 그걸 입증하기 위해서는 휴대폰 녹음 파일의 어느 부분을 들어야 한다고, 다른 녹음 파일과 교차 검증 해서 거짓을 밝혀야 한다고 가르치듯 설명했다. 그러나 소설이나 드라마가 아닌 현실의 법정에서는 말을 복잡하게 엮어 추론하는 방식으로는 한쪽이 참이라고 판단하지 않는다. 무엇보다 그는 먼저 할 일과 나중에 할 일, 중요한 일과 지엽적인 일을 구분하지 못하고 있었다.

내가 그에게 먼저 해야 할 일과 중요한 일을 설명해 주어도 먹혀들지가 않았다. 그동안 변호사를 네 번이나 바꾸면서 기존 변호사들에게 느낀 실망감 때문에 이번에는 변호사에게 휘둘리지 않고 자신이 직접 사건을 챙기겠다는 각오가 단단했다.

나는 일단 들어 주었다. 접견 시간의 대부분을 그가 불필요한 사실관계를 일일이 설명하는 데 보냈다. 접견 종료 시간이 지나 교도관이 나오라고 하자 걸어 나가면서까지 말을 했다. 마치 시험 시간이 종료되어 감독관에게 답안지를 빼앗기면서도 (실은 아무런 의미가 없는) 답안을 한 자라도 더 쓰려는 학생 같았다. 그것은 불안감 때문이었다. 자신이 이대로 감옥에 갇혀서 나올 수 없을지 모른다는 불안, 이번 변호사도 제대로 자신을 변호해 주지 못할 거라는 불안, 그 불안은 사흘이 멀다 하고 내게 전화해 아들이 요구한 사항을 이행하고 있는지 확인하는 그 부친도 똑같은 크기로 품고 있었다.

이런 조바심과 요구들을 일단은 다 받아 주었다. B 부자의 불안한 마음이 이해가 가기도 하고 짠한 마음도 들었다(아들은 첫 수감 생활에 패닉이 왔고 아버지는 매일 아들을 면회하며 야위어 갔다). 일단은 들어 주며 인내를 가지고 같은 말로 계속 설득했다. 그러나 B 부자는 나의 전략을 '너무 새로운 접근'이라며 선뜻 받아들이지 않았다.

한 달 뒤 나는 본격적으로 내가 주도권을 가지고 일하겠다는 것을 그분들에게 확인시켰다. 변호사는 의뢰인의 뜻을 관철시키는 일을 하지만 그 구체적인 업무 방식에 있어서는 전문성을 바탕으로 독자적인 판단을 내리는 것이지, 사사건건 의뢰인이 지시하는 것을 그대로 따르는 집사가 아니라고 말했다. 그리고 B와 C 사이의 문제는 더 이상 이야기하지 않겠다, 깡통 전세를 직접 설계하고 임차인을 속인 각 건물 매도인의 부동산 중개사를 증인으로 세워 큰 틀에서 책임을 벗겨 내는 데 집중하겠다, 이 일을 내가 주도적으로 하는 것에 동의하지 않으면 나는 더 이상 변호할 수가 없다, 하고 단호하게 말했다. 변호사가 주도권을 잡지 못하고 계속 끌려다니면 제대로 일할 수가 없어서 결국 그 피해는 고스란히 의뢰인에게 간다. 의사가 수술을 하는데 환자나 환자 부모가 일일이 옆에서 간섭하면 제대로 수술이 이루어질 수 없는 것과 같다.

   그다음 재판에서 나는 B가 원하는 방향이 아니라 내가 옳다고 생각하는 방식으로 변론을 진행했다. 50채 부동산마다 각각 매도인과 임차인을 연결하고 임차 보증금 액수를 설정한 사람들을 증인으로 불러 임차 보증금을 누가 정했는지, 임차인을 누가 데리고 와서 누가 보증금 관련 설명을 했는지 물었다. 그들은 처음에는 주저했지만 나의 이중, 삼중 질문에 결국에는 모두 증인 자신들이 했다고 실토했다. 그 과정에 피고인 B와 상의하거나 B에게 먼저 알려 주었거나 B가 관여한 적이 있거나 임차인으로부터 받은 돈을 B와 나누어 가진 적이 있느냐고 물었다. 증인들은 모두 없다고 답했다.

증인신문이 끝나고 나는 이렇게 변론했다. "이 사건은 깡통 전세 사기 사건입니다. 그 핵심은 임차 보증금을 시세보다 높게 정해서 임차인을 기망하며 임대차계약을 체결하도록 한 것입니다. 그런데 피고인 B는 임차 보증금을 자신이 정한 것도 아니고, 임차인을 자신이 물색한 것도 아니고, 임차인에게 거짓말을 하기는커녕 아예 임차인을 만난 적도 없고, 임차인으로부터 돈을 받은 적도 없습니다. 반면 이 법정에 나온 증인들은 하나같이 자신이 직접 임차 보증금을 설정했고, 임차인을 모집해서 상대했고, 임차인으로부터 받은 임차 보증금에서 리베이트를 받았다고 하면서 피고인 B는 그 과정과 무관하다고 증언합니다. 그렇다면 이 사건 공소사실에 기재된 내용의 90퍼센트 이상이 사실에 맞지 않는다는 것이 명백해집니다. 그래서 피고인 B는 무죄를 주장합니다."

그러자 재판장이 부드러운 말투로 말했다. "이제야 변호인이 무슨 말을 하는지 알겠네요. 변호인의 말이 일리가 있네요." 판사가 재판 중에 그런 말을 하는 것은 상당히 이례적인 일이다. 그러면서도 재판장은 "자신이 직접 하지 않았어도 다른 사람이 그렇게 하는 걸 알았다면 유죄가 될 수 있지 않느냐" 하는 식으로 말했다. 나는 "공범의 행위를 알고 있었다는 이유로 죄가 성립하려면 본범의 범행이 일시, 장소, 행위 등을 구체적으로 특정할 수 있어야 하는데 본 공소장에는 본범에 대한 아무런 언급이 없어서 그마저도 성립되지 않습니다."라고 말했다.

재판장은 왜 이 사건의 주범들이라고 할 수 있는 증인들은 기소되지 않았냐고 물었고, 나는 그것은 내가 아닌 검사에게 물어봐야 하는 것이라고 답했다. 재판장이 다시 검사에게 묻자 검사는 확인해 보겠다고 답했다. 나는 재판장에게 이런 상황에서 유죄가 되려면 공소장을 축소해서 변경해야 할 것이라고 했고, 재판장은 또 내 말을 받아서 검사에게 공소장 변경도 검토하라고 했다.

이 일이 있고 B 부자는 더 이상 나에게 이걸 알아보라, 저걸 조사하라는 식으로 일을 시키지 않고 전적으로 나를 신뢰해 주었다(그런데 한 달 뒤 이어진 재판에서는 재판장이 기존에 했던 말을 다 잊고서 똑같은 말들을 반복했다. 무죄를 주장한다는 뜻이냐, B가 적어도 공범이 되는 것은 아니냐, 그럼 검찰은 왜 매도인의 부동산 중개사를 사기죄로 처벌하지 않았느냐, 검찰이 공소장 변경도 검토해 보라는 등. 그렇다고 변호사 입장에서는 판사에게 지난 기일에 형성된 심증은 다 잊어버리신 거냐, 왜 똑같은 말을 되풀이해야 하는 거냐, 오늘 하는 말도 다음 기일이면 다 잊어버리시는 거 아니냐, 하고 묻지 못한다. 인간이 하는 재판의 한계다. 내가 판사일 때도 이런 일이 많았을 것이다. 판사를 그만둔 데에는 갈수록 사건 수는 많아지는 데 반해 기억력이 떨어지는 것을 느꼈기 때문도 있다).

B에 대해 이미 기소된 건 외에도 다른 피해자들이 나타나서 추가 고소가 이루어졌다. 경찰이 구치소에 조사를 하러 찾아왔을 때도 내가 참여했다. 구치소에 구속된 사람을 조사하려면 경찰이 직접 구치소에 와야 한다. 정해진 시간이 되면 경찰관 십수 명이 줄을 서서 교도관의 안내에 따라 구치소로 들어와 검색대를 통과한 뒤 조사실에서 조사를 한다.

경찰은 또 다른 임대차 거래에 대해서도 기존과 같은 프레임으로, 다시 말해 피고인 B가 깡통 전세를 만들고 임차인을 속이고 리베이트를 받은 전세 사기의 주범이고, 실제 이런 일을 한 부동산 중개사들은 처벌하지 않는 방식으로 조사했다. 나는 경찰이 기존 프레임을 맹목적으로 따라서는 안 된다, 깡통 전세를 만들고 임차인을 속인 사람을 수사해야지 깡통 전세를 만드는 데 관여도 하지 않았고 임차인을 보지도 못한 B를 전세 사기의 주범으로 조사하는 것이 맞느냐고 정중하되 끈질기게 설득했다. 그러자 경찰이 결국 "변호사님 말씀이 맞습니다."라고 하더니 간단히 조사를 마치고 돌아가 다시 재검토해 보겠다고 했다. 이후 B 부자는 더더욱 내가 하는 말을 신뢰하게 되었다.

수용자들은 구치소 안의 동료들을 통해서 수많은 법적 조언을 듣는다. 그 안에 다양한 죄로 재판받은 실전 경험자들이 득실득실하기 때문이다. B를 비롯해서 그들로부터 들은 말이 맞는지 나에게 확인하는 일도 많다. 맞는 말도 있긴 하지만 잘못 알고 있는 경우도 많다. 길거리 파이터가 링 위에서 프로 복서를 이길 수 없듯이 그런 지식에는 한계나 오해가 있기 마련이다.

수용자들은 자신의 무죄를 입증할 증거가 확실히 존재한다면서 "○○한테 물어보면 금방 알 수 있다.", "이런이런 점만 생각해 봐도 고소인이 거짓말을 한다는 것을 쉽게 알 수 있다."라고 말하지만, 현실의 법정에서는 실현 가능성이 낮다. 한두 가지만 알아보면 거짓말이 대번에 드러나고 기소 내용이 무죄가 되는 경우는 극히 드물다.

유죄의 증거는 수십 척의 배가 체계적으로 움직이는 선단 같은 것이어서 그중 한 척에 화살 한 번 맞히는 걸로는 선단 전체를 궤멸시킬 수 없다. 무죄를 받으려면 그 선단의 배들 대부분을 격침시켜야 하는데 결코 쉬운 일이 아니다. 그래서 무죄율이 1퍼센트 미만인 것이다.

자신 없는 변호사가 될 때

 B를 접견한 뒤에는 여성 수용자 D를 접견하러 갔다. 여성 구치소는 따로 있기 때문에 원래 있던 건물에서 나와 옆에 있는 다른 건물 1층 접견실로 들어갔다. 여성 접견실 규모는 남성 접견실보다 방의 수가 5분의 1이 안 될 정도로 적었다.

 D를 접견하게 된 것은 그의 어머니가 부탁해서였다. D가 감옥에서 편지를 써 꼭 나를 접견시켜 달라고 했다는 것이었다. D가 어떻게 나를 알고 또 원하게 되었는지는 어머니도 모른다고 했다. D는 20대 후반의 젊고 미모가 특출난 여성이었다. 나를 본 그녀의 표정에 밝은 기색이 서렸다.

 구치소 수용자들은 30분 남짓 좁은 공간에서 혼자 운동하는 것 외에는 그냥 좁은 방에 앉아 있다. 그러다가 새로운 사람을 만나는 것만으로도 반가울 것이다. 게다가 변호인은 자신을 이곳에서 빼내 줄 수 있을지도 모르는 중요한 사람이니 더더욱 반가울 수 있다.

구금된 상황을 벗어나기 위해서는 자신이 왜 구금되었는지, 그 과정에 법적 문제는 없었는지, 벗어나려면 어떤 절차를 밟아야 하는지, 그 경우 나갈 수 있는 가능성은 어느 정도인지 등을 알아야 한다. 체포나 구속을 벗어나기 위해서는 체포적부심사, 구속적부심사, 영장심사, 보석 같은 절차를 밟아야 하는데 변호사나 법조인이 아니라면 어려운 법률 용어가 난무하는 이런 절차를 진행한다는 것만으로도 외국어로 글을 쓰고 말을 해야 하는 것처럼 어렵게 느껴질 것이다.

억울함을 제대로 밝히기 위해서는 사건 기록을 꼼꼼하게 읽고 서면을 잘 써야 한다. 하지만 수천, 수만 쪽의 기록을 복사해서 읽는 것도 어렵고 그렇게 기록을 읽고 글을 쓰는 과정에서 억울함과 분노 등 수많은 감정이 치솟아 스스로를 괴롭힌다(그래서 변호사도 구속되면 다른 변호사를 선임한다). 억울함을 혼자서 밝히려다 보면 백 미터 깊이의 우물 아래로 떨어져 그 벽을 손가락만으로 기어올라야 하는 상황에 처한 것처럼 느껴진다.

이 모든 일을 대신해 주거나 도와주는 사람이 바로 변호인이다. 그러니 구속된 사람에게는 변호인이 얼마나 반갑겠는가. 어떤 분들은 마치 갓난아이의 엄마처럼, 시각장애인의 안내견처럼 변호인에게 의지하게 된다고들 한다. 그래서 체포나 구속되는 사람에게 변호인을 선임할 수 있는 기회가 있다는 것을 알리고 그 권리를 보장해 주는 것이 중요하다.

영화나 드라마를 보면 경찰이 누군가를 체포하면서 진술거부권(묵비권)이 있다는 것 외에 "당신은 변호인을 선임할 수 있습니다."라고 말한다. 수사기관이 반드시 이런 말을 해야 하는 원칙을 '미란다 원칙'이라 한다. 미란다 원칙을 두고 흔히 묵비권을 고지하는 것만 떠올리는 사람이 많지만 현실적으로 묵비권을 행사하는 사람이 거의 없는 점을 고려하면 미란다 원칙의 핵심은 변호인 선임권을 알려 주는 것이다. 이걸 어겼다는 것이 밝혀지면 피의자는 바로 석방되고 그동안 피의자가 작성한 조서도 증거능력을 잃어 재판에서 쓸 수 없게 된다. 변호인 선임권을 알려 주는 것이 왜 헌법에 명시될 정도로 중요한지를 나는 변호사가 되어 접견을 하면서 절감하게 되었다.

D는 스토킹을 했다는 이유로 구속되어 있었다. 막 선고된 1심 판결에서 징역 2년의 실형을 받은 상태였다. 검사가 2년을 구형했는데 2년을 받은 것이니 판사가 매우 나쁘게 본 것이었다. 판결문을 보니 D는 어떤 남자에게 수백 통의 전화를 하거나 문자 메시지를 보냈다. 뿐만 아니라 그 남자의 집 현관까지도 두 번 들어갔다가 구속된 것이었다. 그 남자는 현직 검사였다. D가 말하는 자초지종은 이러했다.

D는 술집에서 일했는데 어느 날부터 황 검사라는 사람이 직원들과 와서 술을 마셨다. 그러다 황 검사와 따로 만나 서로의 몸을 만지며 성적 행위를 했다. 황 검사는 이후에도 여러 번 술집에 와서 같은 방식으로 D와 만나서 놀았다.

그런데 어느 날부터 황 검사가 전화를 받지 않았다. 그래서 D는 황 검사의 신상을 추적했고 집까지 알아내서 가 보았다. 그런데 낯선 남자가 나와서 황 검사를 숨겨 놓고 주인인 척을 했다. 그래서 왜 황 검사를 숨겨 놓고 대신 주인 행세를 하느냐고 따졌더니 그 남자가 경찰을 불러 자신을 체포하도록 했다.

D는 1심 법정에서 황 검사를 증인으로 불러 달라고 해서 신문했는데 황 검사가 아닌 엉뚱한 남자가 나왔다(황 검사는

키가 크고 잘생겼다고 한다). D가 확신하건데, 황 검사가 자기 밑의 계장을 본인인 것처럼 둔갑시켜 법정에 내보내서 허위 증언을 시켰다는 것이다. 따라서 이 모든 재판이 황 검사로 둔갑한 증인에게 휘둘린 것이기 때문에 무효이므로 항소심에서 변호사님이 (키 크고 잘생긴) 진짜 황 검사를 법정에 데리고 나와서 진실을 밝혀 달라는 거였다.

대체 무슨 말을 해야 할지 몰랐다. 어떤 사람이 황 검사를 사칭하고 술집에 갔거나, D가 조현병으로 인한 망상 속에 있는 것이었다. 전자의 가능성을 물어보자 D는 단호히 아니라고 잘라 냈다. 진짜 황 검사를 법정에 세운다면 밝히고 싶은 진실이 무엇인가, 서로 사귀었다는 걸 확인받고 싶은 것인가, 하고 물었더니 사귄 것은 아니라 했다.

황 검사가 직원을 대역으로 법정에 내보내는 건 불가능하다, 공판 검사도 그 사람이 검사인지를 내부 전산망에서 쉽게 확인할 수 있고 대역을 시킨다고 법정에 나가 허위 증언을 할 정도로 정신이 나간 검찰 공무원이 있지도 않을뿐더러 법정에서 판사가 신분증 검사도 한다고 설명했다. 그러자 D는 신분증도 위조할 수 있다고 반박했다.

내가 어차피 사귀든 아니든 수백 번 전화하고 문자를 남기고 집까지 두 번이나 찾아갔다면 스토킹이 맞다며 자백을 해서 선처를 구하는 건 어떤지 물었다. 그녀는 온몸을 부르르 떨며 원망 서린 눈으로 나를 쳐다보았다. "자신 없단 말이에요?" 나는 그렇다고 답했다. 분위기는 냉각되었고 나는 자신 없는 변호사로서 시선을 내리깔았다.

그녀는 내가 정재민 변호사 대역이라 의심하고 있을지도 몰랐다. 나를 빤히 살펴보면서 진짜 정재민 변호사는 이보다 키도 크고 잘생겼을 거라 생각하고 있는 것도 같았다. 내가 D에게 진짜 정재민 변호사임을 증명하기 위해서 무슨 일을 할 수 있을까를 생각해 보았다. 신분증을 보여 주더라도 위조했다고 생각할 것이다.

접견을 마치고 D의 모친에게 모든 사실을 말해 주었다. 항소심에서 자백하지 않으면 감형이 불가능하다는 것도. 또 조심스럽지만 조현병도 의심해 봐야 할 것 같다고. 어머니는 "아무리 내 자식이지만…" 하고 많은 말을 쏟아 내더니 울음을 터뜨렸다. 각종 사설 포렌식 업체에 감식을 맡기느라, 변호사를 세 번 바꾸느라 노후 자금을 다 날리고 있다고 말했다. 우린 둘 다 긴 한숨을 내쉬며 전화를 끊었다.

때로 교화되는 사람도 있다

　접견을 하다 보면 사적인 이야기도 오간다. 수용자들은 아이들이 보고 싶다거나 홀로 남은 가족이 걱정된다면서 눈물을 흘리기도 한다. 그동안 인생이 후회된다거나 앞으로 인생이 불안하다는 말도 한다. 내연녀에 관한 비밀스러운 이야기들을 털어놓기도 하고, 밖에 있는 누구에게 연락해 무슨 당부를 해 달라고 부탁하기도 한다.
　구치소 생활의 힘겨움과 어려움을 털어놓는 경우도 많다. 구치소 생활이 왜 힘들지 않겠나. 좁은 방에 대여섯 명이 같이 지내는 것 자체로 고통이다. 요즘은 과밀 수용이 도를 넘어(교도소 정원은 5만 명이 조금 안 되는데 수용 인원은 2024년 기준으로 6만 2천 명이 넘어 수용률이 124.5퍼센트에 달한다) 수용자 1인당 2제곱미터 면적을 가까스로 확보하고 있다. 밤에 누우면 옆 사람과 몸이 닿는 수준이다. 법원은 1인당 2제곱미터 이하인 감방은 위법하다고 보고 그 감방의 수용자가 국가를 상대로 손해배상을 청구하면 인용해 준다.

운동은 하루에 1시간 이내로만 허용된다. 거실에서는 누워 지낼 수 없고 앉아 있어야 한다. 취침 시간은 21시부터인데 밤에도 전등을 끄지 않는다(눈이 부시면 안대를 쓰고 잔다). 한 끼 평균 식비는 1,700원 정도이니 음식도 기쁨을 주기 어렵다. 그나마 스트레스를 풀 수 있는 것이 주전부리를 먹는 일뿐이다. 영치금으로 간식을 많이 사 먹어 체중이 불어나는 수용자들도 적지 않다. 영치금을 넣어 주는 사람이 없으면 그마저도 먹지 못한다.

수용자들이 가장 힘들어하는 시기는 한여름이다. 에어컨은 없고 선풍기가 한두 대 있는데 선풍기를 끄는 새벽 1시 이후에는 열대야로 인한 고통이 시작된다. 수용자마다 몸에서 열과 냄새를 뿜어내므로 사람이 존재 자체로 미워진다고 한다. 여름에는 모기도 종일 괴롭힌다. 너무 춥고 찬물로 머리를 감아야 해서 겨울이 더 힘들다는 수용자도 있다. 화장실도 감방 안에 있다. 화장실에서 샤워, 빨래도 다 해야 한다. 과거에는 식기도 화장실에서 씻었는데 언젠가부터는 싱크대가 들어왔다.

어떤 의뢰인은 평소 강남 고급 주택에서 포르투갈제 찬장에 세워 둔 고급 위스키를 이태리 소파에서 마시며 따뜻한 물로만 샤워하다가 구속된 뒤 화장실에 샤워기는 없고 허리 아래로 찬물만 나오는 수도꼭지가 있는 것을 보고는 죽기로 마음먹었다고 한다. 다만 목을 맬 도구를 찾지 못해서 포기했다. 벽에 머리를 박으면서 자해를 할까도 생각해 보았으나 실패하면 사방에 쿠션이 붙어 있는 좁은 독방에 갇히게 된다는 말을 듣고서 엄두도 내지 못했다고 한다.

같은 방에 말이 통하는 사람이 있으면 다행이지만 그런 사람을 찾기가 어려울 때도 있다. 어느 수용자는 같은 방의 폭력 사범은 너무 단순 무식해서 말이 안 통하고, 마약 사범은 정신이 오락가락해서 말이 안 통하고, 그나마 사기로 들어온 사람이 말을 잘하고 재미가 있다고 했다(역시 사기는 기본적으로 대화를 할 줄 아는 사람들이 치는 것 같다).

외부에 있는 사람들과 편지를 주고받으면서 소통의 갈증을 달래려는 수용자들도 있다. 나에게도 이런저런 편지들이 꽤 오지만 막연한 상담 편지에는 답하기 어렵다. 복역 기간이 길수록 밖에서 답장을 해 줄 사람이 줄어들게 된다.

남자 수용자와 여자 수용자를 펜팔 친구로 연결해 주는 업체도 있다고 한다. 남자에게는 가입비를 받고 여자에게는 가입하면 3만 원 정도 영치금을 넣어 준다고 한다. 서로를 소개하는 글에는 기본 사항으로 죄명, 교도소, 잔여 형기를 적는다고 한다. 잔여 형기를 보면 출소 후 서로 만날 수 있는지를 가늠할 수 있다.

수용자들은 출소한 뒤의 삶이 불안하다고 말할 때가 많다. 우리 사회에서 징역형을 받고 출소하면 과거 삶의 지위를 회복하는 것은 너무나 어려운 일이다. 내가 그런 입장에 처해도 어떻게 해야 할지 막막할 것 같다. 어떻게 보면 교도소에서 복역함으로써 죗값을 다 치른 뒤에도 고통스러운 삶이라는 형벌을 죽을 때까지 받아야 한다.

이럴 때는 영화 〈쇼생크 탈출〉에 나오는 노인 브룩스가 생각난다. 그는 50년간 수형 생활을 하면서 수용자들에게 책을 빌려주는 비교적 고상한 일을 하며 나름대로 인정받는 인물이었다. 하루는 모범적 수형 생활로 가석방될 수도 있다는 소식을 듣게 된다. 그러자 오히려 극도로 불안해하며 교도소에 더 남아 있기 위해 동료 수용자의 목에 칼을 들이대며 난동을 피운다. 마지못해 가석방된 뒤에는 마트에서 허드렛일을 하며 친구도, 가족도 없이 정부가 지정해 준 숙소에서 외롭게 지낸다. 그러다 결국 숙소에서 목을 매달고 만다. 교도소에서는 책을 빌려주는 의미 있는 일을 하면서 동료들 사이에서 중요한 사람으로 인정받았지만 출소 이후에는 별 의미 없는 일을 하면서 곁에 대화를 나눌 사람조차 없었기 때문이다.

브룩스의 자살은 인간이 계속해서 살아가기 위해서는 의미 있는 일과 친구가 있어야 한다는 것을, 교도소를 나온 사람에게는 이런 조건들이 갖추어지기 힘들다는 것을 여실히 보여 준다. 우리 사회가 진정으로 범죄자의 재범을 막고 싶다면 이런 점도 생각해 볼 필요가 있다.

법무부에서 심의관으로 근무할 때 교도관들과도 함께 일했다. 그때 새로 배운 것 중 하나가 '교도소는 감옥이 아니다.'라는 것이다. 이름부터 의미가 다르다. '감옥'의 '옥(獄)'은 개 두 마리가 말(言)을 하는 사람을 둘러싸고 지킨다는 뜻으로 수형자를 도망가지 못하도록 가두어 둔다는 뜻이다. 반면 바로잡을 교(矯) 자에 이끌 도(導) 자를 쓰는 '교도소'는 수형자를 '교화'하는 곳이란 뜻이다. 그래서 교도소를 '감옥'

이라고 부르면 교도관들도 달가워하지 않는다.

판사일 때는 범죄자에게 형벌을 선고하다 보니 범죄자를 '교도소로 갈 사람'으로만 인식했다. 그런데 법무부에서 일해 보니 교도관들은 정반대로 범죄자를 '사회로 돌아갈 사람'으로 인식한다는 걸 알게 되었다. 똑같은 기차를 보는데 판사는 꽁무니에서 멀어지는 기차를 바라보고 교도관은 앞쪽에서 다가오는 기차를 바라보는 차이였다.

그러고 보면 사형수가 아닌 이상 모든 범죄자는 형기를 마치면 사회로 돌아와서 함께 살아가게 된다. 그렇기에 교도관들은 처벌 못지않게 교화에도 방점을 두는 것 같았다. 수용자들의 생활이 결코 편해서는 안 되지만 수용자들을 지나치게 비인간적으로 대하면 그들이 우리 사회에 적개심을 품어 재범을 저지를 유인이 높아진다는 점도 고려하는 것이다.

교도소가 범죄자를 어느 정도 교화할 수 있을까. 출소 후 3년(수사나 재판에 걸리는 시간을 고려하면 사실 3년보다 긴 기간으로 잡는 것이 더 합리적이지만 그렇게 길게 잡으면 재범률이 너무 높아지기 때문에 교정당국에서 3년으로 잡았다는 말도 있다) 이내에 다시 교도소에 수감되는 사람의 비율을 '재범률'이라고 하는데 그 비율은 대략 24퍼센트 정도다. 3년 안에 다시 교도소에 오려면 수사와 재판에 걸리는 시간을 생각했을 때 출소 후 1, 2년 안에 재범을 저지르고 또 그것이 적발되어 고소가 이루어지고 수사와 재판이 모두 마무리되어야 한다. 그런 사람의 비율이 24퍼센트나 된다는 것은 결코 적은 비율이 아니다. 그렇지만 반대로 76퍼센트는 적어도 1, 2년 안에 재범을 저지르지는 않았으므로(물론 저질렀음에도 들키지 않았거나 벌금형을 받았을 수도 있지만) 효과가 없다고 말할 수는 없다. 무엇보다도 수용자들을 만나 보면 대부분은 다시는 이곳에 오고 싶지 않다고, 나가면 다시는 범죄 근처에도 가지 않겠다고 다짐한다.

외국에서는 재범률을 극적으로 낮추기 위해 아예 다른 접근을 하는 교도소들도 있다. 가령 노르웨이의 할렌(Halden) 교도소가 그렇다. 그곳에는 감시탑도, 철조망도 없다. 잔디와 나무가 가득한 숲속에, 건축상을 받았다고 해도 믿을 정도로 깔끔하게 지어진 최신식 건물이 있을 뿐이다.

수형자들은 독방을 사용하는데 그 안에는 침대와 책상, 칸막이가 설치된 화장실, 냉장고, 텔레비전, 심지어 비디오 게임기까지 갖추어져 있다. 쇠창살이 없는 통유리 창문 너머로 아름다운 자연 풍경이 펼쳐진다. 수용자들은 교도소 안에서 어디든 자유롭게 다니며 부엌에서 다른 수용자들과 요리를 해 먹고 함께 전자 기타나 드럼을 연주한다. 체스를 두기도 하고 체육관에서 이런저런 운동도 한다. 식사 시간이 되면 셰프가 음식을 만들어 준다. 출소 후 제대로 돈벌이를 할 수 있도록 대형 자동차 정비소 같은 환경에서 자동차 수리 직업 교육 또한 이루어진다. 교도관들은 '감시'가 아닌 '상호 작용'에 주력한다.

이렇게 시설이 좋으니 수용자 1인당 연간 12만 달러, 우리 돈으로 1억 4천만 원 이상이 든다. 노르웨이가 교도소에 이렇게 많은 돈을 들이는 이유는 출소자의 재범을 막으려면 정상적인 사람들처럼 직업을 가지고 평화롭게 타인과 상호 작용 하는 법을 익혀야 한다고 보기 때문이다. 실제로 이런 교도소가 세워진 이후 노르웨이의 재범률이 70퍼센트에서 20퍼센트대로 내려갔다고 한다.

네덜란드 헤이그 소재 유엔국제형사재판소(ICTY)에서 파견 근무를 할 때 이런 말이 있었다. "헤이그에는 두 개의 힐튼이 있다. 하나는 시내에 있는 진짜 힐튼 호텔, 또 하나는 유엔구치소(UNDU)." 현대적인 흰색 건물 UNDU(United Nations Detention Unit)는 독방이 약 15제곱미터 이상의 크기이고(우리는 1인당 2제곱미터다) 그 안에 침대, 책상, 화장실, TV, (인터넷 연결은 안 되는) 컴퓨터 등이 갖추어져 있다. 수용자는 일과 중에는 독방을 벗어나 다른 수감자들과 휴게실에서 TV를 보거나 신문을 읽거나 농구를 하거나 영어나 컴퓨터 강좌를 듣거나 취미 활동을 한다. 면회는 한 달에 7일간 가능하고 1회 면회는 8시간까지 허용된다(우리는 10분이다). 배우자가 오면 한방에서 같이 지낼 수도 있는데 이 면회를 통해 수감 중에 아이를 얻은 피고인도 있다.

우리나라에 이 정도로 호화스러운 교도소를 만들자는 뜻은 아니다. 살인범에게 가장을 잃은 피해자 가족은 평생 고통에 시달리며 힘겨운 삶을 살아가는데, 그 시간에 살인범은 최신식 시설에서 체스를 두고 셰프가 해 주는 요리를 먹고 드럼을 연주하며 지내는 것이 정의롭다고 생각하지 않는다.

다만 엄정한 규율 속에서 절제하면서 살아가게 하더라도 비인간적인 과밀 수용은 조속히 해결해 주고 출소 후에 먹고 살 수 있을 정도로 직업 교육도 실질적으로 이루어지면 좋지 않을까 싶다. 그들이 재범을 저지르면 결국 또 피해를 입는 것은 선량한 사람들이니까.

구치소에서 우울한 대화만 하는 것은 아니다. 다들 어렵고 힘든 상황이지만 좋은 느낌을 주고받기도 한다. 이날 마지막으로 접견한 청년 E와의 만남이 그랬다. E는 내가 1심 때 변호했던 20대 피고인인데 항소심 수임은 어려운 상황이었다. 1심 선고 기일날 판사가 변호인의 변론에 일리가 있어 형량을 일부 감형했다고 말한 것을 들은 피고인의 모친은 나를 항소심에서도 선임하고 싶어 했다. 하지만 아들인 피고인이 어머니의 어려운 경제 사정을 고려해 자신이 혼자서 국선변호인과 함께 항소심에 대응하기로 결정했다. 그러므로 나로서도 굳이 그를 접견하지 않아도 되었지만 1심을 같이하며 나름 정들었기에 작별 인사를 하러 갔다.

고작 30분 정도의 짧은 접견이었는데 왜 기분이 좋았는지 그 이유를 생각해 보았다. 우선 그 친구의 얼굴이 확연히 좋아져 있었다. 처음 보았을 때는 얼굴빛이 어둡고 어깨가 꾸부정하게 굽어 있었는데 이날은 낯빛이 맑게 빛났다. 말을 할 때 눈도 또렷이 맞추고 입가에는 미소를 띠고 있었다. 길어진 머리칼이 스타일리시했는데 스스로 잘랐다고 했다. 멋있다고 하자 얼굴이 더 환하게 빛났다. 이곳에 적응할 만큼 정신적 힘이 생겼구나 싶었다.

1심 재판을 받은 소감이 어떤지 물으니 형량이 적게 나왔다며 만족한다고 했다. 열심히 변론해 주고 좋은 서면을 써 주어서 안 그래도 편지를 쓰려고 했는데 접견을 와 주어서 감사하다고 했다. 우리는 엄숙하게 진행되었던 재판 중에 각자 어떤 마음이었는지 그 솔직한 뒷이야기도 나누었다. 재판장의 말투나 진행 방식에 대한 평을 하면서 몇 번 같이 웃었고 우리에게 불리한 증언을 했던 증인은 위증을 했다면서 흉을 보며 함께 언성을 높이기도 했다. 나는 그의 어머니와 자주 소통한 이야기를 전해 주었고 그는 모친의 건강을 걱정했다. 나는 항소를 하게 되면 이런 점을 주장해 보라고 조언하며 미리 준비한 변론 요지서를 전해 주었다.

시간이 얼마 남지 않았을 때 그는 불쑥 자신의 개인사를 말했다. 사업을 해 보려다 코로나 때문에 큰 빚을 졌다, 그 빚을 급히 만회하려다 이렇게 되었다, 하고. 그리고 다른 공동피고인의 가족이 자신을 오해하고 있는 부분에 대해서도 말했다. 갇혀서 해명할 기회가 없었으니 어린 마음에 오죽 억울했을까 싶었다. 나는 그분들에게 잘 말해서 오해를 풀어 주겠다고 약속했다. 부디 항소심에서는 더 좋은 판결을 받기를 바란다고 하고 인사를 마쳤다. 그는 접견실을 나가면서 어색하게 인사하고 씩 웃었다.

감사와 칭찬과 신뢰의 표현이 오가고 서로의 안위를 걱정하고 깊은 이야기를 꺼내고 함께 웃었으니 어찌 좋은 대화를 했다고 기억되지 않겠는가. 그 친구의 심성이 기본적으로 좋아서 가능한 일이었다(그래도 되도록이면 구치소보다는 더 좋은 곳에서 대화하는 게 좋겠죠?). 이런 친구라면 교도소에 머무는 동안 충분히 진짜로 교화될 수 있지 않을까.

구치소를 나오자마자 E의 어머니에게 전화해 대화 내용을 전해 주었다. 어머니도 모처럼 환하게 웃으며 그간 고마웠다, 수고 많았다고 격려해 주셨다. 모든 일정을 마치고 집을 향해 운전하며 음악(일본 영화 〈퍼펙트 데이즈〉에서 주인공 노인이 도쿄 화장실을 청소하는 일과를 마치고 청소 도구들이 주렁주렁 달린 작은 차를 몰고 집으로 돌아갈 때 나오는 주제가 「Pale Blue Eyes」)을 틀었다. "Sometimes I feel so happy. Sometimes I feel so sad…" 이렇게 변호사로서의 하루가 또 저문다.

낙원의 감옥

　지금 나는 발리의 서해안에 있는 스미냑 호텔에서 공항으로 가는 차를 기다리고 있다. 발리 여행을 마치고 돌아가자마자 구치소로 가서 세 명의 의뢰인을 접견해야 한다는 생각에 미치자, 문득 세계적으로 악명 높은 '케로보칸' 교도소가 발리에 있다는 사실이 떠올랐다.
　구글 지도를 찾아보니 이곳 스미냑 해변에서 차로 10분 거리에 있었다. 낙원 같은 발리와 대조적으로 이 교도소는 과밀 수용과 비인도적 환경으로 유명하다. 정원이 300명 정도인데 수감자가 1,600명이 넘는다. 이곳에 있는 수용자들은 80퍼센트가 마약 사범이고 10퍼센트 이상이 외국인이다.

발리에 여행 온 외국인들의 범죄가 많은데 특히 옆 나라 호주 출신이 많다. 수용자들 국적이 20여 개국 이상이라 '죄수들의 유엔'이라고 불리기도 한다. 과밀 수용과 열악한 환경 때문에 수용자들이 정신병, 전염병에 많이 걸리고 자살률도 높다.

반면 이들을 지키는 교도관은 십수 명에 불과하다. 그러니 탈옥도 심심찮게 일어난다. 1999년에는 289명이 탈옥했다가 하루 만에 104명이 잡히고 185명이 도주했다. 2017년에는 4명의 수용자가 땅굴을 파고 배수로를 통해서 탈옥했고 그로부터 반년 뒤에는 톱으로 천장을 뚫은 뒤 6미터 높이의 담장에서 뛰어내려 탈옥한 수용자도 있었다.

이곳은 수용율이 무려 500퍼센트에 달하는 대신 아침 6시부터 10시간 동안은 수용자들이 넓은 뜰에서 생활한다고 한다. 고개를 들면 그 어느 나라 하늘보다 넓고 맑은 발리의 하늘이 시원하게 펼쳐진다. 발리 날씨는 한여름에도 아주 무덥지는 않다.

유튜브를 찾아보니 8년 전에 ABC 방송에서 만든 〈악명 높은 케로보칸 교도소의 일상(Life Inside Bali's Infamous Kerobokan Prison)〉이라는 다큐멘터리가 있었다. 일주일 동안 케로보칸 교도소 안에서 촬영한 것이었다. 교도소에서 촬영 허가를 해 준 거라 그런지 의외로 좋은 모습들도 담겨 있었다. 복싱, 축구, 농구 등 운동도 하고 노래도 부르고 영어도 배운다. 티셔츠에 프린팅을 하거나 은 장식품을 세공하는 일도 한다. 한 달에 한 번 온 가족이 교도소에 들어와 수용자와 함께 뜰에서 지낼 수도 있다. 교도관들은 웃는 낯으로 수용자들을 친근하게 대하고 서로 대화도 많이 한다.

그러나 호주의 저널리스트인 캐스린 보넬라가 이곳의 수용자 수백 명을 인터뷰해서 쓴 『호텔 K』라는 책을 보면 이곳은 부패가 심해서 교도관들에게 돈을 주면 무엇이든 할 수 있다고 폭로하고 있다. 돈만 주면 섹스도, 마약도, 휴대폰 사용도, 심지어 외출도 할 수 있고 인근 식당의 음식도 배달해 먹을 수 있다고 한다. 사람들이 보는 앞에서 섹스 파티가 열리기도 한다. 비행기 좌석이나 호텔 객실처럼 돈을 더 내면 더 넓고 좋은 방으로 옮겨 주고 침대, 선풍기, 샤워기, 음식, 심지어 안전까지 달라진다. 교도관들이 식당 직원에게 돈을 주고 음식을 추가로 만들어서 수용자들에게 개인적으로 팔아먹기도 한다. 반대로 돈이 없으면 벼룩, 쥐, 바퀴벌레가 득실득실한, 인원이 정원의 5배를 초과하는 감방에 갇힌다.

최근 우리나라 교도소에서도 어느 교도관이 조직폭력배 등으로부터 금품을 받고 '독거실 배정'을 해 준 일로 수사가 진행되어 논란이 되었다. 그런데 발리의 이 교도소에서는 별 문제의식 없이 이런 일이 일상적으로 이루어진다는 것이다.

책에 따르면 인도네시아는 수사부터 재판 과정에도 뇌물이 통한다고 한다. 돈을 많이 주면 수사를 아예 안 하거나 하더라도 건성으로 하며 형량도 떨어진다고 한다. 반대로 뇌물을 조금만 주면 오히려 터무니없는 수사나 중형 선고가 이루어지기도 한다. 특히 돈이 많은 외국인은 사냥감이 된다. 외국인을 고소해 구속시켜 절박한 상황을 만들면 많은 돈을 받아 낼 수 있기 때문이다. 실제로 발리의 술집에서는 술에 몰래 마약을 탄 다음 경찰에 신고하지 않는 대가로 현금을 받는 범죄자들이 기승을 부린 적도 있다.

가장 유명한 사건은 샤펠 코비 사건이다. 2004년 샤펠 코비(당시 27세)라는 호주 학생이 마리화나 4.2킬로그램을 들여오다가 체포되었는데 본인은 무고함을 주장했다. 하지만 2005년, 인도네시아 법원은 그녀에게 징역 20년 형을 선고하고 케로보칸 교도소에 수감했다. 이에 호주의 전 국민이 들끓었고 호주 정부도 인도네시아 정부에 지속적으로 가석방을 요구했다. 이를 소재로 드라마도 만들어질 정도였다.

그 바탕에는 호주의 젊은 여성이 인도네시아의 후진적이고 부패가 심한 사법 시스템에 의해 억울하게 유죄판결을 받았을 것이라는(설사 그녀가 마리화나를 의도적으로 운반했다고 하더라도 징역 20년은 지나치다는 정서도 있었다) 깊은 불신이 있었다. 그녀는 9년을 복역한 후 2014년에 가석방되었는데 호주 언론이 독점 인터뷰 대가로 20억 원을 제안하기도 했다(인도네시아 정부가 인터뷰를 진행할 경우 가석방을 취소하겠다고 해서 무산되었다).

나는 부패인식지수(CPI, Corruption Perceptions Index)를 찾아보았다. 2024년 기준 우리나라가 64점으로 세계 30위, 인도네시아가 37점으로 99위였다. 대한민국은 아직 인도네시아 정도는 아니지만 요즘처럼 사기가 판치고 부패 대응 시스템이 흔들리면 부패가 번식하지 않으리라는 법도 없다.

예정대로 귀국하자마자 구치소에 접견을 갔다. 한 의뢰인은 추가로 고소당해 수사를 앞두고 있었다. 그는 사건을 해명하기 위해 겨드랑이에 이런저런 서류를 잔뜩 끼고 와 내게 사건을 설명했다. 기소를 앞둔 또 다른 의뢰인은 국민참여재판을 해 보고 싶은데 내가 변호를 해 줄 수 있냐고 물었다. 나는 가능하다고 답하고 일반 재판과의 차이와 각각의 장단점을 설명해 주었다.

　마지막 의뢰인은 지난번 재판을 마치고 돌아오는 길에 교도관이 변호사를 잘 만난 것 같다고 말해 주었단다. 아들 걱정에 수술을 미루던 아버지도 마음 편히 수술을 마치고 오셨다고 했다. 구치소에서 돌아오는 길에 아직은 변호사 생활도 낙원보다 우리나라에서 하는 것이 좋다고 생각했다.

4장 ◆ 법정에서

_재판을 하다가 재판을 받으며

변호인의 출석을 확인하겠습니다

　변호사로서 가장 자주 가는 곳은 법정이다. 변호사가 된 지금은 판사였을 때와 법정에 들어가는 방식부터 다르다. 판사일 때는 재판 시간을 정확히 맞추어 법복을 입고 법원 내부 복도를 통해 법관 전용 문으로 들어갔다. 법정 경위의 "모두 일어서 주십시오."라는 구령에 따라 모든 사람이 서 있는 가운데, 나는 법대 위로 올라가 인사하고 자리에 앉았다.

　그러나 변호사인 지금은 재판에 늦으면 불출석 처리가 될 수 있기 때문에 항상 충분히 이른 시간에 법정에 도착한다. 사건의 진행 상황이 표시되는 전광판을 보고 내 사건의 재판이 언제쯤 시작되는지를 파악하며 기다린다. 경위가 문밖으로 나와서 내 이름을 부르며 사건 당사자와 변호사가 왔는지 확인하면 법정으로 들어가 방청석에서 이전 사건 재판을 보면서 대기한다. 마침내 재판장이 내 사건 번호를 부르면 판사 앞으로 나가는데 이때 민사 법정과 형사 법정에서의 내 위치가 조금 다르다.

민사 법정에서는 방청석에서 판사가 있는 법대를 바라볼 때 왼편에 원고 자리가, 오른 편에 피고 자리가 놓여 있다. 소송대리인인 변호사는 원고나 피고 바로 옆자리에 있는 '원고(피고) 대리인'이라고 적힌 팻말 앞에 앉는다. 원고 측과 피고 측 모두 판사와 마주 보고 나란히 앉아 있고 서로 바라보지 않고 있다. 그러나 형사 법정에서는 방청석에서 법대를 바라볼 때 왼편에 검사석이, 오른편에 피고인 및 변호인석이 있는데 검사 측과 피고인 측은 서로를 마주 보고 앉는다. 미국에서는 형사 법정에서도 검사와 피고인이 판사를 마주 보고 있는 것과 다르다. 형사 법정에서 나는 피고인석의 오른쪽, 그러니까 판사와 가까운 쪽에 있는 변호인석에 앉는다.

판사였을 때는 법대 위 가운데 자리에 앉아 있었지만 지금은 당사자나 피고인 바로 옆에 앉아 있다는 점이 변호사 일의 본질을 설명해 준다. 판사일 때는 양측 당사자들과 똑

같은 거리로 떨어져 누구의 편도 들면 안 되었지만 지금은 한쪽의 편을 들기로 작정한 셈이다. 그 점 때문에 의뢰인으로부터는 신뢰받지만 판사로부터는 의심받는다.

형사재판에서든 민사재판에서든 재판장은 사건 번호를 부른 다음 가장 먼저 변호인이 누구인지부터 확인한다. 그러면 내가 "정재민 변호사 출석했습니다."라고 말한다. 이때도 내가 변호사가 되었다는 사실을 실감한다.

'변호인'은 형사소송에서만 쓰는 말이다. 민사재판에서는 변호사가 '원고 대리인' 또는 '피고 대리인'이라 불린다. '변호인'이나 '원고(피고) 대리인'은 법정에서의 지위를 말하는 것이고 '변호사'는 직업을 말하는 것이다. '변호사'는 형사 법정의 변호인이나 민사 법정의 소송대리인 역할을 직업적으로 하는 사람을 가리킨다. 고대 아테네에서는 재판을 받는 당사자가 유명한 연설가에게 변론을 요청하는 경우가 많았다. 당시에는 변론을 하고 돈을 받는 것이 금지되어 있었지만 로마 시대에 들어와서는 유상 변론이 허용되었다. 동로마제국 때부터는 일정한 자격을 갖춘 사람만이 변호를 할 수 있었고 그때부터 변호사 제도가 시작되었다.

피고인에게는 변호인이 곁에 있는 것과 없는 것에 큰 차이가 있다. 변호인은 법정에서 피고인을 위해 행사할 수 있는 권한이 많다. 피고인을 위해 보석을 청구하고, 체포·구속적부심사를 청구하고, 증인신문을 하고, 증거를 찾아서 제출하고, 영장 집행에 참여해 의견을 제시한다. 재판 진행 중간에 언제든 의견을 제시할 수 있다. 통역사처럼 판사나 검사가 하는 법적인 이야기를 다 알아듣고 피고인을 위해 변론할 수 있다.

변호인이 하는 일은 기본적으로 검사의 공격을 '방어'하는 것이다. 그래서 때로 나는 변호인석에 설 때면 투수가 되어 마운드에 올라가는 느낌이 든다. 야구에서 투수는 방어의 핵심이다. 타자의 성향에 따라 적절히 직구나 변화구, 체인지업을 골라서 던진다. 형사재판에서 입증책임 원칙이 검사에 비해 피고인에게 조금 유리하게 설계된 것도 투수가 서 있는 마운드가 볼을 던지기 쉽도록 조금 솟아 있는 것과 조응한다. 투수는 공격은 못 하고 오로지 수비만 한다. 1점이라도 실점하면 피고인에게 유죄판결이 선고된다.

변호사의 전문 분야는 다양하고 제각기 큰 의미가 있지만 나는 가장 전통적인 변호사 역할인 형사 변호사를 반드시 해보고 싶었다. 큰 조직의 일부로서 특정 전문 분야만 하게 되는 대형 로펌에 가지 않고 작지만 내 로펌을 만든 이유 중 하나도 바로 형사 변호사를 해 보고 싶어서였다. 다른 재판은 주로 법적 효과를 밝히지만 형사재판은 진실을 밝히고, 다른 재판은 사건을 재판하지만 형사재판은 사람을 재판한다. 또한 다른 재판에서는 돈이 중심이 되지만 형사재판에서는 억울함을 풀고 정의를 세우는 일이 중심이 된다.

그렇다고 돈을 다루는 민사재판에 정의가 없는 것도 아니다. 자본주의 사회에서는 돈이 공정하게 분배되고 약속대로 지급되는 것이 곧 정의다. 얼마 전에 영국에서 박사과정을 밟고 있는 한국인 유학생을 대리해서 대기업 장학 재단을 상대로 제기한 장학금 지급 소송의 판결 결과가 나왔다.

대기업이 '박사과정 학비'를 지급하겠다고 공고해서 우리 의뢰인이 지원해 장학생으로 선발되었고 영국으로 유학을 떠났는데, 그 대기업이 1년 뒤 예산이 없다며 남은 2, 3학년 장학금은 절반 이하로 주겠다고 일방적으로 입장을 변경한 것이었다. 이렇게 되면 유학생으로서는 사실상 학업을 계속할 수가 없어 나를 선임해 대기업을 상대로 소송을 제기한 것이었다.

대기업의 입장은 장학금은 대가를 받지 않고 시혜적으로

주는 증여이기 때문에 줄지 안 줄지, 얼마나 줄지에 대해서 구속을 받지 않는다는 것이었다. 그러나 우리는 증여 계약은 아무 때나 해제할 수 있지만 서면에 의한 증여는 해제할 수 없다는 것이 민법 원칙인데, 대기업이 홈페이지에 장학금 지급 공고를 하고 이메일로 수차 의뢰인과 소통하며 장학금을 지급하기로 했으니 이는 서면에 의한 증여고 따라서 일방적으로 취소할 수 없다고 주장했다.

대기업은 '박사과정 3학년까지의 학비'라고 했으므로 1년 동안만 지급해도 되는 것이지, 반드시 3년 동안 지급할 의무가 없다고 주장했다. 이에 대해 우리는 '박사과정 3학년까지의 학비'라는 것은 통상적으로 3년까지는 다 지급하고 4년을 넘어가는 부분은 지급하지 않는다는 뜻으로 해석된다는 것을 국내외의 다양한 사례를 들어 설명했다. 결과는 우리의 승소. 의뢰인은 다행히 계속 박사과정을 다닐 수 있게 되었다. 이것도 대기업의 횡포를 막고 유학생의 정당한 기대와 이익을 보호한 정의로운 결과라고 할 수 있다.

사실 민사재판이 형사재판보다 더 재미있다. 우리의 논리적 진지를 구축하는 일도, 상대의 논리적 진지를 날카로운 논리의 돌덩이를 날려 깨부수는 일도 재미있다. 무엇보다 형사재판에서는 후술하듯 판사들이 사실상 유죄 추정을 하고 애매하면 피고인보다 검사의 말을 믿는 경우가 많은 반면, 민사재판에서는 양측 다 변호사가 나오기 때문에 승소 확률도 높다(지금까지 한 민사재판들은 대부분 승소했다). 사람이 감옥에 가는 일이 아니므로 심리적 부담도 적다.

나는 사법시험 때도, 사법연수원생 때도 민사 성적이 제일 좋았고, 판사 시절에 민사 판결을 한 경험과 법무심의관으로서 민법 개정을 한 경험도 있어서 민사소송을 즐기는 편이다. 그렇다고 형사소송을 하는 일보다 민사소송을 하는 일을 더 좋아한다고 할 수는 없다. 무거운 형사 법정 안에서 억울함에 몸서리치는 피고인을 변호하는 것도, 검사가 주장하는 진실이 잘못된 것이고 우리가 주장하는 진실이 옳은 것임을 설득해 나가는 것도 의미와 매력이 가득한 일이다.

각자 비교할 수 없는 매력이 있다. 메시 vs 호날두, 마이클 조던 vs 르브론 제임스처럼 우열을 가릴 수 없다. 그래서 변호사로서 돈을 많이 벌고 싶으면 한 분야만 특화해서 하라는 조언을 많이 듣지만 굳이 그렇게 하고 싶지 않은 것이다.

공소사실의 요지를 말씀해 주십시오

　형사재판에서 재판장은 변호인의 출석을 확인한 뒤 피고인을 세워 둔 채 진술거부권을 고지하고 이름, 생년월일, 직업, 주소, 등록기준지 등을 묻는 '인정신문'을 한다. 인정신문을 하는 이유는 법정에 나와 있는 그 사람이 공소장에 적혀 있는 사람이 맞는지(착오로 또는 고의로 딴 사람이 피고인인 것처럼 나와 있을 수도 있으므로) 확인하는 것이다. 즉, 판사는 재판의 첫 절차인 인정신문부터 불신을 바탕으로 그 불신을 없애기 위한 확인을 하는 것이다.

　인정신문이 끝나면 재판장은 검사를 쳐다보면서 "공소사실의 요지를 말씀해 주십시오."라고 말한다. 그러면 검사가 공소장을 보면서 공소사실의 요지를 말한다. 공소장은 검사가 주장하는 피고인의 공소사실, 죄명, 적용 법조가 적힌 공문서다. 공소(公訴)는 공익을 위해 공적으로 제기하는 소송이라는 뜻이다. 이해관계 당사자가 개인적으로 제기하는 사소(私訴)와는 다르다('공판'도 공적인 재판이라는 뜻으로 형사재판을 가리키는 말이다).

공소장은 수사를 마감하는 자물쇠이자 형사재판의 문을 여는 열쇠다. 민사재판이 원고의 소장으로 시작되듯 형사재판은 검사의 공소장으로 시작된다. 형사재판은 결국 판사가 공소장이 옳은지 그른지를 판단하는 절차다. 판사가 보기에 공소장이 옳으면 유죄판결이 나고 옳지 않으면 무죄판결이 난다.

법정에서 아쉬운 점은 검사가 말하는 공소사실의 요지를 알아듣기가 쉽지 않다는 것이다. 공소장 자체도 압축적인 문장으로 쓰인 것인데 공소사실의 요지를 말할 때는 그중 일부만 뚝뚝 발췌해 너무 간단히 말해 버린다. 그마저도 굉장히 빠른 속도로 말하거나 발음을 분명하게 하지 않고 웅얼웅얼 얼버무리는 경우가 많다. 판사, 피고인, 변호사가 이미 그 내용을 다 알고 있기에 그렇게 하는 것 같기는 하지만 그래도 재판에서 가장 중요한 절차인 만큼 좀 더 분명히 알아들을 수 있게 말해 주면 좋을 것 같다.

이것은 법정에 나와 있는 공판 검사와 그 사건을 직접 수사한 수사 검사가 다르다는 점과 무관하지 않다. 수사 검사와 공판 검사를 달리하는 이유는 수사 검사가 재판이 열릴 때마다 법정에 나오는 것보다 공판 검사가 종일 법정에 앉아 다른 수사 검사들의 사건을 모두 담당해 주는 것이 분업의 측면에서 효율적이기 때문이다(앞으로 공소청은 수사를 원칙적으로 하지 않게 되므로 이런 분업의 방식도 대폭 변할 것이다).

변호사도 사건이 아주 많고 그 사건들이 모두 같은 법원, 같은 재판부에서 열린다면 한 변호사만 법정에 나가도록 하고 나머지 변호사들은 모두 서면을 쓰거나 고객을 상담하는 일만 하는 것이 효율적이다. 한 사건을 위해서 법정에 오가는 것 자체에 많은 시간과 에너지가 소모되기 때문이다(그래서 이렇게 분업을 하도록 하는 로펌도 있다. 그러나 상담한 변호사 따로, 서면 쓰는 변호사 따로, 법정 나가서 변론하는 변호사 따로가 되면 고객의 뜻을 잘 반영하는 유기적인 변론이 되기 어렵다). 지금도 간혹 먼 지방에서 재판이 있고, 그 기일에 해야 하는 소송 행위가 아주 간단할 때는 그 지방에서 일하는 변호사에게 법정 출정을 맡긴다. 이렇게 대신 법정에 나온 변호사를 '복(復, 다시 복)대리'라고 한다. 그러나 복대리는 사건 내용을 잘 모르고 그저 부탁받은 말만 하러 나오기 때문에 판사도 복대리라고 하면 심도 있는 질문을 하지 않는다.

그래서 검찰도 중요한 사건은 직접 수사한 검사가 공판에 나온다. 인사이동으로 담당 검찰청을 떠났더라도 그 사건의 공판 유지를 위해 공판 당일에만 직무 대리 권한을 부여받아 법정에 나오는 관행도 있었다. 이처럼 수사 검사가 공판에 직접 나올 때는 검사의 말이 보다 명확해서 알아듣기도 더 쉽다.

사건을 직접 처리한 검사나 변호사가 법정에 나올 때와 그렇지 않은 검사나 변호사가 법정에 나올 때 변론의 수준이 같을 수는 없다. 심도 있는 변론을 하거나 재판장의 질문이나 상대방의 공격에 반응하는 데에도 한계가 있다. 그래서 나는 되도록 서면부터 직접 쓰거나 서면 작성에 깊이 관여한 뒤에 법정에서 직접 변론하려 하는 것이다.

요즘은 검찰 권한이 대폭 축소되었지만 내가 사법연수원에 다닐 때만 해도 형사 절차는 사실상 검사가 주도하는 것이었다. 검사가 경찰 수사도 지휘하고 큰 사건은 직접 수사했다. 판결이 나면 형을 집행하거나 가석방 또는 사면을 하는 일도 주도했다. 교도소에 있는 수감자들은 판사에게 징역 5년을 받아서 징역형을 살고 있다고 생각하지만 사실 형벌을 가하는 주체는 판사가 아니라 검사가 이끄는 행정부다. 검사가 보기에 판사는 행정부가 권한을 남용하지 못하도록 유무죄나 형량에 일정 정도의 개입을 하고 있을 뿐이다. 억울한 혐의를 받는 사람을 풀어 주는 것도 대부분 검사였다. 검사가 무혐의 결정, 불기소 결정, 기소유예 결정으로 풀어 주는 경우가 판사가 무죄판결로 풀어 주는 경우보다 수십 배 많았다.

　형사법에는 불고불리(不告不理) 원칙이란 것도 있다. 형사재판에서는 검사가 알리지 않으면 판사는 판단하지 않는다는 뜻이다. 판사가 길을 가다가 대로변에서 '묻지 마 칼부림'을 하고 있는 범죄자를 보더라도 그 사람을 바로 재판할 수 없다. 검사가 기소를 해야만 비로소 재판할 수 있는 것이다. 검사가 범인을 기소한 경우에도 판사는 검사가 기소한 범위에서만 재판할 수 있다. 가령 그 범인이 세 사람을 칼로 찔렀는데 검사가 두 사람을 찌른 부분만 기소하면 판사는 그것만을 판단할 수 있을 뿐이다. 범인이 흉기를 썼기 때문에 더욱 강하게 처벌할 수 있는 특수 상해죄로 기소할 수 있는 상황이라고 하더라도 검사가 그냥 일반 상해죄로 기소하면 판사는 일반 상해죄의 성립 여부만을 판단할 수 있을 뿐이다(이처럼 기소의 여부와 범위를 오로지 검사만 결정하는 제도를 '기소독점주의'라 한다).

나쁜 사람을 처벌하고 억울한 사람을 풀어 주는 일을 주도하는 사람이 검사인 만큼, 나는 법과대학을 다니고 고시 공부를 하고 사법연수원을 마칠 때까지도 검사 지망생이었다. 판사 일은 수동적이고 정적이라 보람과 재미가 적을 것 같았고 변호사는 누가 돈을 준다고 무조건 그 편을 들어야 하는 것 같아서 내키지 않았다. 판사는 높은 자리에 앉아 사람들과 멀찍이 떨어져 간접적으로 짧게 보지만 검사는 다양한 사람들을 가까이서 만나 볼 수 있을 것 같았다.

그러다 법무관 때 국방부 정책실에서 공무원들이나 군인들과 함께 일하면서 조직 생활을 하는 사람은 국민을 위해서 일하기도 하지만 현실적으로는 윗사람의 비위를 맞추려고 일하게 되는 경우가 많다는 걸 깨달았다. 결국 피라미드형 상명하복 조직인 검찰보다는 개개인이 존중되는 판사가 되었다.

판사가 되어 보니 예상대로 젊은 나이에 법정에 가만히 앉아 주로 남의 말을 듣고 남이 쓴 글을 읽으면서 수동적으로 판단만 하는 일이 갑갑할 때가 많았다. 물론 그 수동적인 성격 때문에 유익했던 부분도 있었다. 혈기 넘치는 나이에 검사가 되었다면 범죄자를 잡는 성과를 내기도 했겠지만 뜨거운 공명심에 함부로 수사권을 휘둘러 누군가에게 억울한 생채기를 내는 일도 있었을 것 같다. 그러나 나는 그 수동적인 일을 평생 하고 싶지 않아서 부장판사가 되기 1년 전에 사표를 내고 공채 시험을 봐서 행정부에 과장으로 들어갔다.

곧바로 판사가 된 것은 말하자면 축구 선수로 뛰기도 전에 감독부터 된 셈이므로, 더 늦기 전에 선수로 뛰고 싶었다. 그것도 고위급 국장 이상이 아니라 중간 관리자인 과장, 팀장을 맡아 팀원들과 이래저래 부대끼고 시달리며 일해 보고 싶었다. 더 이상 혼자 일하지 않고 팀을 꾸려 일하며 협업하는 기쁨과 괴로움을 몸소 겪고 그로 인한 갈등과 어려움을 극복하는 힘을 키우고 싶었다. 세상의 갖가지 비루함과 악다구니로부터 멀찌감치 떨어져 날아다니는 학의 인생 대신 진흙탕을 뒹구는 뱀의 삶을 살아 보고 싶었다. 그것이 사는 듯 사는 삶이라 생각했다.

그렇게 법복을 벗어던진 뒤에는 방위사업청에서 군함을 만들거나 무기 체계를 수출하고, 법무부에서는 국회의원 부럽지 않게 여러 가지 법을 만들기도 했다. 수동적으로 남의 잘못을 지적하는 일 대신, 능동적으로 무언가 새로운 가치를 만들어 내는 일을 하니 적성에도 맞고 보람도 더 크고 표정도 더 활기차졌다. 그 모든 경험을 가지고 변호사로 일하니 사람들을 도울 수 있는 폭이 훨씬 넓어져서 좋다. 만약 그때 법복을 벗지 않고 부장판사가 되어 저 법대 위에 20년 넘게 앉아서 같은 생활을 해 왔다면 머리에 서리가 더 앉았을 뿐 지금만큼의 활기를 띠고 삶의 풍요로움을 느끼지는 못했을 것 같다(이런 책도 쓰지 못했을 것이다).

이렇게 변호인석에 앉아 있으면 과거에 가려 했다가 가지 않은 길(검사)과 이미 갔던 길(판사)을 번갈아 쳐다보면서 지금 가고 있는 길의 의미를 되새기게 된다.

피고인, 공소사실을 인정하십니까

검사의 공소사실 요지 진술이 끝나면 재판장이 피고인과 변호인을 향해 묻는다. "피고인, 공소사실을 인정하십니까?" 이 질문은 재판 전체를 관통하는 중요한 질문이다. 오랜 시간 재판을 하는 이유도 결국 공소사실이 진실인지 아닌지를 판단하기 위한 것이다. 그런데 사건의 주인공이자, 공소사실이 인정될 경우 가장 큰 불이익을 받는 피고인이 공소사실이 맞다고 자백해 버리면 공소사실이 진실일 가능성이 매우 높아진다. 그래서 공소사실의 자백은 피고인이 법정에서 하는 모든 말 중에서 판사가 가장 신뢰하는 말이다.

반대로 공소사실을 부인하는 말은 피고인이 하는 모든 말

중에서 판사가 가장 의심하는 말이다. 처벌을 회피하고 싶어 하는 것이 인간의 본성이니 만큼 얼마든지 거짓말로 공소사실을 부인할 수 있기 때문이다. 그래서 피고인이 공소사실을 인정하면 뒤에 따라오는 증거조사 절차가 간략하게 이루어지는 반면, 공소사실을 부인하면 증거조사 절차가 복잡해지고 오래 걸린다. 제출된 증거를 일일이 꼼꼼하게 살펴보면서 검사의 말이 맞는지, 피고인과 변호인의 말이 맞는지를 따져 보아야 하기 때문이다.

형사 변호사가 하는 가장 중요한 조력이 이 시점에서 공소사실을 인정할지, 부인할지에 대한 피고인의 입장을 정하는 것을 돕는 일이다. 제삼자가 보기에는 피고인이 억울하면 부인하면 되고 억울할 것이 없으면 인정하면 되지 않느냐고 하겠지만 문제가 그리 간단하지 않다. 억울하더라도 판사가 보기에 억울해 보이지 않으면 괘씸죄가 추가되어 자백한 경우보다 큰 처벌을 받게 되기 때문이다. 그러니 진짜 억울한 피고인도 자신의 억울함이 '판사가 보기에도 억울하게 보일지'를 판단해서 공소사실을 인정할 것인지에 답해야 한다.

이 대목에서 변호사가 조력을 잘해 주어야 한다. 의뢰인이 찾아와서 억울하니 무죄 주장을 해 달라고 말한다고 무턱대고 해 주었다가는 무죄는커녕 자백했을 때보다 훨씬 더 무거운 형량을 받을 때가 적지 않기 때문이다.

나도 판사일 때 피고인의 태도를 보고 일종의 괘씸죄를 적용해 형을 높여 선고한 적이 있다. 그 피고인은 자신이 부장판사 아들이자 검사 출신 IT 사업가라고 속이면서 10여 명의 여성들에게 10억 원 정도의 사기를 치다가 기소되었다. 그런데 구속을 피하려고 온몸의 근육이 풀리는 희귀병에 걸렸다고 주장하며 계속 재판 출정을 미루었다.

나는 기존 판사의 사건을 인계받자마자 피고인에게 무조건 출석하라고 말했다. 출석하지 않으면 구속영장을 발부해 강제 구인하겠다고 하자 그는 링거와 산소호흡기를 단 채 나타났다. 침상에 누워 형과 두 명의 간호사에게 둘러싸인 모습이었다. 피고인의 형이 경위를 통해서 다른 사건을 재판하고 있는 나에게 쪽지를 전달해 왔다. "판사님, 장거리 이동으로 산소통의 산소가 많이 닳아서 얼마 남지 않았습니다. 서둘러 이 사건을 진행해 주시기 바랍니다."

그 형은 방청석 뒤 침상 옆에서 손가락으로 산소통을 가리켰다가 양손을 엑스 자로 포개는 동작을 마치 치어리더처럼 반복하면서 산소가 모자란다는 사인을 보냈다. 나는 아랑

곳하지 않고 일정표에 있는 순서대로 다른 사건들부터 차근 차근 진행해 나갔다. 삼십 분이 지났지만 산소가 다 닳지는 않은 것 같았다. 마침내 나는 그 피고인의 이름을 불렀다.

"피고인, 지금부터 불리한 진술은 거부할 수 있고 유리한 진술을 할 수 있습니다. 이름, 주민번호, 주소를 말씀해 보세요." 피고인 대신 그의 형이 대답하려고 하자 나는 손짓으로 그를 제지하면서 "피고인이 직접 대답해 보세요."라고 했다. 그러나 누워 있는 피고인은 혼수상태인 것처럼 말이 없었다.

나는 병상 옆에 서 있는 두 간호사를 향해서 말했다. "어느 병원 소속인가요? 신분증 한번 제출해 보세요. 간호사는 맞겠죠? 제가 어제 병원에 전화해 보니 어느 간호사가 피고인이 멀쩡히 걸어 다닌다고 했는데 그 간호사는 안 왔나요?" 내 말에 두 간호사들, 아니 간호사 연기를 하는 아르바이트 생들은 몹시 당황하며 낯빛이 어두워지더니 사실은 오늘 일당을 받고 동원되었다고 실토했다.

나는 이어서 피고인의 형에게 물었다. "당신은 피고인의 친형이 맞습니까? 신분증 제출해 보세요." 그러자 이번에는 피고인의 가짜 형이 고개를 푹 숙였다. 나는 변호인에게 물었다. "변호인, 제가 보기엔 피고인이 지금 연기를 하면서 재판장까지 속이려고 하는 것 같은데 어떻게 생각하십니까?" 그러자 변호인의 얼굴이 새빨개지면서 굳어지더니 이렇게 대답했다. "그런 것 같습니다. 저도 몰랐습니다."

나는 방청객 뒤에 누워 있는 피고인을 향해 말했다. "피고인, 그만하고 그냥 일어나시죠. 이제 산소도 다 떨어졌을 텐데요." 방청객들이 일제히 그를 쳐다보았다. 그러나 피고인은 한동안 꿈쩍하지 않았다. 산소 부족 때문은 아니었다. 내가 재차 이름을 부르자 그는 두 눈을 뜨고 스스로 산소호흡기를 떼더니 부스스 일어나 앉았다. 방청객들이 예수의 기적을 본 것처럼 눈을 반짝거리며 웅성거렸다.

"앞으로 나와서 똑바로 서세요!" 내가 호통치듯 말하자 피고인은 표창장을 받으러 나오는 군인처럼 성큼성큼 걸어서 법대 앞으로 나왔다. 목소리와 눈빛에 또렷하고 날카로운 기세가 깃들어 있어서 저런 태도로 말하면 진짜 전직 검사로 착각할 수 있겠다는 생각이 들 정도였다. 그는 자신을 두 달만 풀어 주면 피해금 10억 원을 모두 변제하고 합의한 뒤 돌아올 테니 잠시만 풀어 달라고, 마치 검사가 법정에서 변론하듯이 힘주어 나를 설득했다(즉, 나에게도 사기를 쳤다). 나는 더 이상 말을 섞지 않고 그 자리에서 그를 구속해 버렸다(맞아요. 그때는 저도 의외로 속지 않았습니다).

그런데 며칠 뒤 교도관들이 사무실을 찾아왔다. 그 피고인이 내장 전체에 통증이 생기는, 원인을 알 수 없는 병에 걸렸다면서 병이 위중하니 구속집행정지를 허가해 달라는 것이었다. 내가 그간의 일을 말하며 속으면 안 된다고 했지만 교도소장이 골치 아파하는 인물이라 어떻게든 내보내라고 했다면서 제발 허가해 달라고 집요하게 요청했다. 나는 끝내 허가하지 않았다. 관리하기 어려운 인물이라고 해서 아프다는 게 거짓말인지 알면서도 내보낼 수는 없었다.

마지막 선고 기일, 나는 무거운 징역형을 선고했다. 피고인이 항소를 포기해서 형이 그대로 확정되었다. 그런데 한두 달 후 피고인이 희귀병을 이유로 형집행정지를 받고 풀려났다는 소식을 들었다. 항소를 포기해서 빨리 형을 확정시킨 다음 아프다는 이유로 검사에게 형집행정지를 신청한 것이었다. 이번에는 어떤 거짓말을 한 것일까. 그야말로 끊임없이 사기를 쳐야 하는 난치병이 있는 인물이었다.

판사일 때 음주측정거부죄로 기소된 어느 중년 남자도 기억난다. 그는 자신이 음주 측정에 충실히 응했는데도 기소당했다면서 너무나 억울하다고 법정에서 킹콩처럼 울부짖었다. 변호인도 목소리를 높여 그의 무고함을 주장했다.

이후 검사가 경찰서에 보관되어 있던 CCTV 영상을 제출해 법정에서 함께 보았다. 영상 속 피고인은 경찰이 들이대는 음주 측정기에 바람을 불기는 부는데, 입술을 잔뜩 오므린 채 생일 케이크에 꽂은 촛불 하나도 끌 수 없을 정도로, 테이블 위 휴지 한 장도 들썩이지 못할 정도로 가느다랗고 느린 입김을 불고 있었다. 영상을 본 변호인의 표정이 흠칫 놀라면서 일그러졌고 이후부터는 나를 쳐다보지도 못했다.

내가 피고인에게 "왜 바람을 약하게 불었습니까?"라고 물으니 피고인은 이렇게 답했다. "심장이 안 좋아서 바람을 약하게 불 수밖에 없었습니다. 그때는 심장이 참 안 좋았지요." 그러나 음주 측정을 하기 직전의 영상을 보니 피고인은 스스로 옷을 벗고 흰 팬티만 입은 채 뱀파이어처럼 붉게 충혈된 눈으로 경찰서 수화기 줄을 목에 칭칭 감고 책상에 올라가 타잔처럼 뛰어내리기를 반복하고 있었다. 아무래도 심장이 나쁜 사람 같지는 않았다. 변호인은 더 이상 변호를 못 하고 고개를 숙일 뿐이었다. 변호사가 의뢰인에게 속았음을 법정에서 알게 되어 낯을 들 수 없을 때만큼 비참할 때가 없다. 나는 그에게 통상의 형보다 두 배 높은 형을 선고했다.

어떤 사항은 부인해도 판사에게 안전하게 통하고 또 어떤 사항은 오히려 반감을 불러일으키는지를 적절하게 판단하는 것이 형사 전문 변호사의 가장 중요한 능력이라고 해도 과언이 아니다. 어떤 변호사는 너무 낙관적으로 접근해 앞뒤를 충분히 재지 않고 무턱대고 무죄를 주장한다. 그러면 의뢰인은 희망 고문을 당하다가 막상 판결문을 받아들었을 때 뼈아픈 뒤통수를 맞게 된다. 반대로 어떤 변호사는 실형과 같은 나쁜 결과가 나올 위험을 떠안는 것이 두려워서, 또 일을 줄이고 싶어서 웬만한 사건은 그냥 자백하라고 한다.

그러나 무턱대고 부인하는 것도, 자백하는 것도 좋은 일이 아니다. 부인할 사항은 부인하고 자백할 사항은 자백해야 하는데 그것을 판단하기 위해서는 형사재판에서의 일반적인 무죄 입증의 성공 가능성, 사건 자체의 특수성, 입증의 난이도, 유사 사건에 대한 판결의 경향, 담당 판사의 성향, 당사자의 억울함의 정도를 모두 정교하게 고려해야 한다.

나에게 상담을 청하는 분들이 만나거나 통화를 시작한 지 5분도 안 지나서 형량이 어느 정도 나올지, 무죄 가능성이 몇 프로인지, 집행유예가 되는지를 물어보는 경우가 많은데 그렇게 짧은 시간 안에는 명확히 답하기가 어려운 이유다.

증거 인부를 해 주십시오

　민형사 재판을 막론하고 현실에서 재판의 승패는 대부분 법리보다 사실관계를 입증해 낼 수 있느냐에 따라 좌우된다. 음식을 만들 때 고기, 파, 계란, 육수 등 재료가 있어야 하듯이 재판에서 사실관계를 잘 입증하려면 신뢰성 높은 증거가 풍부하게 있어야 한다.

　넷플릭스 요리 경연 프로그램 〈흑백요리사〉에서는 요리사들이 여러 재료를 사용해 음식을 만들면 안성재, 백종원 셰프가 맛을 보고 탈락 여부를 결정한다. 여기서 음식을 형사재판에서의 검사나 변호인이, 또는 민사재판에서의 원고와 피고가 각자의 증거로 구성한 사실관계라고 한다면, 안성재, 백종원 셰프가 시식하는 것은 판사의 증거조사에 해당한다. 증거조사는 쉽게 말해서 판사가 공소사실이 진실인지를 확인하기 위해서 증거들을 직접 살펴보며 심증을 형성하는 절차다.

안성재 셰프는 맛을 볼 때 눈으로 음식을 살펴보고 코로 냄새를 맡고 고기는 소스에 찍어서 천천히 씹어 먹고 국물은 숟가락으로 떠서 마신다. 판사의 증거조사 방법도 증거의 종류에 따라 다르다. 증인에게는 질문을 던져 답을 듣는 방식으로 '신문'하고, 흉기와 같은 증거물은 법정에 '제시'한 것을 본다. 서류는 '낭독'하거나 눈으로 읽으며 '열람'한다. 개념적으로는 이렇게 증거별로 증거조사 방법을 구분하지만 현실적으로는 대개 판사가 이 모든 증거가 담긴 기록을 읽거나 증인을 불러서 신문하는 것 두 가지 방식으로 조사가 이루어진다. 안성재 셰프는 어느 요리가 더 맛있는지를 판단하지만 판사는 어느 쪽이 더 믿을 만한지를 판단한다.

〈흑백요리사〉를 보면 요리사가 아무 재료나 쓸 수 있는 것이 아니다. 제작진이 지정한 범위의 재료만 써야 한다. 두부만 쓰라고 한다거나 편의점에 있는 음식만 쓰라고 하는 식이다. 이처럼 재판에서도 모든 게 다 증거가 되는 것은 아니고 증거가 될 수 있는 자격에도 제한을 둔다. 이 자격을 '증거능력'이라 한다.

특히 형사재판은 증거능력을 엄격하게 제한한다. '위법 수집 증거 배제 법칙'에 따라 불법 도청으로 취득한 녹음 파일이나 불법 압수수색으로 취득한 사진 같은 것은 증거능력이 없다. '전문(傳聞, 전해 듣는다는 뜻) 증거 배제 법칙'이라는 것도 있어서 그 사건을 직접 목격하거나 경험한 사람이 아니라 남에게서 전해 들은 사람의 말은 특별한 사정이 없으면 증거가 되지 못한다. 다만 이런 증거도 피고인 측이 증거로 사용하는 데 동의하면 증거능력을 인정받게 된다. 자신에게 불리할 수 있는 증거를 사용하는 데 동의한다면 거짓일 가능성이 적기 때문이다.

판사가 본격적으로 증거조사를 하기 전, 증거능력이 있는 증거들만 추려 내는 절차가 필요하다. 이 절차를 '증거 인부'라고 한다. 그래서 피고인과 변호인이 공소사실에 대한 입장을 밝히고 나면 재판장이 변호인에게 "증거 인부를 해 주십시오."라고 말하는 것이다. 기본적으로 검사가 제출한 증거 목록을 판사와 변호인이 함께 보면서 각각의 증거를 사용하는 데 변호인이 동의하는지 묻는 방식으로 이루어진다.

피고인이 공소사실을 인정하면 공소사실을 일일이 다투지 않겠다는 뜻이므로 변호인들은 재판장에게 "증거에 동의합니다."라고 말한다. 검사가 제시한 증거들의 증거능력에 이의를 제기하지 않는다는 뜻이다. 반대로 피고인이 공소사실을 부인하면 증거 목록을 놓고 동의하는 증거와 그렇지 않은 증거를 구분해서 구체적으로(순번 3, 7, 10, 21은 부동의하고 나머지는 동의한다는 식으로) 의견을 밝힌다.

통상 변호인이 부동의 의견을 밝히는 증거는 참고인의 진술 조서다. 조서는 수사기관이 누군가를 조사하면서 그의 말의 취지를 옮겨 적는 것이므로 그 자체가 전문 증거다. 가령 A에 대한 진술 조서는 A라는 참고인을 조사한 경찰이나 검사가 A가 이렇게 말하더라, 하고 대신 전하는 것이다.

조서는 작성한 수사기관이 편집하기 때문에 불리한 것은 빼고 유리한 것은 보태서 작성할 여지가 있다. 수사관마다 다르지만 수사기관이 말을 불러 주면서 "이런 취지죠?" 하고 물으면 진술자가 "그렇다."고만 답해도 조서에는 마치 진술자가 그 말을 직접 한 것처럼 작성되는 경우도 많다. 말이 아 다르고 어 다르다고 당초 진술자가 하려던 말의 취지가 변형되거나 왜곡될 수 있는 것이다.

진술 조서에 적힌 내용을 그대로 믿기 어려운 또 다른 중요한 이유가 있다. 변호인이 신문할 기회가 없었다는 것이다. 답보다도 질문이 중요할 때가 많다. 만약 수사기관이 A를 조사하며 조서를 작성하는 과정에서 피고인에게 유리한 질문 자체를 전혀 하지 않는다면, 아무리 조사 과정에서 나온 질문과 답이 고스란히 적혀 있더라도 내용상 그 조서는 고소인 쪽으로 편중될 수 있다. 만약 조서 작성 과정에 피고인의 변호인이 참여해 질문할 수 있었다면 애초에 피고인에게 유리한 질문을 할 수 있고, A가 피고인에게 불리한 진술을 할 때도 예리한 반대 질문으로 그 진술의 허점을 드러낼 수 있었을 것이다.

가령 A가 살인 사건의 목격자로 경찰에 출석해 "7월 5일 수요일에 직장에서 가해자가 피해자에게 칼을 휘두르는 것을 목격했다."라고 진술했다고 하자. 변호인이 옆에 있었다면 "7월 5일 수요일에 A 씨가 휴가를 냈던데 어떻게 직장에 나와서 그 일을 목격할 수 있었던 거죠?"라거나, "당시 가해자가 유튜브 촬영을 한다고 손에 흰색 셀카봉을 들고 있었는데 A 씨가 그것을 칼로 오해한 것은 아닌가요? A 씨가 목격했다는 지점은 사건 현장에서 30미터 떨어진 지점인데 그곳에서 칼과 셀카봉을 확실히 구분할 수 있었나요?"라고 물을 수 있었을 것이다. 이렇게 반대 입장에서 신문할 수 있는 기회를 '반대신문권'이라고 하는데 이를 보장받지 못했다는 점에서 진술 조서의 증거능력은 한계가 있다.

그래서 변호인이 A에 대한 진술 조서에 부동의 하면 그 진술 조서 자체는 전문 증거 배제 법칙에 따라 증거가 되지 못한다. 그 대신 검사는 A 본인을 증인으로 신청해 법정에 세우고 신문을 하게 된다. A가 법정에 나오면 검사도 신문하지만 변호인도 반대신문을 할 수 있어서 피고인을 방어하기 위한 좋은 기회가 된다.

판사 입장에서도 양측이 이런 식으로 번갈아 신문하는 과정(이를 '교호신문'이라 한다)을 지켜보면 증인 진술의 신빙성을 보다 입체적이고 정확하게 파악할 수 있다. 이 과정에서 진실이 선명하게 드러나기도 한다. 흔히 "법정에서 진실을 밝힌다."라고 하는 말이 가장 적합한 상황은 바로 이런 과정이 펼쳐질 때다.

이렇게 검사의 증거에 대해 동의 여부를 밝히기 위해서는 재판 전에 검사가 만든 증거 기록을 변호인이 다 살펴볼 수 있어야 한다. 그러기 위해서는 법원에서 사건 기록을 복사해 와야 한다. 그것도 아무 때나 복사할 수 있는 것이 아니어서 미리 열람 복사 신청을 한 다음 허가가 나기를 기다려야 한다. 허가가 나더라도 당일에 복사할 수 있는 것이 아니라 1~3주 뒤에 복사가 가능한 것이 보통이다. 복사기 대수의 제한이 있고, 기록이 손상될까 봐 자동 복사를 금지하고 있어서 모든 기록을 한 장씩 복사하느라 시간이 오래 걸리기 때문이다. 그래서 기록이 수천 쪽만 되어도 복사에 일주일씩 걸리기도 한다. 게다가 기록에 기재된 피고인이 아닌 사람의 이름, 전화번호, 주소, 계좌번호 같은 개인정보는 일일이 손으로 지워서 관계자에게 검사를 받아야 한다.

　판사 시절에는 변호사들이 기록을 검토하기 위해 이렇게 오랫동안 기다려서 해당 법원이나 검찰까지 직원을 보내 한 장 한 장 복사하고 개인정보도 일일이 손으로 지워야 한다는 것을 몰랐다. 지금처럼 전자화 된 세상에 아직도 일일이 종이 기록을 복사한다는 것은 시대에 뒤떨어진 일이다. 조만간 적어도 법원 단계에서는 형사재판 기록이 전자화 된다고 하니 조속한 개선을 기대해 본다. 검찰도 이 기록 복사의 구시대적인 관습은 국민을 위해 서둘러 개선해야 할 것이다.

증인도 불신의 대상이다

증거조사를 한다고 해서 판사가 항상 진실을 모두 파악할 수 있는 것은 아니다. 판사가 되기 전에는 판사가 되면 증인들 말을 찬찬히 듣고 증거들을 살펴보면 셜록 홈스나 드라마 속 CSI(범죄 과학 수사팀)처럼 손쉽게 사건의 진상을 파악해 낼 수 있을 줄 알았다. 하지만 소설이나 드라마 속 재판은 퍼즐 조각이 10개 이하인 유아용 퍼즐 같은 것이었다. 증거가 두세 가지만 나와도 감추어 둔 사실관계가 명확히 드러난다. 그러나 현실 재판에서는 과거 사실을 온전하게 복구하는 데 필요한 증거가 부족한 경우가 많다. 애초에 증거가 충분히 많다면 피고인이 부인하지도 않을 것이고 법정에서 검사와 변호인 간에 이견이 생기지도 않을 것이다.

현실에서 증거 몇 조각으로 과거의 사실관계를 온전하게 복구하는 것은 와장창 깨진 유리창을 복구하는 것만큼 어렵다. 유리 조각의 절반은 이미 온데간데없고, 몇 조각을 집어 들어 봤자 제자리가 어딘지 알기 어렵고, 자칫 잘못 건드렸다가는 누군가 손을 벤다. 한마디로 그것이 확실한 진실이라고 신뢰하기 어려운 경우가 많다.

그 이유 중 하나가 관련자들의 말을 다 믿지 못하기 때문이다. 가해자는 가해자라서, 피해자는 피해자라서 각자의 이해관계가 있기에 온전히 믿기 어렵다. 제삼자의 말도 법정에서는 기본적으로 불신의 대상이다. 이들도 가해자나 피해자에게 잘 보여야 하거나 척을 지고 싶지 않을 수 있다. 반대로 누군가에게 평소 앙금이 있어 위증을 할 수도 있다. 적극적인 위증이 아니더라도 사건에 대해 잘 알면서 모른다고 발을 빼는 소극적인 위증을 하는 경우도 많다.

증인의 진실성을 보장해 주는 장치는 위증죄가 거의 유일하다. 그러나 위증죄로 처벌하는 것은 그리 쉽지 않다. 재판이 다 끝나고 난 뒤에 누군가가 별도로 위증죄로 고발을 해야 하고, 그 경우에도 어떤 말이 위증인지를 입증하는 것이 쉽지 않아서 수사가 어렵다. 또 증인이 의도적으로 진술을 조금 얼버무리거나 "정확히 기억나지는 않지만…" 같은 단서를 붙이면 책임을 묻기가 어려워진다. 이제 위증죄 수사를 형사 법정이 돌아가는 상황을 잘 모르는 경찰이 전담한다면 혐의를 밝히기는 더 어려워질 것이다.

이론적으로는 판사가 증인의 표정, 몸짓, 목소리의 떨림 등 증언 태도를 종합적으로 보고 그 신빙성을 판단한다고 하지만 현실의 판사는 그렇게 판단하기가 어렵다. 일상에서 자주 보는 사람의 경우 그 사람의 말투와 표정을 잘 알기에 거짓말을 하면 낌새를 알아챌 수 있다. 하지만 법정에서는 증인의 평소 말투나 표정을 잘 알지 못하는 상황에서 정장을 입고 경직된 자세로 앉아 있는 증인의 상체만 30분 내지 1시간을 쳐다봐야 한다.

증인이 거짓말을 하는 경우에도 모든 진술을 거짓으로 말하는 것이 아니라 그중 한두 가지나 일부에 대해서만 거짓말을 하는 경우가 많다. 이때 증인이 쏟아 내는 여러 진술 중에서 어느 것이 거짓이고 어느 것이 참인지를 가려내기는 더더욱 어렵다. 게다가 판사는 하루에도 여러 건의 재판을 동시에 진행하기에 그 느낌에 대한 기억을 계속 유지할 수가 없다. 느낌이라는 것도 지극히 주관적인 것이라서 판결문에 반영하기 어렵다. 그래서 증인의 증언 태도를 근거로 증언의 신빙성을 배척하는 판결은 현실에서 좀처럼 찾아보기 어려운 것이다. 대신 재판이 끝나고 증인신문조서를 보면서 증인이 한 말의 텍스트만 놓고 그것이 다른 증인들의 말이나 증거와 배치되는지 일관성이 있는지를 따지는데, 이것이 실무상 판사가 증인의 신빙성을 판단하는 거의 유일한 방식이다.

판사들 중에는 증인신문을 할 때 아무런 질문도 하지 않고 거의 방관하는 경우도 많다. 적절한 질문을 하기 위해서는 사안을 충분히 이해하고 있어야 하는데, 많은 판사가 판결 선고 직전에 기록을 열심히 보지 재판이 진행되는 도중에는 기록을 꼼꼼히 숙지하지 않고 있기 때문이다. 판사 입장에서는 괜히 엉뚱한 질문을 했다가 검사, 변호사, 당사자 앞에서 망신을 사느니 그냥 가만히 있는 쪽을 택하는 것이다.

그나마 이런 판사는 그리 해롭지는 않다. 진짜 해로운 판사는 이상한 상식을 가지고 적극적으로 개입해서 편파적인 질문을 하는 사람이다. 강원도 어느 법원에서 재판을 받았을 때 재판장이었던 K 부장판사가 떠오른다. A(고소인이자 명목상 피해자)와 B(피고인이자 내 의뢰인)는 5년간 은행을 상대로 사기 대출을 받았다. 렌털 사업을 하는 B가 수백 명의 고객들로부터 달마다 받는 렌털료 채권계약서를 A에게 제공하면, 전직 은행원 출신 A가 이를 담보로 자기 명의의 대출을 받아오는 방식으로 두 사람은 함께 일했다. 그런데 어느 시점부터 렌털 고객을 허위로 만들어 내기 시작했다. B는 계약서를 위조했고, A는 휴대폰 녹음기를 틀어 놓고 마치 자신이 위조한 계약서에 기재된 고객인 척 연기하면서 직원과 짜고 치는 대화를 녹음한 뒤 그 파일을 은행에 제출했다(은행이 계약서가 진짜 존재하는지를 확인하기 위해 고객과 통화한 파일을 근거로 제시할 것을 요구했기 때문이다). 말하자면 A는 허위 녹음 파일을, B는 허위 계약서를 만들어 함께 은행을 속인 것이었다.

결국 은행이 이 사실을 알게 되어 A와 B를 모두 고소하려고 했다. 그러자 약삭빠른 A가 서둘러 자신을 피해자로, B를 자신에 대한 사기범으로 해서 고소장을 내고 경찰청에 청탁해 은행이 고소한 사건보다 먼저 처리되도록 한 것이었다. 경찰도 관련 사건을 한꺼번에 처리해서 진상을 밝혀야 함에도 그냥 부탁받은 대로 A의 고소장부터 수사해서 B를 사기죄로 먼저 송치한 뒤, 은행이 제기한 A, B에 대한 고소장은 장기간 방치해 놓고 있었다.

B는 은행에 대한 사기죄는 인정하지만 공범인 A에 대한 사기죄나 위조사문서행사죄는 인정할 수 없는 입장이었다. 게다가 법정에 나와서 진짜 피해자인 양 흐느끼며 연기하는 A가 너무 뻔뻔해 보였다. 그러나 K 부장판사는 그 모습을 보고 A가 순진한 피해자라고 착각한 것 같았다.

나는 A를 증인으로 불러서 그가 자신의 직원과 함께 렌털 고객인 척하면서 허위 대역 녹음을 한 파일 3개를 틀고 "이 허위 대역 녹음은 증인이 한 거죠?"라고 물었다. A는 당황하더니 "실수였습니다." 하면서 인정했다. 내가 이어서 "증인이 은행에 제출한 나머지 수십 건의 녹음 파일도 다 이런 방식으로 허위 대역을 내세워서 만든 것이죠?"라고 물었을 때, 갑자기 K 부장판사가 끼어들어 "그건 아니죠? 저게 전부죠?"라고 묻는 것이었다. 농구 선수가 슛을 날렸는데 상대편 선수가 아닌 심판이 뛰어올라 블로킹을 한 것처럼 황당하기 그지없었다.

K 부장판사의 기행은 거기서 끝나지 않았다. 내가 "은행이 저 녹음 파일이 허위 대역 녹음임을 알았다면 대출을 해 주지 않았겠지요?"라고 A에게 질문하자, 이번에도 그 재판장이 훅 끼어들면서 "그건 아니죠. 그래도 은행이 대출해 줄

수도 있죠." 하고 말하는 것이었다. 판사가 거듭 끼어드는 것도 황당하지만 은행이 허위 녹음인 것을 알면서도 대출을 해 줄 수도 있다고 말하는 건 대체 무슨 말인가.

이게 다가 아니었다. 우리가 증인을 다수 신청하자 K 부장판사는 짜증을 내면서 이렇게 증인을 많이 부르면 그 비용은 피고인이 다 부담해야 한다고 말하며 사실상 겁박했다. 피고인 B는 그날 재판이 끝나고 재판장이 왜 나를 이렇게 싫어하냐, 두렵다고 호소했다. 나는 이것은 도저히 그냥 넘어갈 일이 아니다 싶어서 서면으로 피고인이 부담을 느끼니 비용 부담 없이 증인신문을 허용해 줄 것을 완곡하게 요청했다.

그러자 다음 기일에 그 재판장은 그것이 마음에 걸렸는지 법정에서 우리에게 언성을 높이면서 내가 언제 그런 취지로 말했냐고 따지더니(심지어 내 어쏘 변호사에게도 자신이 그렇게 말했냐고 고압적으로 물어보았고 어쏘 변호사도 재판장이 그런 취지로 말하는 것으로 이해했다고 답했다. 그 역시 매우 부적절한 행동이었다), 자신은 증인신문이 완전히 잘못된 것이 밝혀졌을 때 아주 예외적으로 비용을 부담시킬 '수도' 있다는 취지였다면서 참여관에게 항소심이 오해할 수도 있으니 조서에 이런 취지였다고 기재하라고 지시했다. 허위 공문서 작성을 지시한 셈이었다. 결국 그 일로 앙심을 품은 K 부장판사는 그 재판에서 피고인 B에게 양형 기준표를 훌쩍 뛰어넘고 유사 사건에서도 전례가 없는 무거운 형량을 선고했다. 명백히 보복성 판결이었다.

앞서 경찰의 부실 수사, 과거의 검사 권한 남용에 대해 말했지만 이런 이상한 판사들의 재판권 남용도 그에 못지않게 심각하다. 더 큰 문제는 이런 판사들을 견제하고 걸러 낼 장치가 사실상 없다는 것이다. 기피 신청은 받아 주는 경우가 없고 항소심도 1심을 존중하는 것이 원칙이라며 손을 대야 하는 대부분의 경우에도 손대지 않는다.

사법부 독립은 정치권력으로부터의 독립을 말하는 것이지, 개별 판사가 이렇게 자의적인 권한을 남용하는 것을 방치해야 한다는 뜻이 아니다. 사법 개혁이 필요한 대목이다.

MR을 제거하고 가사만 비교하는 일

현실의 법정에서 증언이 다루어지는 방식에는 보다 근본적인 문제가 있다. 우리나라는 서면 중심의 재판을 한다. 즉 모든 재판 내용을 텍스트로 적은 기록을 만들고 그것을 읽으면서 판결문을 작성하는 방식으로 재판이 진행된다. 증인의 증언도 텍스트화 된다. 그러면 현실보다 텍스트가 훨씬 중요하게 부각되고 시각적, 후각적, 상황적 맥락은 소실된다.

노래도 가수의 목소리만 중요한 게 아니다. 베이스, 기타, 건반, 드럼 등의 반주가 어떻게 받치고 있는지도 매우 중요하다. 마찬가지로 사람이 말을 할 때는 말 자체의 텍스트만 중요한 것이 아니라, 그 말을 할 때의 표정이나 옷차림, 동작

같은 시각적인 모습도 중요하다. 목소리 톤이나 음색, 그 말을 했을 때의 분위기나 주변 사람의 반응도 중요하다. 상황과 맥락 또한 중요하다. 가령 "왜 그래?"라는 말을 장난기 어린 시선, 웃는 표정, 명랑한 목소리로 어릴 적부터 친구인 사이에 하는 것과, 적대적인 관계에 있는 사람을 쏘아보며 언성을 높여 말하는 것은 완전히 다르다.

그러나 "왜 그래?"를 텍스트로만 취급하면 이런 차이가 모두 소실된다. 이것은 두 가수의 노래에서 MR을 제거하고 음정과 박자도 무시하고 가사가 똑같은 부분만 발췌해 같은 노래라고 하는 것과 마찬가지다. 법원이 증언의 텍스트만 중시하기 때문에 진술의 신빙성을 판단할 때 '구체성'과 '일관성'만을 따지는 것이다. 구체성이라는 것도 텍스트의 구체성이고 일관성도 동일한 텍스트가 반복되는 것을 말한다. 그래서 진술자가 울면서 했던 진술과 웃으면서 했던 진술이 '텍스트'만 같으면 동일하게 취급된다.

우리 법원이 피해자 진술의 텍스트에 지나치게 무거운 비중을 두고 있는 사례로 내가 변호한 윤호 사건을 말해 보고자 한다. 윤호는 데이트 앱에 들어가 지현이라는 여성과 채팅을 했다. 특정 성적 취향을 가진 파트너를 구한다는 지현의 말에 호응해 함께 모텔에 가기로 하고 분당의 어느 역에서 만났다. 그런데 지현이 갑자기 부모님이 불러서 빨리 집에 가야 한다고 하며 모텔에 갈 시간이 없으니 어느 상가의 화장실로 가자고 했다. 그곳에 들어가 서로 옷을 절반쯤 벗고 몸을 만지다가 전화가 와서 그냥 중단하고 헤어졌다. 그런데 얼마 뒤 지현이 윤호를 강간죄로 고소했다.

삽입 여부가 다투어졌다. 지현은 첫 경찰 조사 때 윤호가 삽입은 하지 않았다고 말했다. 그러다 다음 조사 때부터 법정에 와서까지는 억지로 살짝 삽입했다고 진술을 바꾸었다. 그러나 윤호는 펄쩍 뛰었다. 화장실 변기 앞 좁은 공간에 선 채로 키가 180센티미터와 168센티미터로 큰 윤호와 지현이 바지를 입은 채 삽입을 한다는 것이 애초에 가능하지가 않다고 했다(지현은 바지가 아니라 치마를 입었다고 주장했다).

그런데도 경찰과 검사는 억지로 살짝 삽입했다는 지현의 진술만을 근거로 송치 및 기소를 했다. 다른 증거는 없었다. 재판장도 재판 도중에 피해자 지현이 억지로 살짝 삽입했다고 일관성 있게 진술하지 않느냐고 반문하기도 했다.

당시 화장실의 구조, 두 사람이 화장실에 들어갔을 때의 시간과 상황, 그 뒤에 이어진 두 사람의 카톡에 강간은 물론 성관계를 암시하는 아무런 정황이 없었던 점은 고려하지 않는 눈치였다. 나는 마지막 기일에 증인 한 명을 추가로 신청했다. 그는 지현이 사건 당일 윤호를 만나기 직전에 만났던 남자였다. 나는 그를 증인신문 했고 그는 사건 당일 지현이 바지를 입고 있었다고 답했다. 지현이 모텔에 못 간다고 하며 차에서 하자고 해 차에서 성관계를 했는데 나중에 지현이 자신을 강간죄로 고소하고 5천만 원의 합의금을 요구했다고 말했다. 성범죄자가 되는 것이 두려워 합의금을 줄 수밖에 없었다고도 진술했다(지현은 윤호에게도 같은 금액의 합의금을 요구했으나 윤호는 이를 거절했다).

재판 결과 다행히 삽입이 인정되지 않아 윤호는 이 부분에서 무죄판결을 받았다. 그런데 판결문에서 든 근거는 당시 화장실의 상황, 사건 당일 만난 증인의 진술, 자신이 먼저 성관계를 제안했다는 점 같은 것들이 아니라 단지 진술의 일관성이 떨어진다는 것뿐이었다. 첫 조사 때는 삽입이 없었다고 했는데 나중에는 강압적으로 살짝 삽입이 있었다고 진술했으므로 일관성이 떨어진다는 것이었다.

이와 유사하게 인터넷 채팅으로 성관계를 하기로 하고 미성년자인 피고인과 피해자가 만났던 사건이 있었다. 고등학생인 피고인은 피해자가 "P 중학교 3학년"이라고 해서 그런 줄 알고 성관계를 했는데 사실은 피해자가 초등학교 6학년 생이어서(피해자 아버지가 딸의 휴대폰을 뒤지다가 이 사실을 알고 고소했다) 13세 미만 피해자에 대한 의제강간죄로 기소되었다.

피고인은 자기가 "M 고등학교 3학년"이라고 말하자 피해자가 "나는 P 중학교 3학년"이라고 소개했다고 말했다. 판사는 이 피고인의 주장에 대해 서로 다른 두 사람이 우연히 '지역명 + 학교 + 학년'이라는 방식으로 자기 소개를 했다는 것은 지나치게 작위적이고 연극 대본 같다면서 믿지 않았다. 그러나 이런 논리는 도저히 납득하기 어렵다. 사람들은 성인이든 미성년자든 먼저 소개하는 사람의 방식을 대체로 따라서 자신을 소개한다. 먼저 소개하는 사람이 학번으로 나이를 밝히면 나중 소개하는 사람도 학번을 밝히고, 먼저 소개하는 사람이 숫자로 나이를 밝히면 나중 소개하는 사람도 대개 그렇게 한다.

판사가 피고인을 유죄로 판단한 유일한 근거는 그저 피고인에게 나이를 열두 살이라고 제대로 말했다는 피해자의 진술이 경찰 및 법원에서 두 차례 일관된다는 것이었다. 그 진술이라는 것도 "나이를 열두 살이라고 말했나요?"라는 질문에 경찰에서는 "네."라고 한 것이 유일하고, 법원에서는 "네, 그렇게 말했어요."라고 답변한 것이 전부였다. 구체적인 진술을 두고 신빙성이 높다고 하는 것은 직접 경험하지 않고서는 그렇게 구체적인 진술을 하기 어려울 때나 하는 것이다. 그러나 이 정도 답변은 너무나 짧고 언제든 지어낼 수 있다.

그런데도 판사는 짧은 답변 두 개를 두고서 구체성과 일관성이 있다고 인정하고는 이를 내세우며 다른 모든 반대 사정들, 피해자의 키가 163센티미터로 크고 화장을 하고 굽이 높은 신발을 신고 있어 외관상 도저히 초등학생으로 볼 수 없는 점, 사건 당일 다른 남자와 대낮에 모텔에 갔다가 술집에 다녀오면서도 신분증 검사를 받지 않았던 점, 피해자가 다른 증인에게도 중학생이라고 했던 점 등은 무시하고 피고인에게 유죄를 인정했다.

이런 식으로 단편적으로 증언의 신빙성을 판단하면 피해자가 작정하고 피고인을 무고하기 위해 피해 사실을 지어내서 앵무새처럼 단 두 번만 반복하면 꼼짝없이 범죄자가 되고 만다.

이처럼 판사들이 증언의 신빙성을 판단하는 방식의 불완

전함과 자의성으로 인해 진실과 괴리된 판결들이 속출하는 현실을 고려하면, 미래에는 뒤에서 말하는 인공지능 판사의 도입 외에도 증인석에 증인의 혈압, 심박수, 동공의 움직임까지 정밀하게 측정하는 거짓말탐지기를 설치하는 것을 검토해 볼 만하다고 생각한다.

  거짓을 말하는지 참을 말하는지 알아내려는 시도는 인류 역사 내내 있어 왔다. 고대 게르만족들은 거짓말을 하면 긴장해서 침이 마른다는 것을 전제로 벌겋게 달군 다리미를 혀에 대어 화상을 입지 않으면 진실, 화상을 입으면 거짓으로 판정했다고 한다. 같은 원리로 고대 중국에서는 피의자의 입에 마른 쌀 한 줌을 넣고 한참 후에 뱉어 내게 해 쌀이 젖어 있으면 결백한 것으로, 말라 있으면 범인으로 판정했다.

  누구나 '애플 워치'로 실시간 심박수와 혈압을 측정할 수 있는 이 시대에, 중세의 재판 때 사용하던 교호신문 방식과 단편적인 텍스트의 일관성을 비교하는 일만을 진실을 밝히는 최선의 방법이라고 말하는 것은 너무 구시대적이고 궁색하다.

  증인 입장에서도 최첨단 거짓말탐지기가 위증죄보다 더 위증하지 말아야겠다는 생각이 들게 만들 것이다. 판사도 거짓말탐지기를 참고하게 되면 형식적인 텍스트 비교에서 벗어나서 보다 실질적인 신빙성 판단을 하는 데 도움이 될 것이다. 재판을 받는 국민들 입장에서도 K 부장판사 사례에서 보듯이 독특한 사고방식으로 자의적 판결을 하는 판사를 만나서 황당하고 억울한 판결을 받아 들 수 있다는 위험과 공포를 줄일 수 있다.

최후 변론을 시작하겠습니다

　　최후 변론을 할 때 변호사는 서면에 적힌 글을 보며 간단하게 요약해서 말을 하곤 한다. 하지만 나는 사전에 PT를 신청하는 경우가 많다. 그래야 많은 말을 더욱 조리 있게 할 수 있고 판사의 기억에 변론을 조금이라도 많이, 오래 남길 수 있기 때문이다. 나는 PT를 준비하면서 김밥을 만다고 생각한다. 김밥 속에 은근히 많은 밥과 반찬이 들어가는 것처럼 화면에 관련 자료나 사진, 중요한 문장을 띄워 놓고 변론하면 같은 시간에 훨씬 많은 정보를 전달할 수 있기 때문이다.

　　나는 되도록 변론 내용을 다 외운 상태에서 판사의 눈을 쳐다보면서 변론한다. 그런데 판사들 중에는 시선을 화면에 두고 눈을 마주치지 않는 경우도 많다. 어떤 판사는 그냥 자기 컴퓨터를 바라보거나 기록을 뒤적이면서 변론을 듣기도 한다. 그러나 많은 경우 내가 열심히 변론하면 주의 깊게 들어 주는 편이다. 어차피 판사도 기록을 다시 봐야 하고 중요한 쟁점을 놓치고 싶어 하지 않기 때문이다.

내가 가장 길게(한 시간 이상) 최종 변론을 한 사건은 세간을 떠들썩하게 한 국회의원 Y와 그의 처 S의 이른바 사기 대출 사건이었다. S가 아파트를 사는데 돈이 부족해서 못 산다고 하자 부동산 중개인이 딸 명의로 사업자 등록을 해서 사업자 대출을 받으라, 이건 적법이다, 하고 안내했다. 그에 따라 대출을 받았다가 선거 국면에 누군가가 언론에 제보해 결국 대출 사기로 부부가 기소되었다. 최종 변론의 예시로 그때 변론 중 마지막 대목을 발췌해 본다.

"이 사건은 매우 간단합니다. 피고인 S는 아파트를 구입하는 과정에서 6억 원이 부족했습니다. 형부가 그 돈을 빌려준다고 해서 구입을 진행했는데 막상 계약을 하자 형부가 빌려주지 않는다고 했습니다. S가 할 수 없이 부동산 중개사에게 아파트 구입을 포기하겠다고 했더니, 부동산 중개사가 부부가 공무원이므로 딸 명의로 사업자만 내면 적법하게 대출을 받을 수 있다고 안내하면서 대출 모집인들을 소개해 주었습니다. S는 그 과정에서 접촉한 모든 대출 모집인과 P 금고 직원에게 딸의 사업용이 아니라 자신의 아파트 구입 자금용으로 대출받는다는 점을 솔직하게 말했습니다. 이들 중 S에게 속았다는 사람도 없습니다.

S는 P 금고의 직원에게 대출한 대출금 중 절반을 자신이 아파트 자금을 빌린 금융기관에 보내고 남은 돈 절반을 딸이 아닌 자신의 계좌로 보내 달라고 요청하는 전표를 제출했습니다. 이를 받은 P 금고의 직원은 대출 당일 요청대로 송금해 주었습니다. P 금고의 직원도 진정한 대출자가 딸이 아니라 S임을 알았고 S가 학교 교장이라서 사업용으로 사용하지 않는다는 것도, 아파트 구입 자금으로 쓴다는 것도 다 알았습니다. 국회의원 Y는 평소 집안 경제를 다 S에게 맡겨서 아무것도 모르는 상황에서 아파트의 지분권자라는 이유로 대출자가 아닌 담보 제공자로서 P 금고 직원이 별다른 설명도 없이 가리키는 빈칸에 서명만 하고 왔을 뿐입니다. 이것이 이 사건의 전말입니다.

당시 대출을 처리한 P 금고 직원이 살아 있다면 진실을 밝히기가 쉬웠겠지만 공교롭게 지병으로 사망한 상태입니다.

그 사망으로 진실을 밝히기 어렵다면 입증책임을 지는 검찰이 입증의 불이익을 받아야 하는 것이지 무죄 추정을 받는 피고인이 불이익을 받아야 하는 것이 아닙니다.

보통 대출 사기는 피고인이 서류를 직접 위조하거나 변조하는 등 날조하고 거짓말도 합니다. 그러나 S는 P 금고가 준 서류에 P 금고 직원이 시키는 대로 날인만 했습니다. 만나는 모든 사람에게 솔직하게 대출자와 대출 목적을 말했습니다. 진정한 대출 목적으로 적은 서류도 제출했습니다.

이런 경우 검찰이 사기죄로 기소한 전례가 없습니다. 그동안에도, 지금 이 순간에도 수많은 사람이 사업자 등록을 하고 사업자 대출을 받아서 다른 용도로 사용하는 경우들이 있는데 왜 그 많은 사람은 기소하지 않고 오로지 피고인 부부만 기소했습니까. 피고인 S가 유명한 국회의원 후보자 부인이 아니었다면, 이 시점이 중요한 선거가 치러지던 시기가 아니었다면 검찰이 이렇게 수사하고 기소하지 않았을 것입니다. 정치인 가족이라고 해서 특혜를 받으면 안 되지만 그렇다고 남들이 처벌받지 않는 행위로 기소당해서도 안 됩니다. 그러면 정치적 수사가 되는 것입니다.

사업자 대출을 받는 것이 사기죄가 된다면, 피고인 S에게 아무런 문제가 없다고 말하면서 딸 명의로 사업자를 내라고 아이디어까지 제시하며 대출을 받도록 부추기고 대출 알선 수수료를 챙긴 부동산 중개인과 대출 모집인들이 사기죄로 처벌받아야 할 것입니다. 이들을 동원해 대출 영업을 한 P 금고도 사기죄의 공범이 됩니다. P 금고는 피해자이기는커녕 이런 식의 대출로 이익을 보았습니다. 그렇기 때문에 대출 브로커들에게 알선 수수료를 주고 이런 대출을 원하는 사람들을 모았던 것입니다.

이들에게 사기를 당한 피해자는 바로 피고인 부부입니다. 사건에 등장하는 모든 관계자 중에서 가장 순진하게 속은 사람은 피고인 S입니다. S는 이 사건 재판을 하기 전까지만 해도 부동산 중개사가 자기를 소개하고 P 금고로부터 알선 수수료를 받은 줄 몰랐습니다. 그저 친절과 우정인 줄 알았습니다.

이 사건에서 가장 이해하기 힘든 것은 사문서위조죄입니다. S 대신 소명 자료를 위조해 제출한 위조범은 위조를 부탁받은 적이 없고 S로부터 받은 20만 원은 위조의 대가가 아닌 많은 서류를 만들기 위한 노동의 대가였으며 현금이 아닌 계좌로 받았다고 합니다. S는 위조 서류를 구경해 본 적도 없습니다. 그런데 어떻게 S가 위조죄의 공범이 됩니까.

이 사건으로 피고인 부부는 멸문지화의 고통을 받았습니다. 교육청의 과장, 국장을 거쳐 교장을 두 번이나 하면서 교육장 1순위로 꼽히던 피고인 S는 파면되어 야반도주하듯 학교를 떠났고 35년을 일하고도 연금도 받지 못하게 되었습니다. 아파트는 팔아서 큰 손해를 보았습니다. 피고인 Y는 수없이 낙선하다 마침내 당선된 국회의원직을 1년도 채우지 못한 상태에서 당선무효형을 선고받을 위기에 처했습니다.

사건이 가장 큰 신문에 대대적으로 보도되는 바람에 당시 스물한 살이었던 Y의 딸은 인터넷에서 수많은 악플의 대상이 되었습니다. 선거 기간 동안 집에 혼자 있으면서 기자들이 계속 초인종을 누르고 사진을 찍어 대서 씻을 수 없는 트라우마가 생겼습니다. 피고인 S는 자기 실수로 남편과 딸이 이렇게 망가지는 것 같아 극심한 자책감에 시달려 극단적인 생각까지 했습니다.

만약 사업자 대출이 잘못 나갔다면 사건 계약서의 약관에 적힌 대로 환수 조치 하면 되는 일입니다. 그걸 넘어서 검찰은 모든 사정을 관련자들에게 솔직하게 말한 교장 선생님을 전례 없이 사기죄로 기소하며 전국 언론에 보도 자료를 배포

하고, 위조를 한 사람이 위조를 부탁받지 않았다고 하는데도 피고인들을 위조죄의 공범으로까지 기소했습니다.

피고인 가족 전체가 이렇게까지 가혹한 법적, 사회적 책임을 감당해야 할 만큼 이 사건이 다른 사건들에 비해 파렴치하고 중대한 범죄인지 묻고 싶습니다. 너무 지나친 수사권, 기소권의 행사가 아닌지, 이런 수사와 기소가 과연 공정한지, 형평과 비례에 맞는지, 정의로운 것인지 의문입니다.

재판장님, '의심스러울 때는 피고인의 이익으로'를 비롯한 형사법 원칙에 충실히 입각해서 판단해 주시리라 믿습니다. 뿐만 아니라 앞으로 계속 이런 수사가 반복되어도 되는 것인지까지 생각해서 판결을 내려 주십시오. 검찰의 이러한 과도한 수사, 표적 수사와 기소권의 남용을 제어할 수 있는 최후의 보루는 사법부뿐입니다. 피고인들에게 이 사건 모든 공소사실에 대해서 전부 무죄를 선고해 주시기 바랍니다."

마지막 문장을 말할 때는 조금 울컥했다. 한 송이 국화꽃을 피우기 위해 소쩍새가 봄부터 울었다는 서정주 시인의 말처럼, 이 한 줄의 말을 당당하게 하기 위해 수백 시간 동안 수만 페이지의 기록을 샅샅이 읽고 수백 페이지의 서면을 쓰고 여덟 번이나 재판에 와서 반나절 이상씩 변론을 한 것이다.

집으로 돌아가는 길에는 종이 인형이 된 것처럼 온몸에 힘이 빠졌다. 평양냉면과 만두와 녹두전까지 먹으며 회복을 도모했지만 힘이 생기지 않아서 다음 날은 종일 집에서 쉬어야 했다. 동네 카페에서 커피를 마시며 카페 밖에 엎드린 까만 고양이를 쳐다보니 잠시 나른해지기도 했지만 이렇게 큰 사건에서 무죄를 주장한 날은 감정도 쉽게 가라앉지 않는다.

정치인을 변호한 이야기를 쓰고 있으니 내가 정치적으로 왼쪽인지 오른쪽인지 판단하려는 사람도 있겠다. 법관 생활 10여 년 외에도 법무부, 국방부, 외교부, 방위사업청 등 중앙행정부처에서 11년 이상 일했는데 나도 어찌 공적인 일을 보면 의견이 안 생기겠나. 그렇지만 사안별로 국민의 권익 관점에서 옳고 그름을 판단할 뿐 무작정 특정 진영을 지지해본 적은 없다. 어느 진영이 다 잘하는 것도 아니고 다 잘못하는 것도 아니다. 한 진영은 무조건 옳고 한 진영은 무조건 그르다고 믿으면 그것은 신앙일 뿐 판단이 아니다.

국방부에서 국제업무 담당 법무관으로 일할 때는 노무현 대통령, 외교부 독도법률자문관으로 일할 때는 이명박·박근혜 대통령, 방위사업청에서 무기를 수출하고 군함을 만드는 부서장을 할 때는 문재인 대통령, 법무부에서 심의관으로 일할 때는 문재인·윤석열 대통령 밑에서 일했다. 각 정권마다 장단점이 있었다. 다만 그 세월을 돌아볼 때 공직 사회의 분명한 추세는 진영 논리가 판치는 바람에 국가와 국민을 위하는 순수한 애국심과 열정은 쪼그라들고 국익을 위해 꾸준하고 묵묵하게 노력하는 사람들을 점점 찾아보기 힘들다는 것이다.

법무부에서 심의관으로 일할 때는 정부가 당사자인 전국의 민사, 행정소송을 지휘하는 일 외에도 법을 만드는 일을 많이 했다. 1인 가구를 위한 법안들, 미성년자 빚 대물림 방지법, 구하라법, 만 나이법, 순직한 군인과 경찰 유가족의 위자료를 인정하는 법, 아이가 태어나면 산부인과가 구청에 통보해 출생신고를 하지 않은 아이가 없도록 하는 법, 아동 학대 방지를 위한 친권자의 자녀에 대한 징계권 폐지법, '동물은 물건이 아니다' 법안 등을 만들었으니 어느 정파를 위해서 일한 것은 아닐 것이다.

나는 삶을 헛된 일, 소모적인 일을 하며 허비하고 싶지 않다. 조금이라도 좋은 사람을 만나고 지인들과 좋은 대화를 나누고 좋은 일을 하고 좋은 장면을 보고 좋은 기분을 유지하고 좋은 글을 쓰고 싶다. 나뿐만 아니라 내가 사랑하고 좋아하는 사람들도 그렇게 살면 좋겠다. 그러려면 우리 공동체가 개개인이 살기 좋은 곳으로 변해야 한다고 생각한다. 그런 일에 기여하는 것도 사는 듯 사는 일이라고 생각해 정부 중앙부처에서 공무원으로 일했다.

서로를 헐뜯고 죽이고 음해하고 다투는 일에는 단 한 시간도 쓰고 싶지 않다. 그래서 진영 논리를 싫어하고 경계한다. 그렇지만 정치인이든 아니든, 그 정치인이 왼쪽이든 오른쪽이든 억울하게 처벌받는 사람은 돕고 싶다. 변호사로서의 임무이기도 하지만 그런 일에 보람을 느낀다.

합리적 의심을 넘어서

　최후 변론까지 마치고 나면 피고인의 최후 진술을 마지막으로 변론이 종결된다. 변론 요지서나 참고 자료를 제출하고 나면 더 이상 변호사가 할 수 있는 일은 없다. 오로지 판사의 시간이 시작된다. 판사는 두꺼운 기록을 책상에 올려놓고 오톨도톨한 돌기가 난 파란색 골무를 손가락에 낀다. 컴퓨터로 판결문 화면을 켜 놓은 뒤 기록을 넘기며 판결문에 문장을 채워 넣는다. 그 과정에서 유사한 판례를 검색하기도 하고 동료 판사들과 상의도 한다. 관련 책과 논문을 읽어 보기도 한다. 재판 과정 내내 주로 듣기만 하던 판사가 이렇게 판결문을 써서 낭독함으로써 비로소 자신의 입장을 선명하게 밝히는 것이다. "판사는 판결로 말한다."라는 말은 바로 여기서 비롯된 것이다.

판결문은 크게 '주문(主文)'과 '이유'로 나뉜다. 주문에는 "피고인은 무죄."라거나 "피고인을 징역 5년에 처한다."와 같은 판결의 결론이 들어간다. 그 밑에 주문을 그렇게 내는 '이유'가 제시된다. 무죄판결의 경우 '공소사실'을 쓴 다음 곧바로 '무죄의 이유'를 쓴다. 유죄판결의 경우 '범죄 사실', '증거의 요지', '법령의 적용', '양형의 이유', '피고인 및 변호인의 주장에 대한 판단' 순서로 쓴다. 민사, 가사 판결문은 '주문', '이유' 순서로 제시되지만 이유의 형식과 목차는 훨씬 더 자유롭다.

유죄판결을 내리든 무죄판결을 내리든, 판사는 우선 제시된 증거로 확정할 수 있는 사실관계를 확정해야 한다. 법은 그 뒤에 적용한다. 판사는 어떤 사실이 있었다는 확신이 들 때 그 사실을 인정할 수 있다. 그렇다면 그때의 확신은 어느 정도의 마음이어야 하는 것일까. 굳이 확률로 따지자면 그 일이 있었을 가능성이 80퍼센트 정도인가, 99퍼센트는 되어야 하는가.

민사재판에서는 '고도의 개연성'이 인정되면 사실을 확정할 수 있다. 애매하게 말하지만 사실상 상대방 당사자가 주장하는 내용에 비해 이쪽 당사자가 주장하는 내용이 사실일 가능성이 더 높으면 인정되는 경우가 많다.

그러나 형사재판에서의 사실 확정은 훨씬 더 엄격하다. 합리적 의심이 없을 정도(Beyond the reasonable doubt)로 입증이 된 경우에만 판사가 그 사실이 존재한다고 인정할 수 있다. 이 '합리적 의심'을 흔히 피고인이 범인일 것이라는 합리적 의심으로 오해하는 경우가 있지만 피고인이 범인이 아닐 수도 있다는 합리적 의심을 말하는 것이다.

변호사들이 '합리적 의심' 법리를 잘 활용해서 무죄판결을 받은 가장 유명한 사건이 미국의 O. J. 심프슨 사건이다. 심프슨은 미식축구계의 마이클 조던 같은 존재로 1970년대에 MVP로 여러 번 선정되었다. 흑인 최초로 코카콜라 광고를 찍고〈총알탄 사나이〉같은 영화에도 출연한 슈퍼스타다.

1994년 6월 12일, 심프슨의 전처인 니콜 브라운 심프슨과 그녀의 친구 론 골드먼이 LA에 있는 콘도 입구 계단에서 여러 차례 칼에 찔려 처참하게 죽은 채 발견되었다. 범행 현장에는 검은 가죽 장갑 한 짝과 모자, 안경집 같은 것들이 떨어져 있었고 피 묻은 발자국이 남아 있었다. 신고를 받은 경찰은 범죄 현장에 들른 뒤 곧바로 심프슨의 집으로 갔다. 그곳에서 현장에서 발견된 가죽 장갑의 나머지 한 짝과 피해자들의 피가 묻은 심프슨의 양말이 발견되었다. 현장에 305밀리미터 크기의, 미국에 얼마 없는 명품 신발의 발자국이 찍혀 있었는데 심프슨의 집에 이와 동일한 브랜드와 사이즈의 신발이 있었다.

심프슨은 사건 직후 경찰에 출두하기로 한 약속을 어기고 유서를 남긴 뒤 종적을 감췄다. 일주일 뒤, 고속도로 위에서 심프슨이 총을 들고 친구가 운전하는 차 뒷자리에 앉아 있는 모습이 발견되었다. 스무 대 이상의 경찰차가 그 뒤를 추격했고 수많은 기자들이 차나 헬기를 타고 그 뒤를 쫓으며 라이브로 추격전을 보도했다. NBC 방송국은 NBA 농구 결승전 중계를 중단하고 이 추격전을 보도했고 1억 명 이상이 추격전을 시청하느라 길이 텅텅 비어 버렸다.

지금까지의 상황을 들으면 누구라도 심프슨을 범인이라 의심할 것이다. 그러나 변호사들은 1992년 LA 폭동으로부터 불과 2년이 지난 시점에서, LA 경찰이 흑인에 대한 편견을 바탕으로 범인을 심프슨으로 만들기 위해 증거를 조작했을 가능성을 배제할 수 없다는 '합리적 의심'을 불러일으켰다.

변호인들은 배심원들의 대부분을 흑인들로 구성한 다음 초동 수사를 담당한 경찰관(마크 퍼먼)을 법정에 세우고 평소 흑인에 대한 강한 편견을 담은 욕설을 하는 녹음 파일을 공개했다. 그리고 이 경찰관이 처음에는 현장에서 장갑 두 짝이 발견된 것처럼 말하다가 나중에는 한 짝은 현장, 나머지 한 짝은 심프슨의 집에서 발견된 것처럼 말을 바꾸었다는 점을 지적했다. 그에게 장갑 한 짝을 심프슨의 집에 옮겨 놓았냐고 질문하니 진술거부권을 행사했다.

결정적으로 법정에서 심프슨이 그 장갑을 착용해 보았을 때 장갑이 너무 작아서 심프슨의 손에 들어가지 않았다. 이 장면이 배심원들의 심증을 최종적으로 뒤흔든, 다시 말해서 심프슨이 범인이 아닐 수도 있다는 합리적 의심을 불러일으킨 분수령이 되었다. 이쯤 되니 배심원들의 마음속에는 LA 경찰이 흑인에 대한 반감 때문에 심프슨을 의도적으로 범인으로 몰아가려고 한 것 아닌가 하는 의심이 자리 잡게 된 것이다. 심프슨은 결국 무죄판결을 받았다. 이처럼 변호인이 활약을 잘할수록 무죄판결의 가능성이 높아진다. 현실이 이론대로 돌아간다면 말이다.

판사가 어떤 사실이 존재하는지에 대해 확신하지 못할 때 판사를 구해 주는 것이 입증책임이다. 형사재판을 떠나 모든 재판에서 판사가 증거조사를 하고도 어떤 사실이 존재하는지 확신하지 못할 때는, 그 사실의 존재를 입증할 책임이 있는 쪽에게 불리하게 사실 인정을 하게 된다. 민사재판, 행정재판에서는 입증책임을 원고와 피고가 나누어 지는 것이 보통이지만 형사재판에서는 무죄 추정의 원칙 때문에 검사에게 입증책임이 있다.

동서양을 막론하고 형사재판 전반에 적용되는 법언으로 앞서 언급한 "의심스러울 때는 피고인의 이익으로."라는 말이 있다. 사실관계를 인정할 때는 물론이고 관련 법을 해석하거나 적용할 때도 유의미한 법언이다. 이와 더불어 검사에게 입증책임이 있고 판사가 피고인이 범인이 아닐 수 있다는 일체의 합리적 의심을 배제할 정도로 확신이 들어야만 유죄판결을 할 수 있다는 점까지 고려하면, 적어도 이론적으로 형사재판은 피고인에게 유리한 것처럼 보인다.

검사와 변호인이 테니스 경기를 한다고 비유해 보면 공이 라인 안쪽에 떨어졌는지 바깥쪽에 떨어졌는지 애매할 때마다 변호인에게 유리하게 인, 아웃 판정이 나는 것과 같다. 입증책임이 검사에게 있다는 것은 검사 쪽은 복식 라인처럼 넓고 변호인 쪽은 단식 라인처럼 좁은 비대칭 코트에서 시합을 하는 것과 같다.

　형사재판을 피고인에게 유리하게 설계한 이유는 국가권력의 힘이 개인에 비해 압도적으로 강하기 때문이다. 국가권력이 형벌권을 남용해서 무리하게 처벌할 가능성을 경계해야 하기 때문이다. 국가의 수사기관은 압수수색, 감청, 체포, 구속을 할 수 있는 등 피고인에 비해 힘이 막강한데 이러한 힘의 차이가 재판 단계까지 이어지면 피고인이 위축되고 무력해져서 마땅히 해야 하는 주장을 제대로 못 하게 된다. 그러면 결국 재판이 진실을 발견할 수도, 정의를 세울 수도 없게 된다.

　그러나 모든 것이 이론대로 구현되는 것은 아니다. 방위사업청 팀장으로 근무할 때 전방에서 포병 장교로 근무하다 온 소령과 이야기를 나눈 적이 있었다. 과거 군 수뇌부는 언론에 북한이 도발하면 우리 군이 신속하게 대응해야 하므로 하급 장교들이 '선조치 후보고'를 하도록 조치했다고 발표했다. 북한을 상대로 포를 쏘는 중차대한 일을 윗선에 물어보지 않고 진짜 혼자 결단할 수 있는지 궁금해서 물어보았더니, 그 소령은 사실은 물어본다고 답했다. 다만 대외적으로는 알아서 쏘라고 지시가 내려온 상태이기 때문에 "진짜 쏩니까?"라고 물어본다는 것이다. 소령은 중령에게, 중령은 대령에게, 대령은 장군에게, 장군은 그 윗선에 "진짜 쏩니까?", "진짜 쏩니까?", "진짜 쏩니까?"라고 묻고, 다시 장군은 대령에게, 대령은 중령에게, 중령은 소령에게, "진짜 쏘아라.", "진짜 쏘아라.", "진짜 쏘아라."라고 해야 쏜다고 해서 웃음이 터졌다. 안 그러면 역시 괘씸죄에 걸린다는 것이다.

북한으로 포를 쏘았다가 온 나라가 전쟁의 불구덩이에 들어갈 수 있는데 젊은 포병 장교 한 사람의 판단으로 그걸 결정한다는 것이 쉽지 않을 테니 이해할 만도 하다. 아무튼 우리나라는 겉으로 표방하는 것과 실질적으로 돌아가는 것이 다를 때가 많다.

형사 법정에서 '진짜로' 무죄 추정의 원칙이 적용되고 검사가 모든 입증책임을 지고 "의심스러울 때는 피고인의 이익으로."라는 법언이 적용되느냐고 변호사들에게 물어보면 흔쾌히 긍정하는 사람을 본 적이 없다. 우리나라 형사재판의 무죄율은 1퍼센트가 안 된다. 여기서 자백하는 사건을 제외하고 피고인이 부인할 때 무죄판결이 나오는 비율은 5퍼센트 정도다.

뒤집어 말하면 피고인이 억울하다고 몸부림을 쳐도 95퍼센트는 유죄판결이 난다는 뜻이다. 검사가 모든 입증책임을 부담해 제대로 입증을 못 하면 무죄가 되고, 판사가 진짜로 의심스러울 때는 피고인의 이익으로 판단한다면 피고인이 치열하게 무죄를 주장하는 사건들만(무죄 주장을 해도 어차피 통하지 않을 것이 뻔한 경우도 상당 부분 걸러졌을 것이다) 놓고서 95퍼센트에 달하는 유죄율이 나올 수 있는지 의문이다.

많은 변호사가 판사들은 사실상 유죄 추정을 한다고 말한다. 법정에서 거짓말을 하는 사람이 많기도 하다. 그렇다 보니 판사들도 행여라도 무고한 사람을 처벌하게 되는 일보다 자신이 거짓말에 농락당해서 범인을 놓아주는 것을 더 내켜 하지 않는 것 같기도 하다.

이러한 법정의 현실에서는 억울한 사람이 무죄판결을 받으려면 변호사가 잘하는 것도 중요하지만 그보다 더 중요한 것이 판사를 잘 만나는 것이다. 좀 더 구체적으로 말하자면, 무죄판결을 받고 싶다면 높은 확률로 만나게 되는 의심스러울 때는 유죄로 생각하는 판사가 아니라(물론 판사 다수는 자신은 이렇게 판단하는 판사가 아니라고 말할 것이다. 그 진부는 그간의 무죄율을 확인해 보면 가늠할 수 있다) 교과서대로 합리적 의심이 생길 때에는 무죄판결을 하는 용기와 성의가 있는 소수의 판사를 만나야 한다.

판사 집단은 그 어느 집단보다도 개별 구성원들의 가치관이나 성향이 제각기 다르다. 어떤 판사는 한 주에 판결을 10여 건 선고하면 평균 1~2건은 무죄판결을 써야 정상적이라고 생각하지만, 어떤 판사는 1년을 재판하면서도 무죄판결을 한두 건 쓸까 말까 한다.

전자의 판사들은 판사가 지속적으로 무죄판결을 하면서 견제를 해야 억울한 사람이 안 생기고 검사와 경찰이 더 제대로 수사할 것이라고 믿는다. 반면 후자의 판사들은 자기처럼 월급을 받는 공무원인 검사와 경찰이 일부러 무고한 사람을 억울하게 처벌할 리 없는 반면, 피고인과 변호인은 언제든 자신의 이해관계에 따라(피고인은 처벌을 면하려고, 변호인은 돈을 벌려고) '마피아 게임'의 마피아로 지목된 사람처럼 거짓말을 할 수 있다고 본다(얼마 전 〈용감한 형사들〉의 스핀오프 프로그램 〈형수다〉에 나가서 안정환, 이이경, 권일용 님과 현직 형사들과 마피아 게임을 했는데, 마피아로 지목된 형사들의 거짓말에 깜빡 넘어가 마피아를 코앞에서 놓치는 바람에 변호사를 못 믿는 판사들을 더 이해하게 되었다).

후자의 판사 중에는 피고인에게 무죄 가능성이 엿보여도 집행유예나 대폭 감형을 해 주는 타협적인 유죄판결을 하는 판사들도 있다. 어떤 사안에서 무죄의 근거를 잔뜩 주장했는데, 그에 대해서는 일언반구도 없이 유죄의 근거만 잔뜩 추출해서 유죄판결을 쓴 판결문도 많다. 달마시안에서 검정 부분만 추출해서 검정개를 그리는 셈이다(앞서 내가 최후 변론을 소개한 국회의원 부부 사건에서도 피고인들이 진정한 대출 목적을 기재한 서류를 제출했다는 점을 서면에서도, 재판 중에도, 최후 변론에서도 가장 우선적으로 수차례 강조했는데도 그 점은 전혀 판단하지 않고 전체적인 경위를 볼 때 기망 행위를 했다고만 판단할 뿐이었다. 판결문이 설득력이 있으려면 당사자의 가장 큰 주장은 꼭 판단을 해 주어야 하는 것 아닐까. 그런 판단을 회피해 버리니 판결받는 사람이 판결 결과에 수긍할 수가 없는 것이다).

이러한 현상에는 무죄판결을 쓰는 것이 유죄판결을 쓰는 것보다 훨씬 힘들고 오래 걸린다는 것도 의식적, 무의식적으로 영향을 미친다. 몇 년 전부터 항소심에서는 1심을 웬만하면 존중하라는 대법원 판례(대법원 2015. 7. 23. 선고 2015도3260 판결, "제1심의 양형이… 존중함이 타당하며… 항소심의 견해와 다소 다르다는 이유만으로… 제1심과 별로 차이 없는 형을 선고하는 것은 자제함이 바람직하다")를 방패 삼아 1심 판결의 형량이 현저히 균형을 잃어도 손을 대지 않는 관행이 형성되고 있다. 그 결과 잘못된 1심 판결이 그대로 방치되는 경우가 너무 많다.

어느 지방법원에서 도박개장죄 사건의 피고인을 항소심에서 변호한 적이 있다. 1심에서는 피고인이 전국 곳곳에 대규모 도박장을 설치해 방대한 도박장 망을 구축해서 막대한 범죄 수익을 올렸다며 중형을 선고했다. 그런데 내가 변호를 맡아 피고인이 운영한 도박장의 사진들을 받아 보았더니 그 도박장이라는 곳이 열 평도 안 되는 영세한 게임방이었다. 그마저 한 곳은 의자가 7개, 나머지 두 곳은 의자가 4개, 5개에 불과했다.

도박장이라는 곳도 충남에 있는 피고인의 고향과 아들이 사는 곳을 포함해 세 군데에 불과했고 사람의 인적이 드문 한가한 변두리 지역이었다. '대규모 도박장'도 아니었고 '방대한 전국적 범위의 도박장 망'이라고 할 수도 없었다. PT로 사진을 보여 주며 그런 점을 변론했지만 항소심 판사는 판결문에 이에 대한 일언반구도 없이 그저 1심 판결을 존중하라는 대법원 판례만 제시하며 항소를 기각했다.

이런 식으로 1심이 잘못되었더라도 무조건 존중한다고 판결할 것이라면 항소심이 대체 왜 있는가, 하는 의문이 들기도 한다. 국민이 실질적인 항소심 재판을 받을 중요한 기회를 위 판례를 근거로 형성되고 있는 소극적인 판결 관행이 사실상 제한하거나 박탈하고 있다. 사법 개혁을 한다면 이 역시 시정이 필요한 부분이다.

교과서와 달리 애매하면 피고인을 유죄로 추정하고 부인하거나 자기 기분을 상하게 하면 괘씸죄를 부가하는 판사가 많은 것이 현실이므로 피고인들에게 웬만하면 자백하고 선처를 구하라고 조언하는 변호사도 많다. 무죄를 주장했다가 자백했을 때보다 나쁜 결과를 받을 수 있기 때문이다.

변호사 입장에서는 무죄를 주장할 경우 기록도 훨씬 꼼꼼하게 읽어야 하고 서면도 길게 공들여 써야 하고 증거도 추가로 찾아야 하고 증인신문도 잘 준비해야 하고 증인신문 현장에서도 노련하게 임기응변해야 한다는 부담을 느낀다. 자백할 때보다 일이 5~10배 많아지는 반면 의뢰인들이 자백하는 경우에 비해 수임료를 5~10배 주지는 않는다. 그러니 많은 변호사들이 더더욱 웬만하면 자백하라고 권하게 되는 것이다. 피고인이 자백하면 예상 밖의 불의타(불의의 타격) 같은 중형이 선고되어 의뢰인으로부터 원망을 듣는 일도 피할 수 있다.

그래서 변호사는 재판을 진행할 때 판사의 성향을 봐 가면서 변론해야 한다. 판사에 대한 정보를 얻을 때도 무슨 대학교 무슨 과를 나왔는지, 사법연수원 몇 기인지보다 그것이 훨씬 중요하다.

나는 억울함을 호소하며 무죄라고 주장하는 분에게는 배심재판인 국민참여재판을 권할 때가 많다. 국민참여재판의 무죄율은 일반 재판의 무죄율보다 대여섯 배 이상 높다. 일반인들이 재판하기 때문에 판사들의 직업적 편견이 배제되기 때문이다.

2007년, 우리나라 최초의 국민참여재판이 열렸을 때 내가 그 사건의 주심 판사였다. 방송 3사 9시 뉴스 첫 기사에 우리 재판부가 나왔다. 할머니의 얼굴에 칼로 상해를 가한 강도 상해 사건이었는데 판사들은 내부적으로 실형 2년이 적합하다고 봤다. 그런데 배심원들의 최종 판결은 징역 2년 6개월에 집행유예 4년이었다. 피고인이 선처를 받은 바탕에는 강도가 상해 이후 피해자를 병원에 데리고 간 것도 있었지만 법정에 강도의 어린 아들이 와서 울었던 것도 영향이 있었다. 그만큼 감정적 호소도 크게 작동한다.

　미국은 배심원들이 유무죄만 판단하고 양형은 판사가 적용하지만, 우리나라는 배심원이 유무죄와 양형을 모두 결정한다. 물론 판사가 그것을 바꿀 수는 있지만 대부분은 배심원의 결정을 존중한다. 혹자는 피고인들이 국민참여재판을 신청하는 것이 부당하게 처벌을 피하거나 낮추려는 꼼수라고 하지만 꼭 그렇지는 않다. 내 경험상으로는 검사가 기소한 대로 관성적으로 유죄 심증을 가지고 판결을 내리는 판사들에 대한 불신이 작용하는 경우가 더 많다.

양형을 정하는 기준

 유죄판결의 경우 양형이 가장 중요하다. 양형은 유죄로 인정되는 피고인에게 부과할 형량을 정하는 일을 말한다. 판사가 양형할 때는 먼저 형의 종류를 선택한다. 가령 절도죄의 경우 형법 제329조에 규정된(6년 이하의 징역 또는 1천만 원 이하의 벌금) 징역형과 벌금형이라는 두 종류의 형벌 중 하나를 선택해야 한다. 살인죄의 경우 형법 제250조 제1항에 규정된(사형, 무기 또는 5년 이상의 징역) 사형, 무기징역, 유기징역 중 하나를 선택해야 한다.

 여기서 A 피고인의 절도죄에 대해서는 징역형을, B 피고인의 살인죄에 대해서는 무기징역형을 선택한다고 가정해

보자. A의 경우 6년 '이하'의 범위에서 징역형을 정해야 한다. 고로 징역 6년이 형량의 최대치가 되는데 이를 '상한'이라 한다. 역사적으로 형법은 형량의 하한보다 상한을 규정하는 데 주력해 왔다. 왕이나 국가가 지나치게 가혹하게 처벌하는 것을 막기 위해서다.

그런데 A가 절도죄를 두 건이나 열 건 저질렀다면 어떻게 될까. 그 상한은 6년의 두 배인 12년 이하의 징역 또는 열 배인 60년 이하의 징역이 될까. 그렇지 않다. 같은 범죄를 여러 건 저지르면 그것이 두 건이든 백 건이든 상한은 1.5배가 된다. 즉 9년 이하 징역의 범위에서 형을 정하게 된다. 이처럼 같은 범죄를 여러 번 저지른 경우 형을 가중하는 것을 '경합범 가중'이라 한다.

B의 경우에는 살인을 여러 건 저질렀더라도 무기징역형의 특수성상 무기징역형이 된다. 살인죄의 형량을 보면 5년 '이상'의 징역이라고 해서 형의 하한을 정해 두고 있다. 하한을 설정해 놓은 이유는 지나치게 가볍게 처벌하는 것을 막기 위해서다. 다수의 범죄는 상한만 규정하고 있지만 살인과 같은 소수의 무거운 범죄는 상한 외에 하한도 규정되어 있다. 죄명마다 징역형의 상한이나 하한이 구체적으로 설정되지

않았더라도 하한은 1개월이고 상한은 30년(가중할 때는 50년)이다.

하한이 징역 3년보다 낮아지는 것은 실무상 큰 의미가 있는데 징역 3년을 넘어가면 집행유예를 할 수 없기 때문이다. 징역 1년에 집행유예 2년을 선고받는다면 당장은 교도소에 가지 않고 2년이 경과하면 형의 선고가 집행에 관해서는 효력을 잃게 된다. 그러나 집행유예 기간 중에 범죄를 저질러 금고 이상의 형을 받아 형이 확정되면 집행유예가 실효되고 원래의 징역 1년형이 집행되어 실제로 감옥에 가게 된다.

반면 형량의 감경 사유들도 있다. 방조범인 경우에는 정범(正犯)의 형량보다 감경해야 한다(형법 제32조). 자수를 하면 형량을 감경할 수 있다(형법 제52조). 피해자와 합의하는 등 범죄의 정상에 참작할 만한 사유가 있어도 감경할 수 있다(형법 제53조, 정상참작감경). B의 무기징역형을 감경하면 10년 이상 50년 이하의 징역이 된다. 유기징역형을 감경할 때에는 상한과 하한 모두 절반씩 감경하게 된다. B의 살인죄에 대해 당초 유기징역형을 선택했다면 징역 5년 이상 30년 이하가 되는데, 감경하면 징역 2년 6개월 이상 15년 이하가 되는 것이다.

법정형이 정해지고 나면 그 법정형 안에서 구체적인 형량을 결정하게 된다. 이때부터는 판사가 양형 기준표를 참작한다. 2007년부터 대법원 산하에 양형 위원회가 설치되어 양형 기준표를 제시하고 있다. 판사가 이를 따를 의무는 없지만 따르지 않을 때에는 그 이유를 판결문에 기재해야 한다. 양형 기준표의 고려 인자는 형의 가중 인자와 감경 인자로 나누어지는데 가령 가중 인자는 '계획적 범행', '반성 없음', '불특정 다수 피해자' 같은 것이고, 감경 인자는 '자수', '피해자의 처벌 불원' 같은 것이다. 그러나 양형 기준표는 징역 7~12년과 같이 사실상 상당히 폭이 넓은 범위를 제시해 줄 뿐이고 결국 구체적인 형량을 정하는 것은 판사의 몫이다.

따라서 양형 변론을 할 때는 막연히 피고인에게 딱한 처지가 있다고만 해서는 안 되고 양형 기준표를 놓고 그 모든 요소에 대해 변론해야 한다. 대개 감경 사유가 있다고 하고, 가중 사유는 없음을 강조한다.

반성문을 쓰면 무조건 감형된다거나, 누가 반성문을 50번 썼더니 형이 줄었다는 얘기들이 있지만 맞는 말이라고 하기 어렵다. 반성문을 많이 쓴다고 감형되고 적게 쓴다고 형량이 높아지는 경우는 거의 없다. 반성문을 전부 다 읽는 판사는 거의 없을 것이다. 반성문은 대부분 증거가 없는 감정적 표현들뿐이라서 그 말대로 인정하기도 어렵다.

반성문을 내서 감형된 것처럼 보이는 사례는 대부분 피고인이 법정에서 자백을 했기 때문에 부인하는 경우보다 상대적으로 형이 낮게 나오는 것이다. 자백을 하면 판사들이 양형 기준표에 있는 '진지한 반성'이라는 감형 인자를 인정해 주곤 한다. 반성문을 쓰는 피고인은 대개 자백을 한 경우다. 부인하면서 반성문을 쓴다는 것은 생각하기 어렵다. 그러니 자백하고 반성문을 쓴 피고인은 반성문 때문이라기보다는 자백을 했기 때문에 '진지한 반성'으로 인정받는 것이다. 따라서 반성문을 몇 번 썼느냐는 그리 중요하지 않다. 물론 반성문을 전혀 안 쓰면 나쁘게 보아서 '진지한 반성'이 아니라고 보는 판사들도 일부 있으니 피고인들에게 최소한의 반성문을 쓰는 것은 필요하다고 조언한다.

점차 법원이 반성문 제출만으로는 '진지한 반성'을 인정해 주지 않고 있다. 대법원 양형 위원회가 국회에 제출한 자료를 보면 '진지한 반성'으로 감형이 인정된 비율이 2020년에는 31.6퍼센트, 2021년에는 27.3퍼센트였으나 2022년에는 4.1퍼센트로 확 떨어졌다. 이것은 2022년 7월에 양형 위원회가 성범죄 양형 기준을 더욱 엄격하게 변경한 것과 관련이 깊다. '진지한 반성'을 인정하기 위해 단순히 반성문만 보는 것이 아니라 범행 인정의 구체적 경위, 피해 회복과 재범 방지 노력 등을 모두 따지기 시작한 것이다. 쉽게 말해 진짜 반성했는지를 말뿐 아니라 행동으로 확인할 수 있어야 한다는 뜻이다. 피고인의 경우 반성한다는 말도 쉽게 믿음을 주지 못한다. 언제나 말보다 행동이 믿을 만한 것이다.

전관예우라는 믿음으로 인한 불신

양형을 잘 받으려고 재판장과 학연, 근무연, 사법연수원 동기 등의 인연이 있는 판사 출신 변호사를 찾아서 일종의 전관예우를 기대하는 분도 많이 본다. 재판장과 '말이 통하는' 변호사를 찾는다고도 한다. 여기서 말이 통한다는 것은 재판장과 사적으로 잘 알아서 전화를 걸거나 따로 만날 수 있다는 뜻이다. 전관 변호사를 '마패' 같은 것이라고 믿는 분도 있다. 재판장이 인연 있는 변호사의 요구는 마패를 든 암행어사의 말처럼 들어줄 거라는 것이다. 한참 옛날 말이다.

옛날에는 판사가 적어 서로가 인간적으로 잘 알고 가까웠고 대부분 판사가 결국 그리 늦지 않은 나이에 변호사 개업을 했다. 판사들은 지나치게 박봉인 반면 변호사로 개업한 사람들은 판사일 때보다 열 배 이상 수입을 올렸고, 그래서 판사 출신 변호사들이 퇴직한 뒤에도 현직 판사들과 밥도 먹고 술도 마시고 하던 시절이 있었다. 그러다 보면 사건 이야기도 하고 사건을 좀 더 잘 봐주는 일도 심심찮게 있었다. 고위 전관 판검사 변호사에게 젊은 현직 판검사가 매몰차게 대하다가 찍혀서 그 변호사가 판검사 흉을 간부에게 보고 다니면 인사에 불이익이 생기기도 해서 젊은 판검사들이 눈치를 보는 경우도 있었다. 지금은 전국에 3천 명이 넘는 판사들이 있어 심지어 사법연수원 동기라고 해도 서로 친하기는커녕 누군지 모르는 경우도 허다하다.

무엇보다 요즘 대부분 판사는 정년까지 법원에 머물러 있는 추세다. 우리 동기(32기)는 150명 정도가 판사로 임용되었는데 부장판사 8년 차인 현재 이 중 120명 이상이 법원에 남아 있다. 요즘에는 로펌에서도 판사 출신을 뽑는 경우가 적고 개업을 해도 살아남기가 쉽지 않아 대다수는 정년까지 법원에 남아 있을 것으로 보인다.

판사들 입장에서는 본인이 변호사로 일하지 않을 가능성도 높은 마당에, 잘 알지도 못하는 판사 출신 변호사라고 괜히 형량을 깎아 주고 패소할 사건을 승소시켜 줄 아무런 유인이 없다. 요즘은 전관 변호사들조차 수입이 대폭 줄어들어서 판사보다 수입이 적은 변호사들도 많은 데다가 평소 친분이 있지 않은 이상 판사가 변호사에게 밥을 얻어먹는 일도 피차 이상하고 불편한 일이 되었다.

나도 개인적으로 친한 현직 판사들이 있다. 가족끼리 모임도 잦고 요즘도 왕왕 밥을 먹는다. 그런데 내가 그런 판사들이 재판하는 사건을 수임한다고 해서 그 판사들이 나를 봐서 유죄로 할 것을 무죄로 해 주거나, 형량을 깎아 주거나, 민사재판에서 원고 대리인일 때 청구 인용 금액을 더 높여 주거나 할 것이라고 생각하지 않는다. 사건을 수임하게 되면 그 사건 재판이 끝날 때까지는 그 판사에게 따로 전화해 사건을 어떻게 처리해 달라는 부탁을 할 수도 없고 하고 싶지도 않다. 그렇게 하면 자칫 개인적으로 친밀했던 관계가 깨질 것 같고 나도 불편하기 때문이다. 가까워도 딱 그 정도가 현실이다.

그렇게 가까운 판사들의 다수는 연수원 동기도 아니고 대학 동기도 아니다. 서울 법대 출신은 너무 많으니 그것이 의미 있는 것도 아니다. 즉 진짜 친한 관계는 일반인들이 알 수가 없는 것이다. 내 동기들이 서울법원에서 재판장을 하는 경우가 많은데 그래서 나를 찾아오는 사람도 꽤 있다. 그럴 때도 나는 이 모든 이야기를 고스란히 해 주며 판사가 동기라고 무조건 결과를 좋게 해 줄 리는 없다고 말한다. 그러면서 결국 판사와의 관계보다 서면을 잘 쓰고 변론을 잘하는 것이 훨씬 중요하다고 강조한다.

판사 경험이 있는 변호사는 아무래도 판사의 마음을, 판사가 판결문을 쓸 때 생각하게 되는 점들을 좀 더 잘 이해할 가능성이 있다. 판사를 하면 짧은 시간 안에 많은 사건을 재판하게 되니 그런 경험도 변호사 때 유용하게 활용할 수 있다. 그러나 이것을 넘어서 판사와 아주 친하다, 잘 안다는 것을 강조하면서 그 관계를 이용해 마치 재판 결과를 더 좋게 만들어 줄 것처럼 현혹하는 것에 속으면 안 된다. 그렇게 고액에 사건을 수임하는 것은 사기다. 그러나 이런 변호사들은 이미 전관예우가 작동한다고 확고히 믿고 찾아온 고객에게 굳이 오해를 해소시켜 줄 필요도, 의무도 없다고 생각하므로 고액의 수임료를 받아도 별다른 죄책감이 없다.

고객 중 한 분이 전관예우가 된다고 해서 부장판사를 막 마치고 개업한 변호사를 찾아갔던 이야기를 해 주었다. 고객이 재판장 이름을 말하자마자 그 전관 변호사는 허허허 웃으며 "내가 그 판사 잘 알지!" 그러더니 같은 법원에서 근무했었다고 오늘 중에 전화하겠다며 연방 싱글벙글 웃더라는 것이다. 그래서 믿고 선임했는데 이후에는 별다른 소식도, 관심도 없었다. 법정에서도 별말 없이 서류만 제출했고 재판부에 뭔가 신청할 때마다 재판장이 기분 나쁜 표정으로 족족 기각하더니 결과도 안 좋았다고 했다.

고객이 "계약하던 날 재판부에 전화해 준다고 하셨는데 하셨나요?"라고 물으니 갑자기 정색을 하면서 화를 냈단다. "내가 언제 전화한다고 했느냐, 요즘 시대가 어느 시대인데 곧바로 전화를 하느냐" 하고. 고객이 황당해하면서 분명히 그때 전화하겠다고 말하지 않았느냐고 따지자 태세를 전환하며 이제는 그 재판장과 자신 사이에 공통으로 잘 아는 판사가 있는데 그 판사에게 전화를 해 주겠다고 했단다.

이런 변호사는 전관예우를 받지 못할 뿐만 아니라 사건을 제대로 챙기지 못할 때가 많다. 법복을 벗은 직후 1~2년 안에 '최대한 많이 (수입료를) 땡기는' 것을 목표로 하다 보니 자신이 챙길 수 있는 범위를 훌쩍 넘어서서 사건을 수임하게 된다. 그러면 기록을 볼 수도 없고 서면을 직접 쓰지도 못한 채 그저 법정에 나가서 얼굴만 비추기도 바쁘다.

또 언젠가는 나에게 사건을 맡긴 고객이 아무래도 불안한지 전관예우가 통하는 변호사도 추가로 선임하겠다더니 마침내 재판장과 말이 통하는 변호사를 찾아냈다며 연락을 해 왔다. 그 변호사는 전라도 남쪽 지방에 있는 재판장의 고등학교, 대학교 선배이자 판사 선배인데 자신을 수임하면 일주일 안에 바로 서울로 올라와서 그 재판장과 단둘이 만나 소주 한잔을 하겠다고 했단다.

내가 알기로 그 재판장은 아주 엄정한 처신을 하는 사람이라 그런 만남을 가질 리도 없고, 그 재판부에 사건이 너무 많아 격무에 치여서 갑자기 연락을 해 온 변호사와 소주를 마실 시간조차 없을 것이 확실했다. 내가 아무래도 믿기 어렵다며 구체적으로 언제, 어느 식당에서 만날지를 알려 달라고 해 보라고 조언했다. 그러자 그 변호사가 왜 자신을 못 믿냐며 화를 내더니 그냥 수임료를 돌려주더란다.

나를 찾아온 분 중에는 사기 조직의 총책으로 실형을 받은 젊은이의 모친도 있었다. 이미 실형을 받은 사건의 항소심을 어떻게 대응해야 하는지를 상담하려고 오셨는데, 항소심 사건 외에도 이 아들에 대해서는 피해자들이 전국 곳곳에서 제기하는 고소장들이 새롭게 접수되고 있었다. 내가 그 사건은 어떻게 대응할 것이냐고 물으니, 그 모친은 갑자기 밝은 표정으로 검찰총장 출신 변호사가 경찰에 접수된 사건들은 아예 다 없던 것으로 만들어 줄 수 있다고 했단다. 그것도 반값인 5천만 원에 해 주었다며 안심하듯 웃어 보였다. 그러나 단언컨대, 아무리 검찰총장 출신 변호사라 하더라도 접수된 사건을 완전히 없던 것으로 해 줄 수는 없다. 하물며 경찰에 접수된 사건을 경찰과 무관한 검찰총장 출신 변호사가 없애 줄 수는 없는 것이다.

모친에게 은근슬쩍 이런 말을 해 주었지만 다른 말이 귀에 들어오지 않는 듯했다. 결국 전국 경찰에 접수된 아들에 대한 모든 고소 건이 피해액 1원도 줄어들지 않고 모조리 법원에 기소되어 추가로 실형을 받았다. 모친은 대출을 받아 마련한 돈으로 검찰총장 출신 변호사를 선임했는데 왜 이렇게밖에 안 되냐고 나를 다시 찾아와 울음을 터뜨렸다. 이후 나는 그 아들을 접견하러 구치소에 갔는데 사기 조직의 총책이었던 그가 접견실에서 씁쓸하게 웃으며 말했다. "제가 여기 와서 보니까 우리(사기 조직)보다 변호사들이 더 무서워요." 나도 같이 씁쓸하게 웃었다.

최근 인공지능이 급속도로 발전하면서 인공지능 판사가 가능한가에 대해 갑론을박 토론이 진행되고 있다. 이미 미국 몇몇 주에서는 재범 위험도 예측에 인공지능을 활용한다고 한다. 중국에서는 증인신문 과정에 법관이 할 만한 질문들을 인공지능이 시시각각 보여 준단다.

사람이 전적으로 인공지능에게 재판받는 것은 곤란하겠지만 인공지능이 충분히 더 발전한다면 배심원 정도의 역할은 할 수 있다고 생각한다. 좋은 재판의 핵심은 정확성과 공정성인데 그 두 가지 측면에서 인공지능이 의미 있는 기여를 할 수 있다. 판사 일 대부분이 사무실에서 기록 속의 중요한 점과 모순점을 찾고 판결문을 쓰는 것인데 인공지능은 이런 작업을 순식간에, 사람보다 훨씬 더 정확하게 해 줄 것이다.

형사재판에서 유무죄 판단이나 양형 판단도 인공지능이 충분히 잘할 수 있다고 생각한다. 오히려 사람보다 더 정확하게 할 수 있을 것 같다. "의심스러울 때는 피고인의 이익으로." 같은 법 원칙에 충실하게 판단하는 경우가 더 많아질 것이다. 인간 판사들은 같은 사건을 놓고도 저마다 다른 결론을 내리는 경우가 많고 이것이 사법 불신을 야기하는 원인이 되는데, 인공지능은 같은 사건에 같은 결론을 내릴 것이다.

그로써 "같은 것은 같게, 다른 것은 다르게."라는 정의의 본질에 한 걸음 다가설 것이다.

게다가 인공지능 판사는 앞서 말한 전관예우 문제는 물론이고 출신, 성별, 경제력, 정치적 성향에 따른 편견을 바탕으로 재판했다는 불신으로부터 자유롭다. 일각에서는 인공지능 판사는 인간 판사가 가지는 연민, 인간애, 공감, 윤리 등을 고려하지 못한다는 한계를 지적하지만 사실 지금의 사람 판사들이라고 이런 점을 잘 고려하는 것 같지도 않다. 또한 그런 주관적, 감정적인 요소를 판결에 반영하는 것은 판사마다 더욱 큰 판결의 편차를 만들어 내기 때문에 그리 바람직하지도 않다. 이러한 고려는 오히려 그러한 알고리즘을 설계하여 인공지능을 통해 구현하는 것이 주관적, 감정적 반응이 서로 다른 판사들 사이의 편차를 야기할 우려 없이 공정하고 공평한 판결을 만들어 낼 수 있다.

특히 양형은 인공지능이 재판에서 가장 큰 기여를 할 수 있는 부분이다. 법관이 유사한 사건을 선택하고 그 사건들의 양형을 참작해서 해당 사건에서 가장 공평한 양형을 정하는 작업이, 알고리즘을 통해 유사한 영역을 찾고 통계 데이터를 학습해서 귀납적 추론을 통해 결론을 내리는 인공지능의 작동 방식과 닮았기 때문이다.

    인공지능 판사가 누군가를 믿어 주고 그와 깊은 관계를 맺긴 어렵겠지만, 어차피 국민들이 기대하는 판사의 역할은 그런 것이 아니라 정확하고 공정한 판결이다. 정확성과 공정성은 사람 판사들보다는 인공지능이 나을 수밖에 없다.

선고일에 느끼는 감정

　판사 생활을 하다 변호사가 되니 달라진 것이 많은데 가장 다른 점 중의 하나가 판결 선고일에 느끼는 감정이다. 판사 때는 판결 선고일이 시험 답안지를 제출해야 하는 마감 시간 같은 것이었다. 선고일이 다가올수록 기록을 넘기고 키보드를 두들기는 손동작이 점점 더 분주해졌다. 마음도 점점 더 긴장되는데 그것은 판결 결과와는 무관하게 마감 시간까지 논리적 흠결이 없고 오자가 없는 판결문을 완성해야 한다는 의무감에서 비롯되는 것이다.
　그러나 변호사가 되니 선고일이 시험 당락 발표일 같다. 붙느냐 떨어지느냐에 따라 희비가 크게 좌우되는 중요한 입시나 취직 시험 결과 발표날 말이다. 선고일이 가까워질수록 신경이 쓰인다. 친구들과 밥을 먹다가도 문득, 다른 일을 하다가도 문득, 선고 결과가 유죄일지, 무죄일지, 실형일지, 집행유예일지 생각하게 되고 마음이 천국과 지옥을 오간다. 변호사도 이러니 당사자는 오죽할까. 그래서 의뢰인들은 선고일이 가까워지면 특별히 알릴 소식이 없어도 불안한 마음을 달래려고 괜히 내게 전화하곤 한다. 주변 사람에게는 쉽사리 털어놓지 못하는 심정이다.

판사일 때는 판결을 선고한 직후부터 후련했다. 그 순간부터 사건에 대한 고민과 책임에서 벗어나기 때문이다. 유죄판결을 내린다고 기분이 나쁜 것도 아니고 무죄판결을 내린다고 기분이 좋은 것도 아니다. 물론 억울하게 기소된 피고인에게 무죄판결을 내리고, 유죄이기는 하지만 여러 가지 딱한 사정이 있는 피고인을 과감하게 선처하고, 피해자들의 가슴에 대못을 박은 피고인에게 중형을 선고할 때 보람을 느끼기는 했지만 그렇다고 "기분이 좋다."라고 말할 수 있을 정도로 감정이 고조되는 것은 아니었다.

그러나 변호사가 되니 선고 직후부터 마음에 큰 파장이 인다. 승소를 하면 확실히 기분이 좋다. 그냥 좋은 것이 아니라 아주 좋다. 판사가 내 말을, 피고인의 말을 믿어 주었기 때문이다. 신뢰받았다는 기쁨이 이렇게 큰 줄 몰랐다. 도파민이 솟는다. 의뢰인은 더 기뻐한다. 그렇기에 나도 더 기뻐진다. 의뢰인이 성공 보수도 주고 주변 사람들에게 나를 소개해 주니 실리적으로도 이롭다. 반대로 패소하면 마치 낙방한 시험 결과를 받아 든 것처럼 낙심하게 된다. 나를 믿어 주지 않은 판사를 원망하는 마음도 들고 때로 자책하기도 한다. 아직은 대놓고 나를 원망하는 사람은 없었지만(오히려 고생했다고 하시지만) 그래도 변호사로서 면목이 없고 미안해진다.

나쁜 결과가 나왔을 때는 이후 의뢰인을 만나거나 의뢰인과 연락하는 것 자체가 고통스럽다. 변호사가 선고일에 법정에 가지 않는 건 가서 할 일이 없기도 하지만 이런 이유 때문이기도 하다. 나쁜 결과를 받아 든 의뢰인이 사무실에 항의하러 온다고 하면 변호사가 직원을 통해 자리에 없다고 하라면서 회피하는 경우도 적지 않다. 카카오톡이나 휴대폰이 없던 시절에는 직원이 사무실 창문에 수건을 걸어서(가령 노란색 수건은 고객이 항의 중이니 들어오지 말라는 뜻이고 파란색 수건을 걸면 와도 된다는 뜻) 신호를 주었다는 전설도 들었다.

나는 결과가 좋든 나쁘든 내가 직접 고객에게 전화한다.

법원에서 선고를 듣고 바로 사무실에 들르라고 안내하기도 한다. 결과가 나쁘더라도, 의뢰인이 나에게 화를 내더라도 그것은 내가 직면하고 감당해야 할 일이다. 어차피 나는 의뢰인과 수시로 통화하기 때문에 결과가 나쁘다고 갑자기 연락을 끊을 수도 없다. 선고 전에 판결 결과의 다양한 가능성을 충분히 설명드리기 때문에 불의타 같은 결과가 나는 일도 거의 없어서(유일한 예외가 앞서 말한 K 부장판사의 판결이다) 의뢰인이 나에게 항의하는 경우는 거의 없다.

그래도 선고 결과가 나쁘면 나는 "송구합니다. 제가 부족했습니다."라고 말한다. 그러면 우리 의뢰인들은 감사하게도 "아닙니다, 변호사님이 열심히 해 주신 거 잘 압니다."라고 말씀해 주신다. 그리고 대부분 항소심도 이어서 맡기신다.

이번 주는 세 건의 의뢰를 성공했다. 학교 교사인 의뢰인이 억울한 형사사건으로 파면 결정을 받았다. 교사의 경우 소청 심사를 먼저 끝내야 행정소송을 할 수 있음에도 특별한 논리로 소청 심사를 제기하는 동시에 행정법원 집행정지를 이끌어 냈다. 파면당한 줄 알고 짐을 싸서 떠났던 의뢰인이 파면일에 다시 출근한다면서 전화를 걸어와 웃었다.

형사사건에서는 병보석을 허가받았다. 기존에는 수감된

의뢰인과 무수히 편지를 교환하다가 이제 휴대폰으로 수시로 통화한다. 어이없는 사기를 당한 피해자를 대리한 사건은 당초 경찰이 불송치 결정을 했으나, 내가 수사관의 팀장을 찾아가 설득한 끝에 결국 혐의 있음으로 송치 결정을 받았다. 당연히 매우 기쁘다. 이럴 때는 변호사라서 좋다.

얼마 전에는 대기업 임원 출신으로 배임죄로 기소되어 실형이 나올 수도 있는 의뢰인이 판결 선고 한 시간 전에 초조하다며 사무실에 찾아와 차를 한잔 마셨다. 법정에 갔다가 집행유예가 나오면 다시 사무실로 돌아와 차를 또 한잔 마시겠지만, 법정 구속이 되면 이 사무실로 돌아오지 못하게 된다. 나는 그가 앉은 맞은편 소파를 유심히 쳐다보며 한 시간 뒤 저 자리에 다시 그가 앉아 있기를 바랐다. 그는 자신이 법정 구속되는 경우를 위해 가족에게 전해 달라며 휴대폰도 내게 맡기고 갔다.

얼마 뒤, 그는 큰 소리로 "변호사님!" 하며 사무실로 돌아왔다. 가기 전과 같은 사람이라고 볼 수 없을 정도로 환한 표정으로 함께 다시 차를 마시고(아까는 맛을 모르고 마셨다고 한다) 휴대폰도 가져갔다. 그가 떠난 뒤, 그가 앉아 있던 자리를 쳐다보며 나도 모르게 긴 안도의 한숨이 흘러나왔다.

법정은 믿음과 불신의 대립으로 떠받쳐진 세계

동양 철학에서는 세상이 음과 양의 대립으로 떠받쳐진다고 한다. 법정은 믿음과 불신이 치열하게 대립하는 세계다. 판사일 때를 생각해 보면 검사를 믿는 만큼 변호인의 말을 믿지 않게 되고, 변호인의 말을 믿는 만큼 검사의 말을 의심하게 되었다. 재판은 결국 믿느냐 믿지 않느냐의 게임이다. 판사가 우리 말을 믿으면 우리가 이기는 것이고 상대의 말을 믿으면 우리가 지는 것이다. 증거를 내고 논증을 펼치는 것도 결국 판사로 하여금 우리 측은 믿고 상대방은 믿지 못하게 만들려는 것이다.

말하자면 재판에서 이기려면 우리 측 주장에 대한 신뢰를

쌓는 반면 상대편 주장에 대한 불신을 조장해야 한다. 형사재판에서도 피고인이 무죄판결을 받으려면 검사가 제기한 공소 내용이 사실이 아닐 수 있다는 합리적 의심을 판사에게 불러일으켜야 한다. 민사재판에서도 우리가 주장하는 대로 사실관계가 존재할 개연성이 높다고 입증하는 반면, 상대방의 말은 개연성이 낮다고 판사를 설득해야 승소한다.

법정은 독특한 분위기의 자기장을 뿜어내는 곳이다. 시청, 구청 등 일반 공공기관 청사에서는 느낄 수 없는, 그 안에 있는 사람을 묘하게 갑갑하고 불편하게 만드는 독특한 분위기가 있다. 방청객들이 말을 하거나 다리를 꼬면 경위가 바로 다가와 주의를 주기도 한다.

의식적으로 친절한 표정을 장착한 판사도 있지만 대부분 냉소, 의심, 짜증, 예민, 무기력, 피곤, 냉정함이 혼재된 표정을 하고 있다. 검사의 표정은 더 불편해 보인다. 그런 표정의 판사와 검사가 회전 버튼을 누른 선풍기 머리처럼 번갈아 좌우로 오가고 경위가 수시로 등 뒤로 오가니 그 안에서 편안함을 느끼는 사람을 찾기가 어렵다. 판검사의 표정이 그런 것도, 법정 분위기가 불편한 것도 근본적으로 이 공간이 서로가 서로를 의심하고 불신하는 곳이기 때문일 것이다.

같은 코트(Court)인 테니스 코트와 비교해 보면 법정(Court house)의 성격이 더 명확해진다. 이 글을 쓰면서 역사상 최고의 경기로 꼽히는 2008년 페더러와 나달의 윔블던 테니스 대회 결승전을 찾아보았다. 4시간 48분 동안 혈투가 이어진 이 경기에서 두 선수는 상대를 이기려고 최선을 다하지만 둘 사이에 불신이 조장되진 않는다. 두 선수는 심판이 자신을 믿어 줄지, 미워할지를 의식하지 않는다.

테니스 경기에서 심판은 법정의 판사보다 더 높은 곳에 앉아 있지만 그것은 공이 선을 넘어가는지를 정확하게 보기 위해서일 뿐 자신의 권위가 선수들보다 높아서가 아니다. 테니스 코트에서는 선수와 심판 사이에 신뢰와 불신의 문제가 거의 없다. 그래서 페더러와 나달이 그렇게 치열한 라이벌이었으면서도 경기 결과에 승복하고 서로를 존경하고 신뢰하며 좋은 친구로 남을 수 있었을 것이다.

그러나 법정에 나와 있는 당사자들은 기본적으로 서로를 불신한다. 판사와 검사가 분리된 것도 국가의 권력 남용을 견제하기 위해서다. 근대 이전의 재판에서는 판사와 검사가 분리되지 않은 채 심판관 앞에 피고인이 단독으로 앉아서 심판을 받았다. 조선 시대 원님도 지금으로 치면 검사, 판사, 경찰서장, 교도소장, 구청장이 한 몸인 셈이다. 이런 제도 아래에서는 무고한 사람이 처벌받는 경우가 많아진다. 스스로 의심이 생겨서 체포하고 수사하고 고문했는데, 재판을 해 보니 혐의가 없어서 무죄판결을 한다는 것은 당초 자신의 판단이 잘못임을 자백하는 셈이기 때문이다. 게다가 동서양을 막론하고 고문이 합법적인 수사 기법으로 사용되던 시절이었으니 원하는 결론을 인위적으로 만들어 낼 수도 있었다.

이에 18세기 프랑스 사상가 몽테스키외는 『법의 정신』이라는 책에서 판사가 입법권과 결탁하면 국민을 자의적으로 통제하고, 행정권과 결탁하면 폭력적으로 억압하므로 입법부, 행정부 외에 사법부를 분립시켜야 한다고 주장했다. 그 결과 삼권분립제도가 도입되며 정부가 범죄자를 처벌하기 위해서는 사법부에 형사소송을 제기해 판결을 받아야 했다.

이제 정부를 대표해서 소송을 수행할 공무원이 필요하게 되었는데, 마침 14세기부터 왕의 명을 받아 영주나 재력가를 찾아가서 벌금을 징수하던 '왕의 대관(代官)'이라 불리던 이들이 있었다. 혁명 직후 프랑스 공화국은 이들에게 기소 권한을 주었는데 이것이 검사 제도의 효시다.

판사 입장에서는 피고인을 당연히 믿지 못한다. 거짓말을 해서라도 처벌을 줄이려는 동기가 있기 때문이다. 변호사도 믿지 못한다. 근본적으로 피고인의 편을 드는 존재고 피고인이 돈을 많이 주면 거짓말도 할 수 있는 사람이라고 생각한다. 검사도 판사를 온전히 신뢰하지 못한다. 많은 검사들은 판사들이 순진해서 범죄가 판치는 현실을 잘 모르고 범죄자들에게 잘 속는다고 생각한다. 판사는 검사를 견제하는 유일한 존재이므로 검사들 중에는 판사들에 대한 불만이 큰 사람이 아주 많고 뒷담화도 자주 한다. 변호사들도 판사를 전적으로 신뢰하지는 않는다. 제대로 재판하는 판사들도 많지만 상식과 동떨어진 판단 기준을 가지고 있거나 선입견을 벗어나지 못하는 판사들도 적잖이 있기 때문이다. 이런 사람들이 매 사건마다 법정에 한데 모여 이번에는 누구를 얼마나 믿을지, 황당한 언행이나 판단을 하지는 않을지 서로를 살펴보고 있으니 법정 분위기가 훈훈하고 편안할 리 없다.

판사, 검사, 변호사의 관계를 보면 프랑스의 철학자이자 작가인 사르트르가 쓴 『닫힌 방』이라는 걸작 희곡이 생각난다. 가르생(남자), 이네스(여자, 동성애자), 에스텔(여자) 세 사람이 지옥에 떨어진다. 이 지옥에는 거울도, 다른 사람들도 없다. 각자는 상대가 자신을 어떻게 바라보는가에 따라서 자아가 형성된다.

전생에 전쟁 중에 도망을 가다가 죽은 가르생은 이네스로부터 겁쟁이가 아니라고 인정받기 위해 애쓴다. 하지만 이네스는 절대 그 사실을 인정해 주지 않아서 가르생은 심리적 지옥에 빠진다. 전생에 불륜과 영아 살해를 저지른 에스텔은 가르생을 유혹해서 진정한 사랑을 받고자 애쓴다. 하지만 가르생은 에스텔을 이용할 뿐 사랑을 주지는 않아서 에스텔 또한 지옥에 빠진다. 동성애자인 이네스는 에스텔을 집착적이고 파괴적으로 소유하려고 하지만 에스텔은 이성애자이므로 이네스도 지옥에 빠진다.

이들은 서로 검사처럼 상대의 잘못을 집요하게 들추어내며 고발하고, 변호사처럼 자신의 잘못을 인정하지 않고 모두 남 탓이라고 정당화하며, 판사처럼 냉정하게 판단하고 심판하려 든다. 이들은 문이 열렸는데도 밖으로 나가지 못하고 서로의 관계에 얽매여 심리적 지옥에 수감된다. 그러면서 "타인이 지옥이다."라고 말한다.

법정이 판사, 검사, 변호사가 서로 불신하고 견제하는 가운데 진실과 정의가 드러나도록 설계되었다지만 사실은 사르스트의 '닫힌 방'에 더 가깝다. 법정이 생각보다 좁기에(대부분의 법정은 테니스장 한 면보다 좁다. 테니스장 한 면은 261제곱미터인데 합의부가 재판하는 중형 법정은 100~150제곱미터이고, 단독 판사가 재판하는 소형 법정은 50~80제곱미터다) 더 '닫힌 방' 같다. 서로가 자신을 믿어 주기를 간절히 바라지만 서로를 불신함으로써 상대를 지옥에 빠뜨린다.

그러나 법정이 '닫힌 방'과 근본적으로 다른 점은 '닫힌 방'의 세 주인공은 모두 서로를 믿지 않지만 법정의 판사는 결국 어느 한쪽을 믿어 준다는 것이다. 다만 판사의 판단이 옳으면 정의가 실현되고 당사자는 천국에 가지만 판사의 판단이 틀리면 정의는 깨지고 당사자는 더 큰 지옥에 빠진다.

판사일 때는 참인지 거짓인지 몰라서, 믿어야 할지 말아야 할지 몰라서 답답할 때가 많았다. 법대 위에 꼼짝하지 않고 앉아 있다 보니 내가 볼 수 없는 사각지대에 있는 사건의 진상을 보기 어려웠다. 검사도, 변호사도, 피고인도, 증인도 내가 쳐다보는 각도에서는 모두 진실된 모습, 좋은 모습, 딱한 모습만 보여 준다. 판사 앞에 자신을 드러내는 그 짧은 시간 동안만, 판사에게 노출되는 제한된 각도에서만 자신의 본색을 숨긴 채 유리한 모습만 보여 주는 것은, 마치 인스타그램에 자신이 가장 예쁘게 나오는 각도로 찍은 사진만 올리듯 얼마든지 가능한 일이다. 그렇기에 내 판단에 확신을 가지기 어려웠다.

자동차를 살 때 자동차 전시장에 가서 몇 바퀴 빙빙 돌면서 실물을 살펴보고, 올라타 보고, 두들겨 보고, 몰아 보고, 다른 사람들의 품평을 찾아보기까지 해도 사야 할지 말아야 할지 아리송할 때가 많다. 판사는 말하자면, 자동차 전시장 한쪽 구석에 꼼짝하지 않고 선 채로 자동차를 뚫어지게 쳐다보면서 그 자동차의 승차감이 어떨지, 자동차를 사도 후회하지 않을지를 판단하는 셈이다.

투명한 마법의 망토를 걸치고 법대에서 내려와 이들의 배후에 서서 이들이 법정 밖에서 하는 말과 행동을 관찰하면 손쉽게 진상을 알 수 있을 것 같지만, 그것은 그야말로 마법의 세계에서나 가능한 이야기일 뿐이다.

앞서 변호사의 시각에서 판사의 잘못된 판단들에 대해 비판하기도 했지만, 돌아보면 나도 판사 시절 그런 방식으로 진실의 과녁을 명중시키지 못한 재판을 했던 적이 있었을 거라 생각한다. 그것은 상당 부분 내가 앉은 자리에서 진실 여부를 확인할 수 없는 사각지대들이 폭넓게 시야를 가로막고 있었기 때문이었다.

판사는 그럼에도 당사자를 믿을지 말지에 대한 답을 내야 한다. 의사는 자신을 찾아온 환자를 고칠 자신이 없으면 큰 병원에 가 보라고 하면 되지만 판사는 어떻게든 자신이 결론을 내려야 한다. 끝내 정답을 확실하게 알지 못한 채 시험 마감 시간에 쫓겨서 답을 찍는 수험생처럼, 사건의 진상에 대한 확신 없이 입증책임에 따라 판결한 적도 적지 않다. 그렇게 판결하면 보람도 적을뿐더러, 판결이 잘못된 경우 그로 인해 당사자들이 억울하게 큰 피해를 입을까 두렵기도 하다.

내가 판사를 그만둔 이유에는 이런 점도 큰 비중을 차지한다. 일을 하면 할수록 진실의 과녁을 잘 맞힌다는 자신감이 커지면 좋겠건만 그렇지 않았다. 오히려 나이가 들수록 내 시야를 가리고 있던 사각지대의 폭이 기존에 생각했던 것보다 넓다는 것을 깨닫게 되면서, 진실을 정확히 아는 일이 점점 더 어렵게 느껴지면서, 엉터리 판결로 남의 인생을 망칠 수도 있다는 부담감이 커진 것이다.

변호사가 되니 의뢰인이 솔직하게 모든 것을 털어놓을 때가 많고 의뢰인을 더 자주, 오래, 깊이 만나기 때문에 그의 상황이나 진실성을 판단할 수 있는 가능성이 훨씬 높아졌다. 녹취 파일을 듣는 등 사건의 배후에서 일어나는 일들도 판사일 때보다 훨씬 더 풍부하게 엿볼 기회가 생겼다. 자동차 전시장에서 빙글빙글 돌면서 자동차를 살펴보고 몰아 보는 것처럼, 사건 현장에도 제한 없이 직접 가 보고 사건의 관련자들도 필요한 만큼 충분히 만나 볼 수 있게 되었다.

반면 법정에서는 판사와 검사로부터 불신을 받게 되었다. 일상생활을 할 때는 상대방의 말을 믿지 않는다고 해서 그것을 노골적으로 표현하지 않는다. 그러나 변호사 경력이 늘수록 내가 참말을 하는데도 판사가 내 주장을 노골적으로 믿지 않는(판결문에 "제출된 증거만으로는 믿기 어렵다."라고 적힌다) 일들이 생긴다. 그동안 공직에 있으면서 늘 신뢰받았고 개인적인 자리에서도 신뢰받는 입장이었는데 법정에만 가면 내 말이 의심의 대상이 되고 결과적으로 불신을 받기도 하는 것이다.

의뢰인을 믿고, 그 믿음을 바탕으로 법정에서 우리를 믿어 달라고 많은 말을 하지만 결국 그중 상당수는 불신받는 것, 그것이 변호사의 일이자 숙명이다.

에필로그

발리 여행 마지막 날 심야 비행기를 타러 공항으로 가기 전 스미냑 해변 카페의 나무 테이블 앞에 앉아 이 글을 쓴다. 먼 바다에서 밀려오는 파도 소리가 서핑하듯 미지근한 바람을 타고 와 내 얼굴에서 부서져 내리기를 수없이 반복하고 있다. 망고, 파인애플, 패션프루트가 혼재된 주스처럼 다채로운 색깔로 물들어 가는 낙조는 긴 빨대를 꽂으면 단물이 주르륵 흘러나올 듯하다.

발리섬은 힌두교의 시바 신처럼 여러 개의 얼굴이 있었다. 우붓의 밀림에서 요가를 하면서는 고요한 평화를, 짱구 해변에서는 젊음의 열정을, 길리섬에서는 바닷속을 탐험하는 재미를 만끽했다. 온화한 바람과 따뜻한 바닷물에 몸을 적시고 발리인들의 순한 미소에 취하다 보니 몸과 정신이 발리 심해에 서식하는 대왕가오리 '만타레이'처럼 이완되고 펴지는 것 같았다. 이렇게 여행을 하고 나면 그 전후로 나 자신이 변하는 것을 느낀다. 책을 한 권씩 쓸 때도 꼭 그렇다. 이번에는 여행을 하면서 책을 써서 그런지 내면에서 더 많은 변화가 느껴진다.

청년 때는 인생을 여행처럼 여겨서 되도록 많은 곳을 탐험하고 가슴 뛰는 일을 하겠노라고, 하늘이 정해 놓은 내 소명을 찾겠노라고 하며 되도록 여러 일들에 도전하려 했다. 중년이 되니 인생이 정원 가꾸는 일처럼 여겨져 사람도, 일도, 일상도, 취미도 같은 것을 오래 곁에 두고 보고 싶어졌다. 나이가 들면서 가슴 뛰는 일이나 하늘의 소명을 좇는다는 것이 원초적 욕망이나 비대한 자아의 반영일 수 있음을, 행동할 일보다 그만해야 할 일이 더 많다는 것을 깨달은 이유도 있었다.

그러나 이번 여행과 집필을 마치고 나니 또다시 어디론가 먼 길을 떠나고 싶어진다. 아직은 몇 차례 더 새로운 세계를 향해 탐험을 떠나도 될 나이이고, 그렇게 하면 더 벼려진 정신으로 깨어 있을 수 있고, 그 정신으로 신선한 영감을 받아 인생이 더 풍요로워지고 사는 듯 살 수 있겠다는 확신이 들었다. 어디로 갈지는 모른다. 다만 공직에 있을 때는 국가의 배를 몰다 보니 부담이 커서 운신의 폭이 좁았지만, 변호사가 된 지금은 잘못되더라도 나만 손해 보면 되는 개인 요트를 타고 있는 만큼 떠나는 몸과 마음이 한결 가볍다.

남은 인생의 여정은 이 단출한 요트를 타고 늘 깨어 있는 정신으로 갈 수 있는 데까지 가 보고 싶다. 혼자서가 아니라 되도록 많은 사람들을 태우고 싶다. 그러기 위해서 지금보다 더 사람을 믿어 보려 한다.

50전 50승의 전설의 프로 복서 메이웨더의 경기를 보면 상대의 주먹을 피하는 능력이 경이롭다. 상대가 뜻밖에 나를 속이려 들더라도 메이웨더처럼 재빨리 피해 버릴 수만 있다면 모든 사람을 곁에 두어도 무방하겠지만 우리는 메이웨더가 아니다. 타인과의 거리 조절이 필요하다.

상대에게 믿을 만한 근거가 있다면 다가가고 위험한 징조가 엿보이면 떨어지겠지만, 그러한 근거나 징조가 없을 때 신뢰의 기본값은 사람마다 크게 다르다. 어떤 사람은 타인에 대해서 경비 업체의 보안 시스템 같은 것을 가동하다가 조그만 불신의 단초라도 보이면 완전히 차단해 버리는 반면, 어떤 사람은 마치 무죄 추정의 원칙을 적용하듯 어지간하면 타인을 믿어 주려 한다. 전자는 타인에게 믿음을 배반당하는 고통을 겪지는 않지만 대신 우정과 사랑을 나눌 기회를 수없이 놓치고 쇄국정책을 펴던 나라처럼 고립된다. 후자는 수많은 사람과 우정과 사랑을 나누며 교역이 많은 나라처럼 삶의 풍요와 번영을 기대할 수 있지만, 인간관계가 다양해지는 만큼 배신과 갈등, 전쟁의 가능성도 커진다.

나는 그럼에도 후자가 낫다고 생각한다. 믿어 주되 때로 배신당하는 일을 거듭하다 보면 근육이 커지는 만큼 맷집도 세질 것이다. 진실과 거짓을 가려내는 선구안도 좋아질 것이다. 긍정의 힘이 보너스로 주어질 수도 있다. 전자의 태도로 산다고 해서 사기당하지 않는다는 보장도 없고 그렇게 소극적으로 살면 죽을 때 후회할 것 같다. 나는 후회가 상처보다 싫고 두렵다.

발리에서 본 발리를 배경으로 한 영화 〈먹고 기도하고 사랑하라〉의 첫 장면에서 줄리아 로버츠가 해 주는 이야기다. "옛날 이탈리아에 가난한 남자가 살았는데 매일 교회에 가서 성자상 앞에 꿇어앉아 제발, 제발, 제발 복권에 당첨되어

부자가 되게 해 달라고 빌었다. 성자상이 참다못해 사람으로 변해서 그에게 말했다. 제발, 제발, 제발 복권이라도 사고 말해라." 행복은 서로 신뢰하는 타인과의 관계에서 생긴다. 아무도 믿지 않으면서 행복을 간구하는 사람에게 성자상이 참다못해 말할지도 모른다. "제발, 제발, 제발 사람을 믿어 보고 말해라." 사람을 믿어 주는 것이 행복한 삶을 기대할 수 있는 최소한의 복권일지 모른다.

위 영화에서는 발리의 빠당빠당 해변에서 남자 주인공(하비에르 바르뎀)이 자신이 준비한 배를 가리키며 어느 섬으로 함께 가서 살자며 프러포즈하는 장면이 나온다. 과거 연인들과의 관계로 인해 삶의 균형이 깨졌던 경험들 때문에 용기를 내지 못했던 줄리아 로버츠는 사랑할 때만큼은 삶의 균형을 잃는 것이 큰 틀에서 삶의 균형을 지키는 일이라는 발리인 현자의 말에 깨달음을 얻고 다시 빠당빠당 해변을 찾아가 이탈리아에서 배운 단어로 말한다. "Attraversiamo(같이 바다를 건넙시다)."

나도 앞으로 떠나는 삶의 여정에서는 지금보다 더 많은 사람을 믿어 볼 용기를 내기로 결심했다. 여기서 '믿는다'는 것은 어느 정도 불확실성이 있음을 알면서도 믿어 주겠다는 결단과 의지이다. 진정한 사랑이 감정이 아니라 상대를 지켜주고 헌신하겠다는 의지인 것과 같다. 배신한 적군을 사살하려 의심의 총을 겨누다가 친구가 될 수 있는 수많은 아군과 우군을 사살하는 어리석음을 범하지 않으려고 총을 내려놓고자 한다.

여행자인 내가 먼저 상대를 믿고 상대의 세계를 향해 나아가지 않으면 상대가 내게 자신의 세계의 문을 열고 환대해 줄 리가 없다. 물론 누군가를 더 믿는다는 것은 생각보다 어렵고 위험한 일이다. 사람을 원칙적으로 안 믿는 사람이 누군가를 믿어 주는 사람이 되겠다고 결심하는 것은 높은 이상이다. 그러나 이상은 밤하늘의 별처럼 손으로 잡을 수는 없지만 항해의 표지로 삼을 수는 있다.

그러므로 나는 더 많이 믿어 주고, 더 자주 프러포즈할 것이다. "Attraversiamo."라고.

사람을 얼마나 믿어도 되는가

초판 1쇄 발행 2025년 10월 31일
초판 2쇄 발행 2025년 11월 17일

지은이 정재민
펴낸이 김선준, 김동환

편집이사 서선행
책임편집 이은애 **편집3팀** 송병규, 서윤아
디자인 엄재선
마케팅팀 권두리, 이진규, 신동빈
홍보팀 조아란, 장태수, 이은정, 권희, 박미정, 조문정, 이건희, 박지훈, 송수연, 김수빈
경영관리 송현주, 윤이경, 임해랑, 정수연

펴낸곳 페이지2북스
출판등록 2019년 4월 25일 제2019-000129호
주소 서울시 영등포구 여의대로 108 파크원타워1 28층
전화 070)4203-7755   **팩스** 070)4170-4865
이메일 page2books@naver.com
종이 ㈜월드페이퍼   **인쇄·제본** 한영문화사

ISBN 979-11-6985-160-2 (03810)

- 책값은 뒤표지에 있습니다.
- 파본은 구입하신 서점에서 교환해드립니다.
- 이 책은 저작권법에 의하여 보호를 받는 저작물이므로 무단 전재와 복제를 금합니다.